ILUMINISMO E REFORMISMO POMBALINO
IMPACTOS DA DICIONARÍSTICA LUSO-BRASILEIRA NO ENSINO DE PORTUGUÊS (1757-1827)

Editora Appris Ltda.
1.ª Edição - Copyright© 2024 do autor
Direitos de Edição Reservados à Editora Appris Ltda.

Nenhuma parte desta obra poderá ser utilizada indevidamente, sem estar de acordo com a Lei nº 9.610/98. Se incorreções forem encontradas, serão de exclusiva responsabilidade de seus organizadores. Foi realizado o Depósito Legal na Fundação Biblioteca Nacional, de acordo com as Leis nos 10.994, de 14/12/2004, e 12.192, de 14/01/2010.

Catalogação na Fonte
Elaborado por: Dayanne Leal Souza
Bibliotecária CRB 9/2162

S729i
2024

Souza, Álvaro César Pereira de
  Iluminismo e reformismo pombalino: impactos da dicionarística luso-brasileira no ensino de português (1757-1827) / Álvaro César Pereira de Souza. – 1. ed. – Curitiba: Appris, 2024.
  197 p. : il. ; 23 cm. – (Coleção Linguagem e Literatura).

  Inclui referências.
  ISBN 978-65-250-6532-8

  1. Iluminismo. 2. Estudos linguísticos e literários. 3. Ensino da língua portuguesa. I. Souza, Álvaro César Pereira de. II. Título. III. Série.

CDD – 469.07

Livro de acordo com a normalização técnica da ABNT

Appris editora

Editora e Livraria Appris Ltda.
Av. Manoel Ribas, 2265 – Mercês
Curitiba/PR – CEP: 80810-002
Tel. (41) 3156 - 4731
www.editoraappris.com.br

Printed in Brazil
Impresso no Brasil

Álvaro César Pereira de Souza

ILUMINISMO E REFORMISMO POMBALINO
IMPACTOS DA DICIONARÍSTICA LUSO-BRASILEIRA NO ENSINO DE PORTUGUÊS (1757-1827)

Appris editora

Curitiba, PR
2024

FICHA TÉCNICA

EDITORIAL	Augusto Coelho
	Sara C. de Andrade Coelho

COMITÊ EDITORIAL

- Ana El Achkar (Universo/RJ)
- Andréa Barbosa Gouveia (UFPR)
- Antonio Evangelista de Souza Netto (PUC-SP)
- Belinda Cunha (UFPB)
- Délton Winter de Carvalho (FMP)
- Edson da Silva (UFVJM)
- Eliete Correia dos Santos (UEPB)
- Erineu Foerste (Ufes)
- Fabiano Santos (UERJ-IESP)
- Francinete Fernandes de Sousa (UEPB)
- Francisco Carlos Duarte (PUCPR)
- Francisco de Assis (Fiam-Faam-SP-Brasil)
- Gláucia Figueiredo (UNIPAMPA/ UDELAR)
- Jacques de Lima Ferreira (UNOESC)
- Jean Carlos Gonçalves (UFPR)
- José Wálter Nunes (UnB)
- Junia de Vilhena (PUC-RIO)
- Lucas Mesquita (UNILA)
- Márcia Gonçalves (Unitau)
- Maria Aparecida Barbosa (USP)
- Maria Margarida de Andrade (Umack)
- Marilda A. Behrens (PUCPR)
- Marília Andrade Torales Campos (UFPR)
- Marli Caetano
- Patrícia L. Torres (PUCPR)
- Paula Costa Mosca Macedo (UNIFESP)
- Ramon Blanco (UNILA)
- Roberta Ecleide Kelly (NEPE)
- Roque Ismael da Costa Güllich (UFFS)
- Sergio Gomes (UFRJ)
- Tiago Gagliano Pinto Alberto (PUCPR)
- Toni Reis (UP)
- Valdomiro de Oliveira (UFPR)

SUPERVISORA EDITORIAL	Renata C. Lopes
PRODUÇÃO EDITORIAL	Sabrina Costa
REVISÃO	Josiana Araújo Akamine
DIAGRAMAÇÃO	Amélia Lopes
CAPA	Carlos Pereira
REVISÃO DE PROVA	Daniela Nazario

COMITÊ CIENTÍFICO DA COLEÇÃO LINGUAGEM E LITERATURA

DIREÇÃO CIENTÍFICA Erineu Foerste (UFES)

CONSULTORES

- Alessandra Paola Caramori (UFBA)
- Alice Maria Ferreira de Araújo (UnB)
- Célia Maria Barbosa da Silva (UnP)
- Cleo A. Altenhofen (UFRGS)
- Darcília Marindir Pinto Simões (UERJ)
- Edenize Ponzo Peres (UFES)
- Eliana Meneses de Melo (UBC/UMC)
- Gerda Margit Schütz-Foerste (UFES)
- Guiomar Fanganiello Calçada (USP)
- Ieda Maria Alves (USP)
- Ismael Tressmann (Povo Tradicional Pomerano)
- Joachim Born (Universidade de Giessen/ Alemanha)
- Leda Cecília Szabo (Univ. Metodista)
- Letícia Queiroz de Carvalho (IFES)
- Lidia Almeida Barros (UNESP-Rio Preto)
- Maria Margarida de Andrade (UMACK)
- Maria Luisa Ortiz Alvares (UnB)
- Maria do Socorro Silva de Aragão (UFPB)
- Maria de Fátima Mesquita Batista (UFPB)
- Maurizio Babini (UNESP-Rio Preto)
- Mônica Maria Guimarães Savedra (UFF)
- Nelly Carvalho (UFPE)
- Rainer Enrique Hamel (Universidad do México)

APRESENTAÇÃO

O marquês de Pombal, como mito vivo que ainda desperta rancores, ódios e paixões em seu legado (auto)biográfico e mesmo historiográfico, bem como saudosismos anacrônicos e até descabidos, sobretudo quando serve para justificar ou explicar algum fenômeno ou episódio da história recente, tem uma importância fundamental, sobretudo no Brasil, quando tratamos de questões linguísticas e educacionais. Isso por uma circunstância incontornável, uma vez que a sua condição colonial tornou o nosso território objeto de aplicações ou experimentações legislativas aparelhadas por um léxico supostamente iluminista, visando assim a manutenção e a expansão do império português.

Como se sabe, as línguas, quando se tornam nacionais, são sempre inventadas pelos grupos dominantes, ou pela elite letrada, ao contrário do que preconiza a mitologia romântica, que pressupõe que elas são forjadas pelo "povo", esse conceito tão iluminista. Assim, o processo de apagamento da grande variedade de idiomas falados, como nos casos das línguas gerais, isto é, das línguas gramatizadas pelos jesuítas e capuchinhos nos aldeamentos indígenas da América portuguesa, inicia-se com a eleição de um "falar" hegemônico, que, depois de literarizado e relativamente escolarizado, torna-se língua administrativa. Foi exatamente isso o que ocorreu com a Lei do Diretório de 1757, que buscou oficializar o uso e o ensino da língua portuguesa em detrimento da imensa variedade linguística dos povos indígenas e dos negros africanos que habitavam o país, na condição de escravizados ou livres (Oliveira, 2022).

De qualquer forma, a mitologia discursiva da legislação pombalina coloca o marquês de Pombal no lugar dúplice de anticristo e demiurgo, pois, se por um lado ele tentou apagar, com a Lei do Diretório, toda a diversidade linguística existente na América portuguesa, iniciando um glotocídio de que as populações indígenas foram as vítimas principais, por outro contribuiu para essa espécie de milagre que ocorreu no Brasil, no qual "a língua do Príncipe" se tornou não apenas nacional, mas também materna, como afirma Olavo Bilac (1865-1918) na estrofe final do poema "Língua Portuguesa". Assim, seja positiva, seja negativamente, seu protagonismo está garantido na historiografia.

Nesse sentido, se em 1757 a Lei do Diretório enfatizava a necessidade da imposição da "Língua do Príncipe", proibindo que meninos e meninas usassem "da língua própria das suas Nações" já em 1827, alguns anos depois do Reino do Brasil ter negociado, por intermédio da Inglaterra, sua independência, a Lei de 15 de outubro, mandando criar escolas de Primeiras Letras em todas as cidades, vilas e lugares mais populosos do Império, estabelecia, em seu artigo sexto, a Gramática da Língua Nacional entre as matérias a serem ensinadas pelos professores. Em tal processo de constituição da Língua Portuguesa como disciplina escolar, no Brasil, são de fundamental importância, para seu estudo, não apenas as fontes legislativas, epistolares e historiográficas, mas também os compêndios que lhe dão suporte, tais como catecismos, gramáticas, artes, ortografias, manuais e, sobretudo, os dicionários.

Se em Portugal não são muitos os trabalhos que avançaram nos estudos de dicionarística e lexicografia bilíngue do período pombalino, no Brasil este campo encontra um trabalho de referência neste livro de Álvaro César Pereira de Souza, que analisa o impacto das reformas pombalinas do ensino sobre a produção de dicionários de língua portuguesa, monolíngue e bilíngue. O ponto de partida, assim, é a Lei do Diretório, que impôs o uso da língua portuguesa nos aldeamentos indígenas, inicialmente do Estado do Grão-Pará e Maranhão, e no ano seguinte nos de todas as colônias. O autor observa, com razão, que, até então, os dicionários, produzidos em língua portuguesa, eram, em sua quase totalidade, bilíngues (latim-português; português-latim), e que somente a partir da governação pombalina os dicionários multilíngues (português-vernáculo; vernáculo-português) começaram a surgir, até a publicação do primeiro dicionário de língua portuguesa totalmente monolíngue, o *Diccionario da lingua Portugueza* (1789), de Antônio de Moraes Silva (1755-1824).

O ponto de chegada, por sua vez, é a Lei de 15 de outubro de 1827, que criou as escolas de Primeiras Letras e estabeleceu a Gramática Nacional como matéria de ensino, assumindo assim a língua portugesa como a língua de um novo "império" que tinha alcançado a independência muito recentemente. Tal lei irá provocar, como aponta o autor, a publicação de um número razoável de gramáticas e dicionários voltados ao ensino da língua portuguesa, para uso de professores, e não mais para uso exclusivo de eruditos. Álvaro César Pereira de Souza, além de excelente falante e professor de inglês, mostra-se como um incansável pesquisador com este seu segundo livro, contribuindo significativamente para o avanço dos estudos de linguística histórica e história da educação.

Referência

OLIVEIRA, Luiz Eduardo Oliveira (org.). *A legislação pombalina sobre o ensino de línguas*: suas implicações na educação brasileira (1757-1827). 2. ed. Aracaju: Criação; Lisboa: Theya, 2022. Disponível em: https://editoracriacao.com.br/a-legislacao-pombalina-sobre-o-ensino-de-linguas-suas-implicacoes-na-educacao-brasileira1757-1827/. Acesso em: 15 dez. 2023.

Aracaju, 29 de fevereiro de 2024.

Luiz Eduardo Oliveira
Professor Titular da UFS e Coordenador da Cátedra Marquês de Pombal (Camões, I.P. / UFS).

PREFÁCIO

A obra que se apresenta ao leitor busca trilhar um caminho menos explorado dentro dos estudos linguísticos conhecidos. Trata-se de uma investigação sobre como a dicionarística luso-brasileira se entrelaça com o projeto político-pedagógico das Reformas Pombalinas da Instrução Pública no processo de soerguimento da nação lusa e seu império, no século XVIII. O período entre 1757 e 1827, escolhido para este estudo, é marcado por profundas transformações socioeconômicas, políticas, culturais e educacionais em Portugal e em suas colônias. A ascensão de Sebastião José de Carvalho e Melo, o Marquês de Pombal, à governança impulsionou uma série de reformas que visavam revitalizar a nação e alcançar o status de potência no cenário europeu. Para tanto, a educação foi um dos pilares centrais desse projeto de transformação.

Com a expulsão dos jesuítas em 1759 e a transferência do ensino para o controle do estado, uma nova ordem pedagógica se instalou. As línguas vernáculas, que já vinham fazendo frente ao latim desde o século XVI, ganharam destaque no currículo escolar, substituindo a hegemonia do latim. O Alvará régio de setembro de 1757, conhecido como *Diretório dos Índios*, proibia o uso de qualquer outra língua que não a "língua do Príncipe", em um claro movimento em direção à imposição cultural sobre os íncolas, ao mesmo tempo em que se demarcava seu território em relação às nações concorrentes – Espanha, França e Holanda. Para este fim, as leis criadas por Pombal exigiam o ensino da gramática da língua portuguesa, e os dicionários se tornaram instrumentos essenciais nesse processo.

Ao longo desta obra, o leitor será levado a conhecer a história da lexicografia portuguesa e brasileira, desvendando as motivações por trás da produção de dicionários nesse período crucial. Por meio da análise de obras importantes, como o *Vocabulario Portuguez e Latino*, de Rafael Bluteau, e o *Diccionario da Língua Portugueza*, de Antônio de Moraes Silva, exploraremos como esses instrumentos metalinguísticos serviram para a consolidação da língua portuguesa no cenário educacional e cultural.

O leitor encontrará neste livro uma compreensão mais profunda da influência das Reformas Pombalinas na evolução da dicionarística luso-brasileira. A obra desvenda como a política linguística da época impulsionou o uso da língua portuguesa como instrumento de unificação e formação da busca identidade nacional, tanto em Portugal quanto no Brasil.

A dicionarística luso-brasileira nos revela um aspecto fundamental da construção da história da língua portuguesa, mormente no Brasil ainda colonial, onde a institucionalização do ensino da língua da Metrópole significava, igualmente, um "ato de posse". Com a análise das obras de seus grandes lexicógrafos e das leis que as influenciaram, este livro nos convida a compreender a riqueza e a complexidade do patrimônio linguístico que herdamos.

Amanda Carvalho Silva Souza

Aracaju, julho de 2024

SUMÁRIO

INTRODUÇÃO 13

CAPÍTULO I
DAS ORIGENS DE PORTUGAL AO MARQUÊS DE POMBAL:
UM BREVE PERCURSO HISTÓRICO 21
  1.1 Entre crises, conflitos e neutralidade: Portugal até o século XVIII 21
  1.2 Portugal e Europa no Século das Luzes 25
  1.3 O ensino pré-pombalino em Portugal e no Brasil 34
  1.4 A ascensão de Pombal e a racionalização do ensino 43
  1.5 A limitação do poder da Igreja 48

CAPÍTULO II
A LEGISLAÇÃO POMBALINA E O ENSINO DAS LÍNGUAS VIVAS 51
  2.1 A Lei do Diretório dos Índios 51
  2.2 Os Estatutos da Aula do Comércio 55
  2.3 A Lei Geral dos Estudos Menores e os Contributos de Luiz Antonio Verney....59
    2.3.1 As Instruções para os Professores de Grego, Latim e Hebraico 70
  2.4 Os estatutos do Real Colégio dos Nobres e os Contributos de Ribeiro Sanches..78
  2.5 A Lei de 30 de setembro de 1770 e o ensino da língua portuguesa 89
  2.6 A reforma dos Estudos Menores de 1772 92
  2.7 A Lei Geral relativa ao Ensino Elementar no Brasil 98

CAPÍTULO III
GRAMATIZAÇÃO E ESCOLARIZAÇÃO:
A LEXICOGRAFIA A SERVIÇO DA EDUCAÇÃO 101
  3.1 Os dicionários no contexto da escolarização 101
  3.2 A Evolução dos Primeiros Dicionários e a Reflexão Sobre a Linguagem Humana..103
  3.3 O advento da gramatização e o surgimento dos dicionários nacionais 107
  3.4 Dicionários: da Antiguidade à Modernidade em Portugal 110
  3.5 A Língua e o mito da Nação 116
  3.6 Jerônimo Cardoso: primeiro lexicógrafo português 122
  3.7 Agostinho Barbosa e Amaro de Roboredo 124
  3.8 *A Prosódia* e o *Thesouro* de Bento Pereira 126
  3.9 *Vocabulário Portuguez e Latino* do Pe. D. Rafael Bluteau 128

CAPÍTULO IV
DICIONÁRIOS DO PERÍODO POMBALINO 135
    4.1 O chamado Período Pombalino 135
    4.2 O *Diccionario Portuguez e Latino* — 1755 139
    4.3 O *Novo Diccionario das Línguas Portugueza e Franceza* — 1764 144
    4.4 O *Dizionario Italiano, e Portoghese* — 1773-1774 149
    4.5 O *Diccionario Portuguez, Francez e Latino* — 1794. 160
    4.6 O *Diccionario da Língua Portugueza* de Antonio de Moraes Silva (1789-1813- 1823)..167

CONSIDERAÇÕES FINAIS 183

REFERÊNCIAS 187

INTRODUÇÃO

Nossa caminhada histórica rumo à produção dicionarística luso-brasileira dentro do período pombalino inicia-se em 1757, com a promulgação da chamada Lei do Diretório dos Índios, a qual trata da posição do uso da língua portuguesa no Brasil colônia, simbolizando, dessa forma, um verdadeiro "ato de posse" e dominação cultural por meio de uma política linguística, que depois veio assumir dimensões continentais, banindo o uso da conhecida *língua geral* ou *língua da costa*, utilizada tanto por nativos quanto por colonos e padres da Companhia de Jesus em seus trabalhos catequéticos e educacionais.

O fim desse percurso na presente obra dá-se em 1827, mais especificamente em 15 de outubro de 1827, com a publicação da Lei Geral, em que D. Pedro I manda criar escolas de Primeiras Letras em todas as cidades, vilas e lugares mais populosos do império brasileiro. O texto da referida Lei determina, dentre outras coisas, em seu sexto artigo, o ensino da "gramática da língua nacional", ou seja, a valorização da língua vernácula — portuguesa — no processo de escolarização do país, significando, dessa forma, uma continuidade do ideário pombalino, mesmo passados 50 anos da queda do primeiro ministro de D. José I.

O estudo dos dicionários produzidos nesse contexto justifica-se por esses terem sido, via de regra, restritos a trabalhos lexicográficos — referentes à forma de recolha, seleção lexical, desenvolvimento de verbetes, listagem alfabética ou temática etc. — ou tendo servido, ultimamente, para diversas pesquisas no campo da Análise do Discurso, por exemplo. Em nosso caso, além de levarmos em consideração os aspectos linguísticos, nos interessa anotar, principalmente, como tais instrumentos metalinguísticos se inserem dentro de um projeto político-pedagógico que buscava a alavancagem de sua nação a um status de nação-potência, ou de nação "cultivada", não deixando nada a dever perante as outras nações europeias — afirmativa bastante recorrente, especialmente no século XVIII —, tais como França e Inglaterra.

Ao falarmos em "alavancagem" de uma nação, estamos nos referindo, em nosso caso, a Portugal e suas possessões e a sua problemática econômica, social, cultural e política de meados do século XVIII, período no qual grandes transformações encontrar-se-ão em andamento. Sendo assim, busca-se preencher uma lacuna no que se refere ao estudo dos dicionários a partir de outra perspectiva, aquela relacionada ao discurso do legislador e das Reformas Pombalinas da Instrução Pública, um dos principais pilares do projeto político do Marquês de Pombal e seus pares, por meio da interpretação dos discursos encontrados nos dicionários (Prefácios, Advertências ou Avisos dos editores). O levantamento e a análise de tais obras nos leva à compreensão de como se deram tais reformas e de como a mão forte do estado modificou toda a paisagem educacional até então existente, repercutindo desde a seleção dos professores, os métodos de ensino, a criação de espaços escolares e seus respectivos mobiliários, até a (re)elaboração dos materiais acadêmicos.

No tocante a esse último aspecto, nos interessa observar como isso se deu com os dicionários da língua portuguesa (monolíngues e bilíngues) voltados a contemplar a nova realidade educacional que se desenhava a partir da governação pombalina.

A obra que trazemos a lume está dividida em quatro capítulos. No capítulo I, que tem como título "Das origens de Portugal ao Marquês de Pombal: um breve percurso histórico", traçamos uma linha do tempo ao longo da qual apresentamos os antecedentes históricos, políticos e econômicos, desde o surgimento de Portugal independente da coroa espanhola, no final do século XII, até a coroação de D. José I e ascensão do Marquês de Pombal, em 1750. Tem-se como objetivo nesse capítulo apresentar algumas das diversas causas que levaram Portugal a se distanciar econômica, cultural e, sobretudo, intelectualmente das outras ditas nações "polidas" da Europa, as já mencionadas Inglaterra e França. A leitura e o conhecimento de tais fatos possibilitaram compreender a problemática lusitana enfrentada pelo gabinete de D. José I, bem como as necessárias medidas tomadas pelo seu futuro primeiro-ministro, em meados do século XVIII.

No capítulo II, "A Legislação Pombalina e o Ensino das Línguas Vivas", salientam-se as Reformas Pombalinas da Instrução Pública e como essas fomentaram o ensino-aprendizagem das línguas vivas. As línguas chamadas clássicas, tais como o latim, o grego e o hebraico, também foram lembradas pelo legislador. Por essa razão, nós as citamos, porém, o nosso enfoque é dado ao ensino das línguas vernáculas, uma vez que somente após as Reformas Pombalinas essas encontraram seu lugar nos currículos escolares. O objetivo nesse capítulo é mostrar como o amplo projeto pedagógico pombalino propulsionou os estudos científicos em Portugal e, a partir desses, o interesse — e a necessidade — de se aprender outras línguas (europeias).

Obviamente, tal aprendizado demandará a produção de compêndios, como gramáticas e dicionários bilíngues, os quais encontrarão, nesse período, terreno fértil para suas produções.

A análise das peças legislativas mostra-se de grande importância para se observar e perceber como se deu o processo de institucionalização do ensino de línguas vivas em Portugal e seus domínios. As peças legislativas abordadas são a Lei do Diretório de 1757; a Lei de 19 de maio de 1759, que trata da Aula do Comércio, questão importante para a retomada do crescimento econômico em Portugal; o Alvará de 28 de junho de 1759, a chamada Lei Geral dos Estudos Menores, que regulamentou a profissão docente, sendo os professores agora concursados e funcionários do estado. A Carta de Lei de 7 de março de 1761 é outra peça legislativa de igual importância para o entendimento das reformas conduzidas por Sebastião José de Carvalho e Melo e seus resultados desejados para a educação.

Essa lei traz publicados, em um texto anexo, os Estatutos do Real Colégio dos Nobres — antigo Colégio das Artes, administrado pelos jesuítas. Seus Estatutos previam, além de algumas mudanças nas disciplinas a serem ministradas, tais como as Matemáticas, Astronomia e Física e das Humanidades (latim, grego, retórica e filosofia), a inserção em seu currículo das línguas vivas — francês, italiano e inglês —, correspondendo, dessa maneira, ao ideário iluminista que defendia, dentre outras coisas, a prevalência do aprendizado da língua materna e de outras línguas vernáculas antes de se aprender o latim (Oliveira, 2010a, p. 77). Tal determinação viria a fomentar o ensino e a aprendizagem das referidas línguas, trazendo a língua portuguesa para o mesmo patamar de importância das demais, o que tornaria necessária a produção de dicionários bilíngues português-vernáculo; vernáculo-português.

O Alvará de 30 de setembro de 1770 é outra peça do conjunto das leis pombalinas de grande importância. É por meio desse Alvará que se oficializa o ensino da gramática da língua portuguesa, determinando que os professores, ao ensinarem latim, deveriam primeiramente ensinar a língua vernácula por seis meses, de sorte que o ensino de latim seguiria o caminho metodológico inverso do que era até então praticado. Nessa lei, também se indica a *Arte da Grammatica da língua Portugueza*, de Antônio José dos Reis Lobato — que seria o pseudônimo do padre oratoriano António Pereira de Figueiredo (1725-1797), autor do *Novo Methodo de grammatica latina para o uso das escolas da Congragação do Oratório*, em dois volumes (1752 e 1753).

Além do fato da valorização do vernáculo no ensino de latim aos discípulos, essa lei nos chama atenção pelo que ela representa no que concerne ao papel do estado no processo de escolarização, ao selecionar os materiais a serem adotados e os métodos de ensino a serem implementados.

O Alvará de 6 de novembro de 1772 é igualmente essencial por ter servido como um divisor de águas entre o que se tinha feito até então, desde a Lei de 1759, e o que se desejava para a já reformada Universidade de Coimbra, cujos novos Estatutos tinham sido publicados em 28 de junho do mesmo ano. Trata-se, então, da Reforma dos Estudos Menores, o início da segunda fase das Reformas da Instrução Pública. Essa lei ratificará as determinações sobre a profissão docente e o ensino da língua portuguesa como língua nacional.

A Lei de 15 de outubro de 1827 conclui temporalmente nosso estudo. Essa lei é de grande interesse por três aspectos. O primeiro deles refere-se ao fato de ter sido a primeira lei geral a tratar da Educação no Brasil, determinando os procedimentos para a implantação de escolas para meninos e meninas, o método a ser utilizado, as disciplinas a serem ensinadas para os diferentes sexos, o processo de seleção dos mestres e mestras, bem como o salário e a gratificação por eles percebidos. O segundo aspecto refere-se ao ensino da gramática da "língua nacional", ou seja, a institucionalização do ensino da língua portuguesa e de sua padronização ou estandardização. A língua portuguesa torna-se oficialmente um elemento de formação da identidade nacional, sendo a escola o veículo propagador dessa identidade em todas as províncias. O terceiro e último aspecto dessa lei refere-se à sua característica intertextual, quando a comparamos com os discursos presentes na legislação pombalina, o que torna possível a percepção da continuidade do ideário pombalino ainda presente no Brasil independente no primeiro quartel do século XIX.

No capítulo III, que tem como título "Gramatização e escolarização: a lexicografia a serviço da educação", tratamos do aparecimento da forma escolar no século XVI e do surgimento de novas relações sociais em um outro espaço, o espaço escolar. Enfocamos as modificações advindas dessa nova conjuntura, tais como o papel do mestre, da seriação, do tempo escolar, das avaliações e dos materiais didáticos utilizados. Abordamos o nascimento dos primeiros dicionários, da Antiguidade até a sua aplicação enquanto material escolar para a escolarização do latim, a princípio, e depois da língua vernácula. Mostramos como as gramáticas e os dicionários — esses últimos nascidos antes das gramáticas — serviram como símbolos de uma identidade nacional ao se inserirem nos projetos políticos de defesa de seus vernáculos.

Por fim, apresentamos o processo de dicionarização em Portugal, desde meados do século XVI, com a obra do humanista e professor Jerônimo Cardoso (1510-1569), até a do Padre teatino Rafael Bluteau (1638-1734) e o seu monumental *Vocabulario Portuguez e Latino* (1712-1728).

No capítulo IV, "Dicionários do Período Pombalino", selecionamos e analisamos alguns dicionários bilíngues, tais como o *Novo Diccionario Portuguez, e Latino No qual as Dicções E Frases da Lingua Portugueza e suas variantes significações, genuínas e metaphoricas, se achão clara , e distinctamente verificadas* (1755), de Carlos Folqman; o *Novo Diccionario das Linguas Portugueza e Franceza, com os termos latinos, tirado dos melhores authores e do Vocabulario Portuguez e Latino do Padre D. Raphael Bluteau, dos Diccionarios da Academia Franceza, Universal de Trevaux, de Furetiere, de Tachard, de Richelet, de Danet, de Boyer, etc.* (1764), de José Marques; *Diccionario Italiano e Portuguez, extrahido dos melhores lexicografos, como de Antonini, de Veneroni, de Facciolati, de Franciosini, do Diccionario da Crusca e do da Univeridade de Turim, e dividido em duas partes: Na primeira parte se comprehendem as Palavras, as Frases mais elegantes e dificeis, os Modos de fallar, os Proverbios e os Termos Facultativos de todas as Artes e Sciencias: Na Segunda Parte contem os Nomes dos Homens Illustres, das Principaes Cidades, Villas, Castellos, Montes, Rios, etc*, (1773-1774), também de Joaquim José da Costa e Sá; e as três primeiras edições do monolíngue *Diccionario da Língua Portugueza* (1789; 1813; 1823), do lexicógrafo brasileiro Antônio de Moraes Silva, o primeiro dicionário da língua portuguesa inteiramente monolíngue, já trazendo as classes gramaticais e definições nos padrões que hoje conhecemos.

Nesta etapa, busca-se mostrar como os reflexos das Reformas Pombalinas estenderam-se e fizeram-se presentes na produção dicionarística luso-brasileira. As obras concebidas para esse fim deveriam ser de fácil manuseio, de tamanho adequado ao uso escolar, com definições claras e objetivas, atendendo, dessa forma, às necessidades pedagógicas da época.

Por essa razão, concebemos a obra de Rafael Bluteau como ponto de partida da lexicografia chamada "moderna" (Silvestre, 2007), localizada no período pré-pombalino, e o *Diccionario* de Moraes Silva como a materialização máxima do ideário pedagógico do Marquês de Pombal. O final do século XVIII e início do XIX foi um período de intensa produção lexicográfica voltada para a escolarização da língua vernácula e especialização profissional. A origem de tal processo se deu durante a gestão pombalina, com o crescimento das ciências e das artes — mercantis, inclusive — dando, assim, ocasião para uma grande produção dicionarística voltada para tais objetivos. A seleção das três edições (1789; 1813; 1823) do *Diccionario*, de Antônio de Moraes Silva, serve para observar não só a longevidade de sua obra, por meio de suas contínuas reedições, mas também para registrar a importância dessa no respeitante ao acompanhamento e registro da evolução diacrônica da língua portuguesa, perceptível com os inúmeros acréscimos de novos verbetes, oriundos, principalmente, do universo das ciências.

Metodologicamente, procedeu-se à leitura e interpretação do conteúdo existente nos Prefácios, Posfácios, notas de rodapé, Avisos, Advertências, Dedicatórias, Prólogos etc., os quais nos serviram de indícios da continuidade do discurso pombalino. Para as questões lexicais propriamente ditas, fez-se uma análise de alguns verbetes, em cada dicionário analisado — selecionados aleatoriamente —, de onde se encontram evoluções em termos de seleção, classificação e explicação dos vocábulos. Utilizou-se, em alguns casos, como ponto de partida e referencial comparativo, o *Vocabulário* (1712-1728), do padre Rafael Bluteau, por ter sido essa uma obra de referência anterior à gestão pombalina. O cânone utilizado para a validação dos dicionários nos indicou, também — quando disponibilizado pelos autores — não só a opção do autor no que respeita à sua filiação ideológica, mas também no que se refere às questões gramaticais. Deixamos de fora desses corpora o *Diccionario da Língua Portugueza* (1793), produzido pela Academia Real de Sciencias de Lisboa, criada em 1779, durante o reinado de Dona Maria I, por essa não ter ido além da letra "A".

Adotou-se nesta obra a manutenção da ortografia original dos autores citados, bem como da pontuação utilizada à época. Em alguns casos, perceber-se-á que o mesmo autor usa de diferentes formas para ortografar a mesma palavra. Isso se deve ao fato de ainda não ter havido uma padronização ortográfica no período em estudo ou porque as obras consultadas foram publicadas muitos anos depois de sua produção, como foi o caso da *Collecção das Leis Portuguezas* do século XVIII, compiladas de 1828 em diante. O mesmo serve para a *Coleção das Leis Brasileiras*, a qual abarca leis criadas desde 1808, mas que foram publicadas somente a partir de 1891.

Certos termos históricos que não têm o mesmo sentido atual foram transcritos como eram grafados então, iniciados com letra maiúscula, tais como "Aula", "Cadeira", "Literatura", "Instrução Pública", Primeiras Letras etc. No tocante às traduções e versões de autores estrangeiros, essas são de total responsabilidade deste autor. Convencionamos utilizar letra maiúscula em "Reformas Pombalinas da Instrução Pública" para destacar a obra do Marquês de Pombal em relação às outras reformas que citamos ao longo do texto. A ausência dos anos de nascimento e/ou morte de certos autores, assim como a data de publicação de certas obras, deveu-se à não localização de fontes fidedignas.

CAPÍTULO I

DAS ORIGENS DE PORTUGAL AO MARQUÊS DE POMBAL: UM BREVE PERCURSO HISTÓRICO

1.1 Entre crises, conflitos e neutralidade: Portugal até o século XVIII

A história de Portugal nos mostra que, assim como acontecera com várias nações europeias em formação ao longo da Idade Média, o país nascera e se expandira por meio de crises, acordos e conflitos. Após sete séculos de dominação dos mouros na Península Ibérica (711-1492) — Granada foi o último reduto mouro na Península, recuperado pelos reis católicos Fernando e Isabel —, o Portugal que hoje conhecemos originou-se da "doação" do Condado Portucalense, pelo rei de Leão e Castela, D. Afonso VI, ao conde de Borgonha, D. Henrique, como prêmio por suas vitórias sobre os mulçumanos. As lutas contra os árabes continuaram até a reconquista da última região ainda sob dominação islâmica em território lusitano — o Algarve — por D. Afonso III, em 1250. No século seguinte, no reinado de D. João I (1385-1433), deu-se o início das viagens ultramarinas, primeiramente de cunho religioso — perseguição aos mulçumanos na África — e, em seguida, com franco interesse comercial, colonial e imperialista. A história de Portugal está repleta de reviravoltas que irão — como veremos mais adiante — reverberar no século XVIII (Hauy, 1994, p. 12-17).

À medida que o reino português se alargava, como consequência do "combate aos infiéis mulçumanos", em nome da Igreja Católica e do desejo de expansão colonial e imperial, também se avolumavam as disputas internas pela posse da coroa portuguesa. A ascensão ao trono português por D. João I (1358-1433), por exemplo, que deu início à Dinastia de Avis — era meio-irmão bastardo de D. Fernando I (1345-1383) — fora problemática, não sendo possível sua coroação sem antes ter havido um conflito armado contra o rei de Castela, na chamada "Crise de 1383-1385". Apesar disso, o Império lusitano se expandia grandiosamente, com conquistas sucessivas na costa da África e partes da Ásia, como nos conta João de Barros em um trecho que separamos de sua célebre obra, *Décadas* (1552):

> E assim estava limpa [a nação portuguesa] delles [os mouros] no tempo DelRey D. João, o primeiro, que desejando elle derramar seu sangue na guerra dos infiéis, por haver a benção de seus avós, esteve determinado de fazer guerra aos Mouros do Reyno de Grada: e por alguns inconvenientes de Castella, e assim por mayor Gloria sua, passou alem-mar em as partes de África, onde tomou aquella Metrópole Cepta Cidade tão cruel de Hespanha, como Cartago foi de Itália, da qual Cidade logo se intitulou Senhor, como quem tomava posse daquella parte de África, e deixava porta aberta a seus filhos e netos pera irem mais avante. O que elles mui bem cumpriram, porque não somente tomaram Cidades, Villas, e lugares nos principais portos, e forças dos Reynos de Fez, e Marrocos, restituindo á Igreja Romana a jurisdicção, [...] como obedientes filhos, e primeiros Capitães póla fé nestas partes de África; mas ainda foram despregar aquella Divina e Real bandeira da Milícia de Christo, que elles fundaram pera esta guerra dos infiéis, nas partes orientaes da Ásia, em meio das infernaes Mesquitas da Arábia, e Pérsia e de todolos pagodes da gentilidade da Índia daquem e dalem do Ganges. (Barros, 1778, v. 1, p. 10-11).

Não obstante as contínuas guerras contra a Espanha, muitas delas resolvidas por meio de matrimônios reais (Anderson, 2008) — cujo intuito era a manutenção de sua autonomia e independência política —, Portugal continuava a expandir seus domínios ultramarinos e a manter sua hegemonia no comércio e expansão no Oriente. Em 1557 ascende ao trono português D. Sebastião I (1554-1578) com apenas 3 anos de idade, neto de D. João III. Quando de seu nascimento, Portugal já era uma nação rica e poderosa, tendo em seus domínios, por exemplo, as Ilhas do Mar Atlântico, descobertas em 1420 por João Gonçalves Zarco (1390-1471), grande navegador português do século XV, proporcionando o comércio com a Etiópia, Guiné e Abissínia; o Cabo da Boa Esperança já havia sido contornado por Bartolomeu Dias (1450-1500) em 1488 e, anos mais tarde, Vasco da Gama (1469-1524), fazendo o mesmo percurso que Dias fizera, chega às Índias em 1497 e inicia o estabelecimento de entrepostos comerciais entre Lisboa e Calecute; em 1500 Pedro Álvares Cabral (1467-1520) chega ao "Novo Mundo", ou seja, ao Brasil, de onde muito ouro e prata alimentariam não só os desperdícios lusitanos, mas também enriqueceriam outras nações europeias, tais como França, Inglaterra, Espanha, Holanda e Itália; em 1514, os reinos de Ormuz, Goa e Málaca caem sob o jugo lusitano, aumentando ainda mais o Império português (Barros, 1778, p. 12).

Desejoso de expandir os domínios lusos e prosseguir com sua "cruzada" contra os infiéis, D. Sebastião I iria contribuir para que Portugal se envolvesse em uma de suas piores crises políticas de sua história e que lhe trariam dificuldades econômicas nunca totalmente restabelecidas. Em 1578, o jovem monarca é derrotado e morto na célebre batalha de *Alcácer-Quibir*, no Marrocos. Por não ter deixado nenhum varão herdeiro da coroa lusitana, o trono foi então ocupado por seu tio-avô, o cardeal D. Henrique I que contava à época 66 anos. O reinado de D. Henrique durou apenas dois anos (1578-1580) e como esse também não deixara nenhum herdeiro, a disputa pela coroa foi finalmente vencida por D. Felipe II da Espanha, Felipe I de Portugal. A chamada União Ibérica significou, na realidade, a submissão de Portugal à Espanha, tornando-se o país luso uma mera província espanhola.

Vários foram os agravos sofridos por Portugal durante o período em que o país esteve subjugado pela coroa espanhola (1580-1640), começando pela destituição dos portugueses dos principais cargos administrativos da máquina burocrática do governo filipino. O exército e a marinha, que deveriam ser utilizados para a proteção da costa portuguesa, bem como das colônias ultramarinas e das embarcações comerciais, foram postas a serviço da Espanha, fato esse que arruinou os negócios portugueses, resultando em perdas de mercados no Oriente e possessões na África e Ásia. Soriano aponta outras tantas "humilhações e absurdos pelos quais os portugueses tiveram de se sujeitar":

> As herdeiras ricas d'este reino eram insinuadas pelo governo [espanhol] para casarem com fidalgos pobres castelhanos. Com o maior desprezo das referidas convenções e ajustes se levantaram terços de tropas portuguezas para se irem bater e perder as vidas em paizes estrangeiros em favor dos interesses da Hespanha [...] ao passo que as colônias e seus domínios portuguezes da América, África e Ásia se deixavam perecer sem soccorro, victimas das invazões dos francezes e hollandezes, e não só se deixavam perecer sem soccorro, mas até mesmo sem pagamento os officiaes e soldados, que guarneciam e defendiam similhantes colônias e seus domínios. (Soriano, 1867, p. 7).

À Restauração da coroa portuguesa (1640), tendo sido entronado D. João IV (1604-1656) — início da Dinastia de Bragança ou Brigantina —, seguiram-se as alianças com as então potências europeias, França e Inglaterra, cujo objetivo principal era a busca de uma neutralidade nos constantes conflitos existentes entre estas nações. Ciente de sua fragilidade, Portugal procurou manter-se distante o quanto possível de qualquer embate com as ditas nações hegemônicas, uma vez que o foco principal era a recuperação da saúde econômica do país, saúde essa que tinha em sua principal colônia — o Brasil — a sua fonte regeneradora.

A União Ibérica, além de ter servido para depauperar a nação lusa, contribuiu também para que Portugal herdasse da Espanha as animosidades que essa nutria contra a Inglaterra e a Holanda, por exemplo. Durante os 60 anos em que esteve "unido" à Espanha, Portugal viu seus navios comerciais e seus domínios ultramarinos serem atacados por corsários ingleses e holandeses, justamente oriundos das nações com as quais os lusos sempre mantiveram boas relações diplomáticas e comerciais. Os holandeses, por exemplo, tinham sido um dos maiores parceiros comerciais dos portugueses quando esses traziam especiarias diretamente das Índias para que aqueles as revendessem e distribuíssem por toda a Europa. Com o bloqueio imposto pela Espanha contra os países inimigos — Inglaterra e Holanda — em todos os portos onde essas nações se faziam presentes, Portugal viu surgir mais uma potência para competir diretamente com ele: a Holanda.

Os mercadores holandeses, que haviam tido relações comerciais com os portugueses desde a Idade Média, tendo-as intensificado à medida que Portugal se expandia no século XVI, viram-se forçados a negociar diretamente com o Oriente. Em 1602 é criada a Companhia das Índias Orientais, cujo êxito animou os mercadores flamengos na criação, em 1621, da Companhia das Índias Ocidentais. De parceiros a concorrentes — e inimigos — dos portugueses, o processo se deu em um curto lapso de tempo. Para agravar ainda mais a situação lusa, os holandeses tentaram, com certo sucesso inicial, instalar-se no Brasil, ficando em Pernambuco por cerca de 14 anos (1630-1644), e tendo como administrador Maurício de Nassau entre 1637 e 1644. Houve uma tentativa inicial — e frustrada — de se conquistar a então capital colonial, Salvador, onde se estabeleceram por cerca de um ano (1624-1625) (Calmon, 1961, v. 2, p. 509-510).

A expulsão dos holandeses, em definitivo, de sua colônia americana, foi fundamental para que Portugal se reorganizasse geoeconomicamente, já que o comércio com o Oriente não era mais lucrativo. A manutenção da colônia brasileira, como fonte de recursos à coroa, agora restaurada, era de fundamental importância para que Portugal se mantivesse uma nação autônoma e independente. Os recursos advindos do Brasil

> Passam a se constituir em moeda de troca no jogo das relações intercontinentais de Portugal. Destarte, pela sua inserção no sistema das alianças europeias, explorando frequentemente com muita habilidade o conflito entre as grandes potências, através de cedência de privilégios comerciais, na metrópole e no ultramar, de um lado, e de outro, reorganizando o espaço de sua atuação política e econômica, pôde Portugal superar uma fase particularmente difícil de sua história, mantendo a independência e preservando a maior e melhor porção de seus domínios ultramarinos — e é nessas condições que se abre o século XVIII para a nossa história. Em suma, a persistência da aliança inglesa e economia atlântica são os elementos definitivos da nova situação. (Novais, 1995, p. 19).

As alianças internacionais — ou tentativas de alianças em alguns casos — embora tenham garantido a neutralidade portuguesa em quase todos os conflitos do século XVIII, representaram, na realidade, uma espécie de "escambo", no qual Portugal teve de "comprar" sua proteção, principalmente aos ingleses, dando-lhes como pagamento diversas concessões e privilégios comerciais. Já em 1642, conforme nos diz Novais (1995, p. 22-23), amplas foram as regalias concedidas aos comerciantes ingleses, conferindo-lhes o direito de "nação mais favorecida". Foi permitido aos ingleses, por exemplo, negociar diretamente com Portugal e com o Brasil, excetuando-se itens vitais à nação lusa, tais como o pau-brasil, o vinho, o bacalhau e a farinha. Esse acordo, datado de 1654, foi considerado posteriormente — e ironicamente — como a *Magna Carta* dos ingleses em Portugal.

Além das já citadas vantagens comerciais obtidas pelos ingleses, a "fidelidade britânica" para com seus "parceiros" portugueses fora selada por meio do enlace matrimonial entre o rei Carlos II e a infanta D. Catarina, filha de D. João IV. Como dote entregue ao monarca inglês, D. Catarina "levou" de Portugal a praça de Tanger, a Ilha de Bombaim e mais dois milhões de cruzados. Esse foi o preço pago para que a Inglaterra trouxesse "no coração as conveniências de Portugal, defendendo-o com forças de terra e mar", pondo assim fim à Guerra de Restauração contra seus eternos inimigos, os espanhóis (Novais, 1995, p. 23).

1.2 Portugal e Europa no Século das Luzes

O século XVIII se abre para Portugal sem muitas mudanças, ou seja, o objetivo do país era continuar regateando a sua neutralidade entre as nações europeias ascendentes e com isso garantir a manutenção de suas possessões ultramarinas, principalmente a colônia brasileira, fonte de toda a riqueza — e sobrevivência — lusitana. A competição feroz entre as nações em ascensão (Portugal e Espanha), não obstante a perda da supremacia no cenário europeu, que já se desenhava desde o século anterior, serviu, de certa maneira, para que as duas nações ibéricas salvaguardassem os seus extensos domínios por todo o século XVIII, como nos diz Novais (1995, p. 54):

> Os países ibéricos, perdida a posição de vanguarda e mesmo de preponderância, reduzidos a estrelas de segunda grandeza e em determinados momentos envolvidos em perigosas depressões, conseguem não obstante preservar suas autonomias europeias e manter seus extensos domínios ultramarinos — ainda os mais extensos até o final do século XVIII — exatamente por causa da competição entre as potências que ascendiam econômica e politicamente — Inglaterra e França. Vinculada à Inglaterra, que sai vencedora da longa disputa, Portugal pôde mais que a Espanha, aliada da França, atravessar a longa sucessão de tensões preservando seus domínios, entre os quais o Brasil é o núcleo essencial.

A ascensão da França e da Inglaterra como nações de primeira grandeza no contexto europeu do século XVIII não representou somente perdas econômicas para os países ibéricos, mas também redundou em um grande descompasso intelectual entre estas e aquelas nações. À medida que França e Inglaterra se fortaleciam econômica, política e culturalmente ao longo dos séculos XVII e XVIII, seus povos rompiam os limites geográficos em busca de novos conhecimentos e da consequente quebra de "tabus" e falsas crenças com relação ao Oriente e às Américas: floresce a época das viagens — dentro e fora da Europa — e dos relatos, das trocas de informação, dos questionamentos sobre a própria existência e da superioridade europeia — e de sua religião — como centro do mundo civilizado. A própria questão sobre o que é ou não "civilizado" é posta em xeque a cada vez que ocorrem esses encontros com o "outro". Na comparação entre a "civilidade" europeia com o "selvagem" americano, este último

> Compadece-se do pobre civilizado, sem virtude, sem força, incapaz de prover ao seu sustento, à sua habitação; degenerado e moralmente bestializado; máscara de carnaval, com seu traje azul, as meias vermelhas, o chapéu preto, os seus laços verdes, morrendo a cada instante, porque se atormenta sem cessar, para obter bens e honras que só lhe deixam desgosto na alma. (Hazard, 1971, p. 23).

Já o europeu, nesse contato com o outro, percebe, segundo afirma Hazard (1971, p. 23), que a chamada "ignorância" dos selvagens é na realidade um privilégio: "não saber ler nem escrever os poupa de uma quantidade de males; as ciências e as artes são uma fonte de corrupção. Os civilizados são os verdadeiros bárbaros". O homem europeu do final do século XVII e início do XVIII não mais se satisfaz com a rigidez dos séculos anteriores. Os europeus

> Ir-se-ão ao longe procurar as dúvidas. [...] com o tempo verão o gosto da viagem reforçar-se e espalhar-se; [...] exploradores há que saem da sua aldeia, da sua província, do seu país para saber como vivem e pensam os outros homens: compreenderemos por este primeiro sinal que se opera uma transformação nos princípios que dirigiam a vida: 'Se sois curioso, ide viajar...'. (Hazard, 1971, p. 16).

A criação das Companhias das Índias Orientais — inglesas em 1600 e holandesas em 1602, respectivamente —, além da colonização da América do Norte pelos ingleses, já em 1608, com a fundação da Virgínia, por exemplo, fomentaram uma grande produção narrativa sobre o mundo desconhecido dos europeus que não podiam ou não queriam sair de seu lugar de origem. Sendo assim,

> Narrações, Descrições, Relações, Bibliotecas, Miscelâneas Curiosas; pessoas que não arredam do lugar natal, que não conhecerão os grandes lagos da América nem os jardins do Malabar, nem os pagodes chineses, lerão ao borralho o que os outros contaram. Missionários das Missões estrangeiras, Capuchinhos, Franciscanos, Recolectos, Jesuítas, contam a conversão dos infiéis; os cativos de Túnis, do Marrocos contam como foram perseguidos pela sua fé; médicos ao serviço das Companhias contam suas observações; marinheiros contam jactanciosamente, o seu giro do mundo [...]. (Hazard, 1971, p. 19).

O comércio com o Oriente e o "desbravamento" das Américas no Ocidente alargaram e ampliaram os conhecimentos do homem europeu, sendo o século XVIII o período no qual não haverá mais espaço para o "misticismo religioso" e crenças infundadas. Viajam os ingleses, viajam os franceses, viajam os italianos, os alemães e os holandeses. Viajam os doutos, trazendo em sua bagagem novas verdades: em outras partes do mundo, tal como no Oriente, havia povos tão ou mais avançados do que os europeus em muitos aspectos, quais sejam, a organização de suas sociedades, as ciências, as artes e a religião. O orientalista inglês Simon Ockley (1678-1720), professor de árabe em 1711 na Universidade de Cambridge, contestava, em 1708, o fato de que o Ocidente — entenda-se Europa — tivesse qualquer vantagem sobre o Oriente:

> No que respeita ao temor de Deus, à disciplina dos apetites, à prudente economia da vida, à decência e à moderação em todas as condições e circunstâncias; no que diz respeito a esses pontos (os mais importantes, no fim das contas), se o Oeste acrescentou algum progresso, por pequeno que seja, à sabedoria do Leste, devo confessar que me engano singularmente. (*apud* Hazard, 1971, p. 25).

Todo esse movimento de ir e vir promoveu, em princípio, uma "crise mental" na Europa, onde muitas crenças tiveram de ser repensadas ou descartadas, mas também propiciaram o intercâmbio de informações e conhecimento entre os doutos e suas academias científicas e literárias, cujos estudos e debates mais aprofundados em diversos campos do saber seriam conduzidos.

Não era, contudo, privilégio apenas dos franceses, ingleses, holandeses etc. viajar ao redor do mundo. Não nos esqueçamos de que foram os portugueses e os espanhóis os pioneiros na arte da navegação e conquista de povos e territórios de além-mar. A "Certidão de Nascimento" do Brasil, por exemplo, a carta de Pero Vaz de Caminha ao rei D. Manuel, dando conta do "achamento" de nosso país, é um dos relatos mais famosos entre os diversos produzidos ao longo do período das grandes navegações lusitanas. Foram os portugueses os pioneiros nas três partes da Terra (África, Ásia e América), como dissera João de Barros, o que certamente muito contribuiu para o esclarecimento acerca das coisas do mundo. Segundo afirmara o filósofo francês Raynal (1713-1796), não houve "acontecimento tão interessante para a espécie humana em geral, e para a Europa em particular, quanto o descobrimento do novo mundo e passagem para as Índias pelo Cabo da Boa esperança" (*apud* Novais, 1995, p. 17), o que mostra que tal feito luso possibilitou a abertura às outras nações europeias do mundo que até então apenas se imaginava.

Mas, se foram os portugueses os pioneiros em tal empreitada, por que então o descompasso intelectual entre esses e as outras nações? Por que a Inglaterra, por exemplo, que largou bem depois na corrida ultramarina estava já, em meados do século XVII, tomando a frente não só de Portugal e Espanha, mas também do berço cultural europeu de então, a toda poderosa

França de Luiz XIV, a única potência ainda a medir forças com a Inglaterra? Por que a Holanda, que havia sido uma mera "distribuidora" dos produtos trazidos por Portugal durante o século XVI e recém-independente da Espanha, competia com — e vencia — os lusitanos nos mercados das Índias Orientais, relegando-os à terceira ou quarta força no cenário europeu em finais do século XVII e início do XVIII?

Várias são as respostas para tais questionamentos, mas foi D. Luís da Cunha (1662-1749), diplomata que serviu no reinado de D. João V, um dos que nos forneceram algumas pistas para a compreensão da problemática lusitana do século XVIII. Os problemas que, segundo ele, emperravam o crescimento e expansão, tanto do Império quanto da mentalidade da sociedade lusitana, estavam relacionados aos históricos conflitos com a Espanha, à dependência econômica da Grã-Bretanha, à pequena população e falta de iniciativa dessa para sair do "limbo" no qual a nação se encontrava, além da enorme influência dos religiosos, os quais contribuíram para a expulsão de vários cristãos-novos (promissores comerciantes e intelectuais) por meio das atividades da Inquisição. Um outro aspecto, apontado por Carvalho (1978, p. 149), refere-se ao Índice Expurgatório Romano, o qual se responsabilizava por proibir os livros a serem adotados nas escolas — e não só nessas, mas também que estivessem em circulação pelo reino português —, fato esse não mais aceito em nenhuma outra nação europeia:

> No Índice Romano condenavam-se muitas obras que, contra os princípios do ultramontanismo, sustentavam as doutrinas que melhor satisfaziam aos interesses das monarquias. O Índice Romano-Jesuítico que servia de base à censura dos livros portugueses, depois de 1624, fixava as linhas gerais de um pensamento que deveria prevalecer em todos os setores da vida intelectual e inclusive na própria Universidade.

Carecia a nação portuguesa de tudo, principalmente de uma intelectualidade ativa e imbuída do chamado "espírito das Luzes". Muito dessa carência intelectual era também resultante das perseguições religiosas, como já citamos anteriormente, impostas pelo Santo Ofício, que ainda queimava suas vítimas em praça pública, forçando assim a fuga de vários cristãos-novos que poderiam contribuir não só no campo econômico, mas também intelectual, fato esse que deixava boquiabertos os seus vizinhos, em plena ascensão econômica, social e cultural (Azevedo, 2004, p. 96-97). Beneficiaram-se assim as nações cujo ideal iluminista florescia, as quais receberam esses "expatriados", absorvendo as suas capacidades intelectuais em suas Academias, como foi, por exemplo, o caso de Jacob de Castro Sarmento (1692-1762), médico português de origem judaica que teve de fugir para Londres. Tornou-se, anos depois, membro da *Royal Society*, tendo feito traduções de tratados de medicina para o português e oferecido ao Rei de Portugal, Dom João V (Maxwell, 1996, p. 17).

O fanatismo religioso — além de uma relação de certa forma "promíscua" entre D. João V e as religiosas que viviam em seus mosteiros — então presente na pessoa de El-Rei, foi outro elemento que contribuiu bastante para esse atraso intelectual. Com a afluência do ouro brasileiro, o monarca português não poupou nos gastos com a construção de diversos templos, mansões e mosteiros, sendo o maior e mais luxuoso entre eles o mosteiro-palácio em Mafra, que levou 13 anos para ser concluído (1717-1730) e custou cerca de cinquenta mil cruzados por semana, empregando três mil trabalhadores. Somente o zimbório, que ia desde o pedestal, custou cerca de quatrocentos mil cruzados para ficar pronto em dois anos (Soriano, 1867, p. 142). Foram vários os mosteiros construídos durante o reinado de D. João V e, após esse, chegando a um número estimado de 538 por volta de 1780. Já em 1750, no início do reinado de D. José I, o número aproximado de clérigos girava em torno de duzentos mil membros, para uma população de pouco mais de dois milhões de habitantes. Só no mosteiro de Mafra eram abrigados cerca de 250 clérigos. A obra de Mafra não foi a única a consumir o dinheiro da Fazenda Real:

> Outras extravagâncias, de singular bizarria, teve D. João V a maior e mais notável de todas: fundar em Lisboa, como efetivamente fundou, com o nome de patriarchal, uma egreja cathedral que se assimilhasse a de S. Pedro em Roma, querendo que todas as festas se fizessem cá pelo mesmo teor e prática pela pessoa do patriarcha como lá são feitas pelo santo padre. [...] as somas despendidas por El-rei para imitar Roma, e pagar as indulgencias e bullas, que de lá lhe vieram em retorno [...] foram então computadas em cento oitenta e oito milhões de cruzados! Emquanto [isso] a agricultura do paiz estava inteiramente desprezada, as fabricas sem verdadeiro e decisivo impulso, e o commercio interno e externo absolutamente abandonados. (Soriano, 1867, v. 1, p. 157).

A promiscuidade financeira na qual o governo português tinha envolvido o país não se resumia ao fanatismo do monarca. A malversação dos recursos advindos da exploração colonial — principalmente do ouro brasileiro — e gastos em futilidades foram motivos que levaram Portugal a uma grave crise econômica. Tendo sido a França o berço da cultura, da moda, da culinária, das artes etc. na Europa de então, Portugal, durante o reinado de D. João V, importou praticamente tudo o que era produzido naquele país: roupas, sapatos, meias e até mesmo as cabeleiras, que estavam no auge entre os nobres. Vieram também alfaiates, cabeleireiros, cozinheiros, o que desqualificou tais serviços e respectivos profissionais em Portugal. Da Itália, que não tinha muito que oferecer em termos de moda, chegavam muitos navios com artistas para animar os bailes da corte joanina. Assim era dilapidado o tesouro português, que já havia sofrido um forte golpe econômico, resultante de um polêmico tratado, sacramentado 4 anos antes da coroação de D. João V, em 1707.

O Tratado de Methuen entre Portugal e Inglaterra, firmado em 27 de dezembro de 1703, tinha sido mais vantajoso para os britânicos, fato que se somou à letárgica situação econômica lusitana, deixando o país totalmente vulnerável e à mercê de seus "parceiros" ingleses. Nesse tratado, os vinhos portugueses seriam recebidos em Londres pagando uma taxa alfandegária um terço inferior aos vinhos franceses, o que, a princípio, pareceu ser um grande negócio. Iludidos como estavam, os lavradores portugueses abandonaram as outras culturas, dedicando-se apenas à produção vinícola, por ser considerado um investimento mais seguro e lucrativo. Em contrapartida, Portugal obrigava-se a comprar, exclusivamente, a lã oriunda de Londres. A problemática desse tratado, no entanto, reside no fato de Portugal ter utilizado as melhores terras para a produção de vinhos — Alto D'ouro — e ter abdicado da produção de alimentos, tais como os variados tipos de cereais. Além disso, muitos ingleses que já residiam e negociavam em Lisboa monopolizavam a compra e venda dos vinhos portugueses por meio de suas feitorias, obtendo grandes lucros e ocasionando a derrocada da economia lusa. Como sua agricultura tinha se tornado uma "monocultura", os portugueses tiveram de importar todo tipo de alimento do exterior, principalmente dos ingleses. Mais uma vez será o ouro brasileiro utilizado para tentar equilibrar as contas e promover a riqueza e prosperidade inglesa:

> Mas se é verdade, como os fisiologistas nos dizem, que o homem não pode viver de um só alimento, também é verdade que uma nação não pode subsistir, limitada a uma só indústria. O certo é que, lançado Portugal em similhante situação, todo oiro que lhe vinha do Brazil, e não era mandado para Roma para se comprarem indulgências e bullas, era mandado para Inglaterra, para lá se comprar tudo quanto era neces-

> sário para a sustentação e vestuário, indo por este modo o oiro português alimentar, não só a agricultura ingleza, mas egualmente a sua navegação e commercio, com grave prejuízo de Portugal em todos estes três ramos, contribuindo assim a nossa riqueza para a elevação daquella nação ao máximo grau de prosperidade e grandeza em que hoje a vemos. (Soriano, 1867, v. 1, p. 161).

Todos os problemas anteriormente elencados, que deixam claras a ineficácia administrativa e a falta de visão de futuro por parte dos monarcas e de seus ministros, tinham sido já apontados por D. Luiz da Cunha em suas *Instruções* (1738) e *Testamento Político* (1747), problemas esses chamados por ele dos "males" ou "sangrias" que impediam a nação de florescer. Em sua primeira digressão sobre tais problemas, o ilustre diplomata sugere medidas ou "remédios" a serem aplicados no sentido de retirar Portugal de seu estado calamitoso. No que tange ao poder da igreja e suas práticas coercitivas, Luiz da Cunha sugere que seja do estado o controle dos benefícios dos eclesiásticos, reduzindo o número de conventos; dessa forma, dificultando os votos e as ordenações. Como uma das reclamações de D. Luiz da Cunha era a baixa população portuguesa, tal ato diminuiria o celibato e, assim como nos países protestantes, em que tal prática não se observava, haveria um aumento populacional que, consequentemente, ao menos em sua ótica, iria trabalhar a terra, gerando renda e impostos para o reino.

As perseguições contra os cristãos-novos (principalmente judeus) são outro elemento apontado por D. Luiz da Cunha como sério inibidor do crescimento econômico lusitano. Em sua exposição do problema, ele defende que Portugal perdia muito com práticas "crudelíssimas" e com a intolerância religiosa ao se prenderem, expulsarem — ou queimarem em praça pública — suspeitos de não seguirem os ditames da Santa Sé. Por serem grandes comerciantes e possuírem os "cabedais" — habilidade e experiência comercial; capital de giro para investimentos — utilíssimos à nação, tal perda de contingente humano, em um país que já tinha tão pequena população, seria um complicador a mais para a já debilitada situação econômica e financeira do país. A Inquisição — materialização do fanatismo religioso presente em Portugal, principalmente durante o reinado de D. João V — vem em primeiro lugar, para D. Luiz da Cunha, como causa do "sangramento" da economia lusitana:

> E se V. A. perguntar a causa desta dissolução, não sei se alguma pessoa se atreverá a dizer-lha com a liberdade que eu terei a honra de fazê-lo; e vem a ser que a Inquisição prendendo

> uns por crime de judaísmo e fazendo fugir outros para fora do reino com os seus cabedais por temerem que lhos confiscassem, se fossem presos, foi preciso que as tais manufaturas caíssem, porque os chamados cristãos-novos os sustentavam e os seus obreiros, que nelas trabalhavam, eram em grande número, foi necessário que se espalhassem e fossem viver em outras partes e tomassem outros ofícios para ganharem o seu pão, porque ninguém se quis deixar morrer de fome. (Cunha, 1976, p. 64).

A questão agora era buscar meios para manter os judeus — e todos os estrangeiros — que pudessem contribuir com o projeto de recuperação da "saúde" nacional:

> Se o despovoamento é a questão de base, os fatores que o determinam assumem um papel crucial: são as *sangrias* (constância da imagem fisiológica no plano social). Significa isto dizer que não há homens porque muitos foram ou estão indo embora (judeus de uma lado; soldados e colonos, do outro), enquanto outros não trabalham, vivendo na ociosidade (frades, freiras, eclesiásticos no geral).

> Vão-se embora os homens, são perseguidos, sentem-se inseguros, não há garantias ou incentivos para o trabalho, para os cabedais, para a indústria e para o comércio, enfim. (Falcon, 1993, p. 256).

Tanto as *Instruções* quanto o *Testamento Político* de D. Luiz da Cunha abordam, em boa parte de suas reflexões, o binômio religião-economia, ou seja, os prejuízos que a Igreja Católica, por meio da Inquisição, vinha causando a Portugal. Problemas outros, tais como a pusilanimidade do homem português, estreiteza de visão comercial, baixa população etc., são também abordados. Mas é a Inquisição o grande incômodo que deve ter o seu poder reduzido. Segundo Falcon (1993, p. 257),

> A Inquisição prepondera, merecendo para isso maior análise. É ela quem provoca a fuga dos judeus ou 'cristãos-novos', enriquecendo outros reinos e empobrecendo Portugal. É ela também quem dificulta a mobilização dos capitais, cria a insegurança, atemoriza os investidores nacionais e estrangeiros, em suma, impede que haja uma verdadeira burguesia.

Ainda que disputável, foi uma de suas sugestões ao então Príncipe do Brasil — D. José I — a manutenção de estrangeiros, principalmente no Brasil, ao invés de se permitir tantas terras nas mãos dos eclesiásticos. Procurou o ilustre diplomata mostrar ao futuro rei de Portugal a quantas andavam as contas do Tesouro português, apresentando dados referentes à posse das terras e à perda de receitas em impostos, uma vez que os bens de raiz estavam nas mãos dos clérigos, principalmente os da Companhia de Jesus:

> Se V. A. quiser dar uma volta aos seus reinos [...] achará que a terceira parte de Portugal está possuída pela Igreja que não contribui para a despesa e segurança do Estado, quero dizer, pelos cabidos das dioceses, pelas colegiadas, pelos priorados, pelas abadias, pelas capelas, pelos conventos, de frades e freiras. (Cunha, 1976, p. 61).

Por ter estado grande parte do patrimônio lusitano nas mãos dos inacianos, serão esses últimos os que mais se mobilizarão contra as Reformas Pombalinas, as quais visavam, dentre outras coisas, à retomada do crescimento econômico do país e à exclusão dos jesuítas da sociedade lusitana.

Para que Portugal atingisse o nível social e econômico observado nas outras nações europeias, livrando-se assim dessa carência intelectual, tão criticada pelos portugueses "estrangeirados", fazia-se extremamente necessária uma reforma geral. Um dos pilares dessa revitalização social, cultural e econômica, como veremos, seriam as Reformas da Instrução Pública, tanto no reino quanto em seus domínios ultramarinos. Antes de falarmos sobre ela, porém, traçaremos um histórico da educação em Portugal e no Brasil colônia antes da subida ao trono de D. José I em 1750.

1.3 O ensino pré-pombalino em Portugal e no Brasil

O ensino de Primeiras Letras esteve entregue aos religiosos da Igreja Católica até meados do século XVIII quando, após a morte de D. João V, em 1750, ascenderá ao trono seu filho, D. José I (1714-1777). Em sua gestão, na pessoa de seu futuro Primeiro Ministro, o Conde de Oeiras, depois Marquês de Pombal, Sebastião José de Carvalho e Mello (1699-1782), dar-se-á o início de uma grande reforma que abrangerá, dentre outras áreas, aquela referente à educação religiosa e seus propósitos.

Os objetivos dos clérigos à frente da educação no reino e em suas possessões inseriam-se, como nos informa Andrade (1978, p. 1-2), "na problemática da sociedade hodierna de então e não serviriam para os séculos passados, que a não sentiam, mergulhados como estavam na excelência do ensino humanístico como tal". Em outras palavras, o autor afirma que não era o ataque ao analfabetismo, nas séries iniciais, o objetivo principal do ensino religioso, mas sim um ensino voltado à formação humanística como preparatória dos filhos da nobreza e da nascente burguesia para o acesso à Universidade. Só teriam acesso à escola de Gramática Latina quem já soubesse ler, escrever e contar. Segundo afirma o mesmo autor,

> A obrigação de ensinar competia, primariamente, à família, e tanto a Igreja quanto o Estado completavam o que ela não conseguia por si só. Ela podia, de uma maneira geral, arcar com as despesas do primeiro grau e, por vezes, até mesmo do secundário e superior. A aprendizagem da língua processava-se, pois, em aulas de professores particulares ou nas escolas, de algum modo, simultaneamente da Igreja e do Estado, que funcionavam nas Catedrais, nos Conventos e nos Colégios. (Andrade, 1978, p. 2).

Como evidência do pouco ou quase nenhum interesse por parte da igreja ou mesmo do estado na educação elementar das classes menos favorecidas, salienta ainda o autor que

> As honras do ensino iam todas para os cursos de Humanidades, Filosofia, Teologia. Como, porém, interessava educar os futuros pupilos desde os mais tenros anos, cumpria-se a condição (saber ler e escrever), em escolas apropriadas, vestibulares dos Colégios e da Universidade. (Andrade, 1978, p. 3).

Mas essa pouca preocupação com as crianças de famílias desprovidas de condições para pagar professores particulares ou mandá-los para "escolas apropriadas" nem sempre foi assim. No final da Idade Média houve a criação de uma congregação religiosa, os Irmãos da Vida Comum, ou *jeronimianos,* que tiveram um papel fundamental na disseminação da fé cristã e no ensino eclesiástico que se difundiram por vários países europeus, tais como: Holanda, Bélgica, Alemanha, e Polônia. Funcionou essa congregação até o final do século XV e seus mestres se tornaram muito conceituados em sua época por preocuparem-se com as crianças pobres. Ofereciam aulas públicas em troca de cópias de manuscritos, feitas por seus alunos, crianças e adolescentes, que pagariam assim as aulas ministradas por esses clérigos. Com a chegada da imprensa, instalaram-se tipografias em várias casas da Ordem, sendo eles os primeiros a publicar clássicos voltados ao seu público infantil, abraçando, dessa forma, a educação não só para fins religiosos, mas também com o fito de alfabetizá-los e instruí-los. Criaram classes distintas para os alunos, chamadas de seção primária ou escola latina e seção secundária ou escola alemã, nas quais eram ensinados conteúdos elementares (classe primária), humanidades e ciências de utilidade aos alunos (classe secundária). Teriam sido eles os precursores da Companhia de Jesus, preparando e qualificando humanistas famosos pelos seus envolvimentos com a educação. Segundo nos diz Férrer (1997, p. 31),

> Das suas escolas saíram humanistas famosos, como John Sturm, o criador do Ginásio de Estrasburgo, Erasmo de Roterdã e muitos outros. Os *Jeromitas* tinham estabelecimentos de ensino na Holanda, na Alemanha, na França, onde a Sorbonne lhes confiou a direção do Colégio de Montaigu, numa prova inconteste da aceitação e eficácia de sua pedagogia. Eles harmonizavam cultura humanista e educação cristã, tendo com isso influenciado uma plêiade de educadores como Francisco de Bórgia, fundador do primeiro Seminário para a formação de jesuítas em Gandia, na Catalunha (1546), Francisco Xavier Jerônimo Nadal, que organizou o primeiro colégio da Companhia de Jesus para a educação da juventude em Messiana, na Sicília (1548), e muitos outros.

A obra dos Irmãos da Vida Comum serviu, dessa feita, de modelo para que os jesuítas desenvolvessem o seu trabalho monacal e educacional em suas casas e escolas paroquiais, tanto em Portugal quanto em seus domínios d'além-mar. As escolas paroquiais espalhadas pelas cidades e vilarejos do reino português, já desde o final da Idade Média — trabalho iniciado pelos Irmãos da Vida Comum, conforme mencionamos anteriormente — tiveram o papel de disseminadoras de um saber linguístico elementar. As crianças eram iniciadas na leitura e na escrita por meio dos catecismos, não havendo nessa forma de ensino o objetivo da aquisição de conhecimentos gramaticais detalhados, conhecimentos esses que só serão estudados mais amiúde com o surgimento de compêndios voltados para "o bem falar e escrever" da língua — gramáticas e dicionários — a partir de meados do século XVI, com as obras de Fernão de Oliveira (1536), João de Barros (1540) e Jerônimo Cardoso (1562), por exemplo. A finalidade do ensino de ler e escrever ancorava-se na formação cristã, sendo o processo de alfabetização e escolarização das crianças uma ferramenta necessária para atingir tal objetivo. Dessa forma, segundo nos afirmam Oliveira e Correa (2006, p. 39), "o catecismo instaura-se como instrumento capaz de interligar os domínios da fé pela alfabetização". De acordo com Hébrard (2000, p. 37), a Igreja Católica teria dado às escolas paroquiais "um grande impulso à alfabetização de sorte que seria impossível reconstruir uma história da cultura escrita sem encarar as modalidades de sua escolarização".

A formação religiosa e o ensino de língua se entrecruzavam nesse processo de alfabetização das crianças, tendo sido os catecismos os instrumentos de ensino-aprendizagem que foram, por exemplo, utilizados até o século XIX no Brasil, por Rui Barbosa em seu Projeto da Reforma Primária (Oliveira; Correa, 2006).

No entanto, desde meados do século XV há registros documentais do ensino das Primeiras Letras em Portugal quando se noticia a presença de um mestre lecionando a escrita e a leitura em certa *rua de Évora*. Em 1456, nas Cortes de Évora se inicia a tentativa do estabelecimento de mestres de Primeiras Letras, atendendo assim ao pedido dos procuradores daquela cidade que requerem ao rei o pagamento de uma "tença" para a contratação de "um bacharel que ensina leitura, escrita e gramática aos filhos dos bons e quaisquer outros que queiram aprender" (Férrer, 1997, p. 24). Andrade (1978, p. 3-4) reforça tal informação, ao afirmar que "na inauguração da Universidade [de Évora] em 1559, a aula de Primeiras Letras não deixou de figurar nos Estatutos", citando assim um trecho do mesmo que se lê: "Averá na Universidade [de Évora] oito classes de latim, a saber, duas de Rhetorica, duas de Humanidades […], quatro de gramática […]. E além destas averá outras duas classes, em que se ensinem os meninos a ler e escrever".

Apesar disso, segundo afirma Férrer (1997, p. 24-25), o governo não assumira formalmente a responsabilidade da educação, cabendo essa aos religiosos, cujos proventos advinham ou das Câmaras, variando entre 10$000 réis e 30$000 réis ao ano, de acordo com as condições locais, ou da ajuda de particulares, podendo os mesmos ficar até dois anos sem receber os seus salários.

A falta de comprometimento por parte do governo e a entrega do ensino nas mãos dos clérigos se torna evidente, segundo nos mostra o autor, nos *Capítulos do estado da nobreza*, apresentados na corte de Lisboa em 1641, não havendo qualquer referência sobre o ensino [de Primeiras Letras], mas sim de um ensino utilitário, profissionalizante e que atendesse às necessidades imediatas da nação, quais sejam, aquelas referentes às atividades marítimas e da guerra por meio do estabelecimento, por exemplo, de uma escola pública para cosmógrafos, de sorte que *os homens do mar fossem ensinados nas artes de marear por mestres artilheiros e adestrados nas atividades marítimas e nas artes da guerra*.

Com o Concílio de Trento (1549-1563), buscaram o Papa Paulo III, bispos, teólogos e cardeais, além da afirmação da fé católica e perseguição aos hereges — entenda-se aqui, Protestantes — a criação de Escolas Menores para a formação da juventude. Ao assinar a bula *Benedictus Deus*, em 1564, o Papa Pio V solicita aos governantes católicos a sua colaboração no sentido de se formarem confrarias e sociedades que viessem a instruir e educar os meninos, jovens e adultos. Aos prelados caberia a escolha de mestres para tal fim, ou seja, o ensino de gramática aos clérigos — formação intelectual dos futuros padres-mestres — e consequente alfabetização dos estudantes pobres a fim de que todos pudessem, com o favor de Deus, passar ao estudo da Escritura Sagrada. No Brasil, o primeiro mestre-escola instituído pela diocese da Bahia foi Silvestre Lourenço, confirmado por El-Rey D. João III no ano seguinte, o qual tinha o direito a uma "côngrua" (Férrer, 1997, p. 27).

Eram os bispos os responsáveis pela abertura de escolas e escolha dos mestres, além de atuarem como intermediários entre a igreja e o poder público a fim de se obterem verbas que os auxiliassem na manutenção dos espaços destinados à educação e aos proventos dos mestres. Quando esses (os proventos) não eram suficientes, recorriam muitas vezes ao auxílio de particulares. Quando da ausência dos mestres, eram os próprios párocos que assumiam a tarefa de ensinar, tendo os seus soldos providos pelos pais daqueles que quisessem estudar e manter uma escola "pública" (Férrer, 1997, p. 30). Sendo assim, era natural que coubesse à igreja o direito de fiscalizar o ensino e selecionar os mestres que desempenhariam a função de disseminação da doutrina cristã, bem como do método pedagógico e material didático a serem adotados.

Azevedo (1976, p. 9) nos diz que no Brasil colonial, assim como em suas outras possessões, coube aos jesuítas, além do trabalho proselitista, aquele referente à educação elementar. Foram José de Anchieta, Manoel da Nóbrega — e depois da morte desse, Luís da Grã — e João de Azpilcueta, a famosa "trindade esplêndida", nas palavras do autor, os responsáveis pela "atividade extraordinária dos jesuítas no século XVI — a fase mais bela da história da Companhia de Jesus" —; a de converter o gentio e ao mesmo tempo educá-lo e instruí-lo na fé cristã. Serviram os jesuítas, nas palavras do mesmo autor, como uma via de transmissão da cultura lusitana, ao dizer que:

> Quando a alma portuguesa, heróica e moça, encurralada na Europa entre os muros de Castela e os muros do mar, queriam dilatar-se na espécie e no gênio, foi nos jesuítas que encontrou, para apoiá-la, no seu esforço colonizador e refreá-la, nos seus ímpetos aventureiros, um dos maiores e mais poderosos instrumentos de domínio espiritual e uma

das vias mais seguras de penetração da cultura europeia nas culturas dos povos conquistados, mas rebeldes das terras descobertas. (Azevedo, 1976, p. 11).

Nas palavras do autor anteriormente citado, foram a catequese e a conversão os objetivos primeiros da Companhia, e o ensino elementar, de ler e escrever das crianças — filhos do gentio e do cristão — o meio para atingir tal finalidade, "realmente notáveis pela rapidez e organização como se processaram". Desde a chegada dos clérigos da Companhia, em 1549, até a morte de Manoel da Nóbrega, em 1570, já existiam cinco escolas de instrução elementar, estabelecidas em Porto Seguro, em Ilhéus, no Espírito Santo, em São Vicente e em São Paulo de Piratininga, e três colégios no Rio de Janeiro, em Pernambuco e na Bahia que, além de uma classe preliminar, apresentavam outra de latim e de humanidades (Férrer, 1997, p. 33).

Em todos esses estabelecimentos eram tanto os meninos índios quanto os filhos de portugueses e colonos já aqui estabelecidos, bem instruídos na leitura, escrita e bons costumes. Ainda segundo o mesmo autor, na ausência de material didático, era Anchieta quem compunha canções, escrevia pequenas peças de teatro e organizava compêndios que, copiados e recopiados, tornaram-se de uso corrente em quase todos os colégios.

No tocante ao ensino da língua portuguesa, o autor afirma que foram com as escolas jesuíticas de ler e escrever, fixas ou ambulantes, grandes instrumentos de penetração do sertão, e pelas aulas de gramática mantidas em todos os colégios

> Que se tornou língua geral o idioma português que os índios aprendiam, não só dos colonos, mas, sobretudo, do padre e dos meninos, filhos de reinóis ou órfãos trazidos de Lisboa pelos jesuítas e cuja presença nos colégios (pois 'para crianças não há distinção de raças e elas são, por natureza, universalistas') ajudou muito, na opinião de Serafim Leite, a atrair e estimular os pequeninos índios no caminho da instrução. (Azevedo, 1976, p. 16-17).

Não se discute o papel dos missionários da Companhia no processo de catequese e instrução do índio no início da colonização no Brasil, mas é no mínimo discutível a questão referente à condição da língua portuguesa enquanto "geral" nesse período de nossa história. Antes mesmo da chegada dos colonos ao Brasil, já existia uma língua geral, uma variante reduzida do tupi, utilizada entre os próprios indígenas para comunicação entre as diversas tribos, que tinham línguas distintas entre si. Segundo afirma Garcia (2003, p. 76-78),

> Tínhamos [no Brasil colônia] a *língua geral*, uma versão simplificada da língua *tupi*, que era usada pelos brancos e mamelucos (filhos de índia com branco) em seus contatos com os aborígenes. É importante notar que essa *língua geral* já existia muito antes da chegada dos portugueses ao Brasil, sendo usada pelos índios da tribo *tupi* como meio de comunicação com as demais tribos de famílias linguísticas diferentes, que falavam as famosas *línguas travadas*, de aprendizado dificílimo (grifos do original).

Sobre um possível abandono da língua materna para a utilização da língua portuguesa na condição de um *superstrato* e a língua tupi como um *substrato*, conforme insinua Azevedo (1976, p. 17), ao falar da "facilidade que tinham os indígenas das Índias Orientais de aprender o português, língua geral na África e na Ásia no século XVI, fato este que se repetia no Brasil", Garcia assegura que:

> Os índios brasileiros, salvo raríssimas exceções, jamais abandonaram sua língua para adotar a do conquistador; pelo contrário, no começo da colonização, a língua geral era mais falada do que a portuguesa, devido à grande superioridade numérica dos mamelucos e índios sobre a população branca. A língua geral só deixou de ter importância pelo fato de os portugueses terem chacinado seus falantes, como nos diz Serafim da Silva Neto: 'um documento jesuítico nos diz que as 40 mil almas [...] estavam reduzidas a 400'. (Garcia, 2003, p. 75).

Corrobora a asserção de Garcia (2003) a própria criação do Diretório, redigida em 1757, por Francisco Xavier de Mendonça Furtado (1700-1779), irmão do Marquês de Pombal, em que se estabelecia que "como base fundamental da Civilidade, a proibição do uso do idioma da terra, impondo a língua portuguesa como idioma geral". Desde 8 de novembro de 1751, nas Juntas das Missões, ou seja, passado pouco mais de um ano no poder, já havia D. José I comunicado aos clérigos da Companhia o seu desagrado em não haverem aberto escolas de Primeiras Letras para os meninos se instruírem e, por conseguinte, aprenderem a língua portuguesa, fato esse que por si só contradiz o que afirmara Azevedo. Somente em 1757, ao saberem que deveriam deixar as aldeias, é que o Visitador da Companhia, tardiamente, comprometer-se-ia a abrir escolas de Primeiras Letras (Andrade, 1978, p. 9). Nota-se, assim, que, no processo de colonização e "transmissão da cultura lusitana" na obra jesuítica, a questão da língua portuguesa não fora tratada como prioritária pelos clérigos da Companhia. Prova disso é o fato de terem abandonado o uso do português e se dedicado à aprendizagem da "língua da terra" para melhor exercerem a sua função clerical. Tamanho foi o interesse de tal empreendimento linguístico que, em 1565, foi produzida a *Arte da língua mais falada na costa do Brasil*, de José de Anchieta, publicada em 1595. Chegaram os jesuítas a um nível tal de competência na língua tupi que não necessitavam mais de tradutores, os chamados "línguas", para conduzirem a sua obra missionarística. Tenta justificar Azevedo (1976, p. 17) a utilização da língua indígena por parte dos missionários, desde o século XVI, com a única finalidade de "conquistar mais facilmente os selvagens à sua fé e às suas ideias religiosas e sociais". O fato é que tal "escolha metodológica" muito prejudicou os interesses de Portugal, dando motivação — dentre as várias encontradas por Pombal, como já apontamos anteriormente no ponto de vista de D. Luiz da Cunha — para a expulsão da Companhia do Reino e de todas as suas possessões.

Passados 210 anos de permanência em Portugal e no Brasil, e em que pesem todos os benefícios resultantes de sua incansável dedicação ao compromisso de "retirar o gentio de sua barbárie", dando-lhe a fé cristã [católica] e bons costumes, de uma cultura tida como superior à sua, além da suposta tentativa de ensino de uma língua civilizada — a portuguesa —, como defendia Azevedo, não atendiam mais os jesuítas aos interesses da nação lusa em meados do século XVIII. Na disputa entre católicos e protestantes, desde a época de Lutero, fica clara a diferença entre as maneiras de perceber o mundo ao seu redor. Enquanto os católicos mantinham-se ainda presos aos dogmas e pouco afeitos à investigação científica, mantendo uma cultura que tinha por finalidade, nas palavras de Azevedo (1976), "a formação do perfeito teólogo", os protestantes, por sua vez, tinham "o espírito do livre exame, de análise e de crítica"; tinham a paixão pela pesquisa e o gosto da aventura intelectual. Segundo o mesmo autor, ao comparar os dois campos religiosos — catolicismo ibérico e protestantismo inglês e em outras nações — fica evidente como

> No protestante inglês e de outros países [há] maior independência de espírito. Em teologia, como em política e em ciências, o inglês recusa-se a aceitar as opiniões recebidas, tendendo a formar ele mesmo uma opinião. Longe de proibir

> o livre exame, o protestantismo o exige. Ele é bastante largo para permitir o uso da razão, bastante simples para seguir melhor a evolução das ideias modernas, retendo, contudo, o essencial da fé, o que permite manter-se sempre vivaz, entre os povos anglo-saxões o sentimento religioso. (Azevedo, 1976, p. 25).

O jesuíta, no entanto, seria, nas palavras de Azevedo, "aquele que não acreditava muito na liberdade: era por excelência o restaurador do dogma e da autoridade". Por fim, admite o autor que

> O livre exame, o espírito de análise e de crítica, a paixão da pesquisa e o gosto da aventura intelectual que apenas amanheciam na Europa, teriam sem dúvida alargado o nosso horizonte mental e enriquecido, no campo filosófico, a nossa cultura que ficou sem pensamento e sem substância, quase exclusivamente limitada às letras. (Azevedo, 1976, p. 26).

Oportuno se faz, no entanto, observar que Azevedo não deve ter levado em conta a Reforma da Universidade de Coimbra, levada a termo em 1772 e a consequente alteração curricular nela ocorrida. É bem verdade que dos três mil e doze brasileiros que lá se matricularam entre 1577 e 1910, boa parte se bacharelou ou se doutorou em Cânones ou em Leis. Porém, a inserção do curso da Faculdade de Filosofia modificou o panorama da formação intelectual brasileira, como nos diz Gauer (2007, p. 49):

> O período após 1772 foi, sem dúvida, uma ruptura com a antiga política educacional da Universidade. Embora houvesse especificidade local com relação ao Iluminismo, os avanços que os novos Estatutos trouxeram marcaram consideravelmente esse momento de Coimbra. A criação do curso de Filosofia, as pesquisas e práticas de laboratório, assim como a Reforma de 1772, foram influências vivenciadas pelos brasileiros formados nesse período.

A autora salienta ainda a busca de mais de um curso superior no período que se inicia de 1772 a 1820, com maior ênfase no curso de Leis, contrapondo o período anterior à Reforma. Após as Reformas, segundo afirma a mesma autora, houve uma procura maior pelos cursos de Filosofia e Matemática, embora ainda houvesse uma prevalência dos cursos de Leis e Cânones. O curso de Teologia, no entanto, tem uma menor procura:

> A Reforma de 1772 criou os cursos da Faculdade de Filosofia abrindo, assim, a opção para novas profissões. Há também

um aumento de estudantes que passam a procurar o curso de Matemática e o curso de Medicina. Esses dados são relevantes para compreender que a Reforma implantada valorizou outros campos do conhecimento humano que, até então, não possuíam um espaço acadêmico legitimado. O curso que apresenta a menor procura é o de Teologia; esse dado pode ser compreendido na medida em que a formação de clérigos ocorria nos seminários. (Gauer, 2007, p. 64).

Ao assumir o posto de Secretário dos Negócios Estrangeiros e da Guerra em 1750, e Secretário dos Negócios do Reino em 1755, teria por missão Sebastião José de Carvalho e Mello, dentre várias outras, a de alargar o horizonte mental do reino e de todas as suas possessões. Seria um trabalho árduo, contestado durante e após a sua gestão, mas que trouxe profundas mudanças ao panorama melancólico em que se encontrava Portugal setecentista. Como mencionamos anteriormente, foi a educação um de seus alvos, servindo como um dos pilares fundamentais no projeto de reerguimento do valor e do orgulho nacionais, perdidos ao longo dos séculos XVI, XVII e até meados do XVIII, como detalharia a *Dedução Chronologica* em 1767. A era das Luzes e da razão já era uma realidade, desde o século XVII, de cujo ideário e sentimento reformista o Império luso não podia prescindir. Precisava a nação portuguesa, mais do que um "bom teólogo", um "Negociante Perfeito", e, para isso, a educação em todo o reino havia de mudar.

1.4 A ascensão de Pombal e a racionalização do ensino

Com a morte de Dom João V em 1750 e a ascensão ao trono de seu filho, D. José I, Portugal viu o início de uma reação no sentido de alavancar o país ao status de nação-potência e de cultura, assim como os seus concorrentes europeus. Esse projeto de ascensão da nação portuguesa se deu sob a direção de Sebastião José de Carvalho e Mello (1699-1782), Conde de Oeiras (1759) e, mais tarde, Marquês de Pombal (1769), sobrinho do famoso diplomata português em Londres, Marco Antônio de Azevedo Coutinho. Embora tenha iniciado a sua carreira política um tanto tardiamente — tinha 39 anos quando foi enviado para Londres, substituindo seu tio no cargo de diplomata —, teve Pombal a oportunidade de respirar os ares renovados do movimento iluminista europeu durante os 10 anos que esteve na Inglaterra e na Áustria, além de travar contato com alguns dos "ilustres fugitivos" e outros pensadores portugueses, pejorativamente chamados de "estrangeirados", por causa da influência que esses tinham sofrido dos filósofos de outras nações, principalmente dos franceses.

Após várias divergências, disputas internas e contestações na corte portuguesa sobre as reais capacidades de Pombal assumir o gabinete dos Negócios lusitanos, ele foi escolhido para o novo ministério, formado em 1750, com a ascensão de D. José I, aos 51 anos, sendo uma de suas primeiras missões reconstruir Lisboa após o terremoto de 1755, que devastara a capital portuguesa, matando mais de dez mil pessoas (Azevedo, 2004, p. 120). A experiência obtida enquanto diplomata nas cortes da Inglaterra, França e Áustria lhe foi de grande valia e pesou a seu favor quando da sua escolha para o gabinete do Rei D. José I. Não só por isso, mas também pela "assiduidade do [futuro ministro] ao trabalho, em contraste com o principal Secretário de Estado, Pedro da Mota, a clareza de seu entendimento, o manifesto espírito de reformar", qualidades muito bem vistas por El-Rei (Azevedo, 2004, p. 125). Teve assim Pombal plenos poderes para gerir os negócios e dirigir a nação lusitana no intuito de reconstruir o país, não somente no que se refere à arquitetura pós terremoto, mas principalmente à mentalidade da sua época. Já em 1738, reclamava D. Luís da Cunha com o então diplomata em Londres, Azevedo Coutinho, sobre "a falta de população em Portugal, o excesso de religiosos, a dependência econômica da Inglaterra, das perseguições da Inquisição e finalmente, a falta de espírito de iniciativa" (Maxwell, 1996, p. 16).

Cercou-se Sebastião José, antes mesmo de tornar-se ministro, de vários "estrangeirados" e "expatriados" portugueses, tais como o Dr. Antônio Nunes Ribeiro Sanches (1699-1783), cristão-novo e fugitivo da Inquisição em 1726, Martinho de Mendonça de Pina e Proença (1693-1743), que buscou introduzir no país as ideias de Locke (1632-1704), Newton (1643-1727) e Leibniz (1646-1716), e o Oratoriano de pai francês e mãe portuguesa Luís Antônio Verney (1713-1793), autor do polêmico *Verdadeiro Método de Estudar* (1746), em que abordava questões de lógica, gramática, ortografia e metafísica dispostas em 16 cartas que tratavam de diversos outros assuntos (Maxwell, 1996, p. 12). Dentre as muitas preocupações demonstradas por Verney com relação à instrução pública em Portugal, estava a questão do ensino de gramática. Defendia que a língua latina deveria ser ensinada em português, ou seja, metalinguisticamente, e não mais por meio do latim, como era a prática pedagógica até então — nos deteremos mais sobre as ideias de Verney e suas contribuições na análise da Lei Geral dos Estudos Menores de 28 de junho de 1759.

Pina e Proença, por sua vez, em seu *Apontamentos para a educação de um menino nobre* (1734), eliminara o ensino da gramática latina em certos tipos de escolas. Segundo Oliveira (2006, p. 37-38), "para Pina e Proença, dentre os conhecimentos necessários à formação de um menino nobre estava os das Línguas Francesa e Inglesa, de preferência a Castelhana e a Italiana", as quais não "precisariam de grande esforço para se aprender". No entanto, afirmaria ainda o erudito português, seria de mais valia o aprendizado da língua inglesa por conta do "grande numero de livros doutos [...] que naquela Ilha se escreverão, e escrevem sempre, principalmente na Mathematica, fisica experimental, e História natural, pela mayor parte na língua vulgar".

Pelos discursos conclamando a nação a uma libertação do atraso mental, imposto pela Igreja Católica, nota-se o desejo de tornar a educação em Portugal e em todas as suas possessões laica e desvinculada dos preceitos religiosos, como já ocorria entre as outras nações ditas civilizadas da Europa, desde os séculos XVI e XVII. Nesse último, principalmente, já havia toda uma paisagem cultural em pleno processo de mudança, desencadeado pelo advento da Reforma Protestante, em meados do século XVI, levando assim o sistema católico feudal a uma "crise". Segundo afirma Férrer (1997, p. 10),

> Do casamento com a filosofia com a ciência surgem grandes nomes como Bacon, Newton, Pascal, Copérnico, Galileu, Kepler, Spinoza e muitos outros. Ao contrário do 'Século das Luzes', um marco na discussão e crítica políticas, o século anterior se notabiliza como um momento de organização propriamente científica.

Nessa união entre a filosofia e a ciência, conforme afirma o autor, encontra-se o germe da modernização e racionalização do pensamento nas nações europeias, o qual, embora tenha levado algum tempo até chegar a Portugal, contribuíra para as mudanças necessárias ao reerguimento social, cultural e principalmente econômico, tão desejado pela nação lusitana. A dessacralização e secularização da religião, promovida por deístas e ateus está aliada ao processo de formação e afirmação dos estados como entidades soberanas, processo esse observado pelo "afastamento do latim e da herança romana", com a consequente valorização dos vernáculos (Anderson, 2008, p. 111). A separação da religião das ciências foi outro marco importante para o desenvolvimento do pensamento europeu. Segundo nos diz Carvalho (2005, p. 39),

> A ciência tornou-se autônoma, ou seja, perdeu os laços que a prendia à religião, tornando-se racional, ampliando o seu saber e dominando instrumental e organizativamente os processos empíricos, objetivando metodicamente a natureza.

Segundo afirma o mesmo autor, é certo que a religião foi "criadora e agente de cultura ao longo da história". No entanto, essa perde a sua hegemonia no mundo moderno a partir do desenvolvimento da ciência. Nas palavras de Carvalho (2005), "essa tensão entre ciência e religião teve início sempre que o conhecimento racional empírico funcionou coerentemente através do 'desencantamento do mundo' (*Entzauberung der Welt*)", ou seja, quando a ciência foi capaz de dar respostas às indagações que somente a fé não conseguia mais suprir. Nesse sentido, afirmará Weber (2009) que "todo aumento do racionalismo na ciência empírica levou a religião, cada vez mais, do reino do racional para o irracional". Para esclarecer o que teria vindo a ser o "desencantamento do mundo" (*Entzauberung der Welt*) a partir do crescimento técnico-profissional advindo da evolução científica que fez frente à religião, diz o mesmo autor que

> O progresso econômico e técnico, [foi] possibilitado pelo desencantamento, pois cada avanço do conhecimento empírico e da dominação sobre a natureza representa um recuo do universo metafísico-religioso. A religião teria perdido o monopólio da interpretação do significado último da existência; sem ela o mundo perdeu a sua unidade explicativa. No mundo racionalizado, o intelecto teria se tornado independente das qualidades éticas pessoais do homem. (*apud* Carvalho, 2005, p. 39-40).

O desenvolvimento das ciências naturais teve desdobramentos para além da questão religiosa. As artes, por exemplo, também sofreram influência do pensamento racional. Nas palavras de Carvalho (2005, p. 40-42), "o processo de racionalização da esfera artística fez com que ela adquirisse uma legalidade, [...] uma coerência interna que a tornava autônoma em relação ao mundo encantado da religião". Ainda segundo o mesmo autor, "a literatura, as artes plásticas e a música institucionalizaram-se como esferas de ação separada da vida sacra e cortesã".

Tal asserção encontra-se respaldada no projeto pombalino que ora discutimos neste livro. Como afirma Férrer (1997), "essa vaga reformista se propaga rapidamente; ilustra os meios palacianos e a intelectualidade da época". Essa "ilustração despótica" era já bastante difundida na Europa setecentista, tendo como exemplos Frederico I, da Prússia (1713-1740); a Imperatriz Maria Tereza e seu filho José II, da Áustria; Carlos III, de Nápoles e depois da Espanha (1759-1788); Gustavo III, da Suécia (1771-1792); Frederico II, da Prússia e Catarina II, da Rússia, (1762-1796). Ainda segundo Férrer (1997), "todos eles (os monarcas) se serviam de ministros 'esclarecidos' e ardorosos defensores de princípios absolutistas e racionais".

Desde o reinado de D. João V, no início do século XVIII, com a criação das Academias (Academia Real de História Portuguesa, fundada em 1720; a Academia Brasílica dos Esquecidos, em 1724, fundada no Brasil e que servia para a obtenção de informações sobre a *Nova Lusitânia*), que se percebe a desvinculação das artes do viés religioso dos séculos anteriores. Antonio Nunes Ribeiro Sanches, um dos "estrangeirados" e partícipes do projeto pombalino, já afirmara em 1763, em seu *Método para aprender e estudar a Medicina, Ilustrado com os apontamentos para estabelecer-se uma Universidade Real na qual Deviam Aprender-se as Ciências Humanas de que Necessita o Estado Civil e Político*, a necessidade do "saber pensar" e de "enunciar-se com clareza, ordem e elegância, ornando o juízo com a *História* e com a *Geografia* em um Reino onde até agora não se ensinaram publicamente estes conhecimentos" (Teixeira, 1999, p. 45).

A *Arte Poética* de Francisco José Freire, patrocinada por Pombal em 1759, é particularmente preocupada com esses princípios de clareza, ordem e elegância, seguindo, assim, o estilo racional preconizado por toda a mentalidade ilustrada em Portugal. A própria arquitetura do período pombalino, após o terremoto e incêndio de 1755, é exemplo da influência racionalista do período moderno sobre as artes. A nova cidade de Lisboa se caracterizaria pela austeridade, equilíbrio e funcionalidade. As ruas foram planejadas e delineadas e os edifícios tinham arquitetura "severa", orientada pela disciplina e pelo funcionalismo (Teixeira, 1999, p.45-46). Essa ruptura entre os "dois mundos" (o mundo transcendental, religioso e o mundo real, científico) é explicada por Carvalho (2005, p. 40), quando afirma que

> No período anterior, ou seja, da religiosidade mágica, havia uma relação muito íntima entre a religião e a estética, em que danças, cantos, ritmos, igrejas construídas segundo um estilo, manifestavam a afinidade entre religião e arte. Entretanto, a situação muda de aspecto no momento em que a arte sofre a influência do processo de intelectualização racionalista da civilização moderna, o que teria feito com que ela adquirisse consciência de sua especificidade como atividade humana.

O projeto elaborado por Pombal tinha como um dos seus principais eixos a questão educacional laica e centralizada nas mãos do estado. Antes da reforma da Universidade de Coimbra, a qual ocorreria em 1772, havia quatro faculdades que lecionavam Teologia, Cânones, Leis e Medicina (Teixeira, 1999, p. 44), essa última conduzida de maneira totalmente desatualizada, segundo os discursos da época. Percebe-se, assim, a crítica direta que se fazia à metodologia jesuítica, ou seja, uma metodologia que não "ensinava os alunos a pensar", conforme já havia reclamado Ribeiro Sanches. "O ensino jesuítico, na opinião de seus adversários, envelhecera e petrificara em várias gerações e, aniquilando-se nas formas antigas, já se mostrava incapaz de adaptar os seus métodos às necessidades novas" (Azevedo, 1976, p. 45). Portugal era, dos países Católicos europeus, o que estava mais preso à religião — e continuaria assim ainda por um bom tempo, mesmo após as reformas pombalinas — o que dificultava, sobremaneira, o seu desenvolvimento intelectual.

1.5 A limitação do poder da Igreja

Os problemas enfrentados por Portugal com relação ao poder econômico da Igreja Católica já se arrastavam desde há muito tempo, antes mesmo de Pombal assumir o Ministério, em 1750. Com seu erário exaurido em decorrência dos gastos para defender suas colônias dos invasores estrangeiros, principalmente holandeses e franceses, foi no reinado de Felipe IV, ainda durante a União Ibérica, que se deu a iniciativa de se cobrar impostos de um setor que sempre estava habituado a receber: a Igreja Católica. Segundo Amed e Negreiros (2000, p. 80),

> Quando, em 1623, se organizou o socorro para a Índia, Felipe IV mandou impetrar um breve para as igrejas, mosteiros e comendas pagarem 200.000 cruzados de subsídio para recuperação de Ormuz; mas o clero reagiu, invocando os antigos privilégios do Reino. Baseado numa antiga ordenação do progenitor, o monarca determinou então fazer uma lei contra os bens de raiz dos conventos que, sendo recebidos sem a autorização da Coroa, deveriam reverter para esta.

Após aproximadamente 2 anos de disputa entre o governo e a igreja, esses finalmente se curvam às pressões do rei e aceitam contribuir com a causa real, embora sem pagar exatamente o exigido, como afirmam os autores:

> Finalmente, o clero estabeleceu um acordo com a Coroa para o cumprimento dos dois breves:
>
> 1º, o subsídio de 200.000 cruzados, a repartir em quatro anos das rendas eclesiásticas do Reino; 2º, o dos mesados, com o rendimento dos primeiros meses de vacatura dos bispados e

> mais benefícios do padroado real, numa só contribuição de 190.000 cruzados. (Amed; Negreiros, 2000, p. 80).

Antes disso, ainda no reinado de Felipe II, foi feito um levantamento da então situação econômica na colônia brasileira, no qual se evidenciaram os enormes gastos despendidos com a Companhia de Jesus. Do montante destinado à manutenção das capitanias, tais como construção de vilas, salários dos funcionários reais e demais encargos, cerca de 33% destinavam-se aos inacianos, conforme explicita Joaquim Veríssimo Serrão:

> As capitanias de Pernambuco, Bahia e Itamaracá rendiam 30.000 cruzados, seguindo para o Reino 10.000 cruzados e ficando o resto no Brasil para os encargos do governo e da administração. Naquelas capitanias, o rol das despesas orçava em 22.835 cruzados, incluindo os 7.500 que se atribuíam aos padres da Companhia de Jesus. No relatório não indicam os rendimentos e encargos das outras capitanias, porque o governador ainda não obtivera todos os elementos da parte dos almoxarifes locais. Mas era de crer que em todas elas — Espírito Santo, Ilhéus, Rio de Janeiro e São Vicente — a despesa excedesse a receita pelas muitas dificuldades com que as capitanias lutavam pela sua conservação. (*apud* Amed; Negreiros, 2000, p. 81).

O poder da Igreja Católica, como se observa, não se limitava a Portugal. A Companhia de Jesus já havia se instalado na América Portuguesa, desde 1549, com a vinda do Governador Geral, Tomé de Souza (1503-1579) e os primeiros inacianos, liderados por Manuel da Nóbrega (1517-1570). Ao longo desse período, conseguiu, além de catequizar os índios, adquirir grandes extensões de terra, casas, gado e até mesmo engenhos de açúcar, o que causou vários conflitos com os colonos. Segundo Carvalho (1978, p. 41), os problemas econômicos causados pelos inacianos já se faziam sentir desde há muito tempo por conta dos bens imóveis acumulados "e as demais regalias e privilégios que, diante das leis civis, gozavam as ordens religiosas". De acordo com o mesmo autor,

> O assunto já fora ventilado nas Cortes de 1562 e agora, D. Luiz da Cunha, no *Testamento Político* insistia novamente no problema. Sebastião de Carvalho e Melo, como bom discípulo de D. Luiz da Cunha, que aproveitara a sua estada em Londres para estudar, com meticuloso interesse, os problemas e as consequências dos tratados comerciais luso-britânicos não devia ignorar este delicado aspecto da questão. Sua luta

contra os jesuítas, se, anos mais tarde, se inspirará em alguns motivos e razões da ideologia dos iluministas de outros países, no início foi causada principalmente pelos conflitos entre os interesses do Estado e os da Companhia de Jesus.

Apesar das medidas que foram tomadas pelo Gabinete de D. José I no intuito de diminuir o poder da religião católica no reino, essa ainda mantivera um forte papel agregador da sociedade civil portuguesa. Os entraves entre o estado que se queria nação no contexto das Reformas Pombalinas e a religião não impediriam a presença dessa última na sociedade lusitana. Sobre a questão da religião em Portugal, afirma Falcon (1982, p. 97) que

> É de um 'cristianismo ilustrado' que se trata agora, no qual a fé em Deus é a condição para a virtude e a felicidade. O anticlericalismo, tão associado em geral às Luzes, é um fenômeno basicamente católico e mais político até do que propriamente religioso.

A tentativa da catequese em latim provou ser um problema para os jesuítas, passando então a pregação a ser proferida na própria língua dos indígenas, a fim de facilitar a conversão do "ímpio" à sua crença. Esse fato chamou atenção de Pombal. Os jesuítas tinham se tornado uma ameaça não só do ponto de vista econômico, mas também cultural. Para reparar tal situação, o estado certamente tomaria as suas medidas por meio das Reformas Pombalinas da Instrução Pública, iniciadas com a Lei do Diretório dos Índios em 1757, determinando, dentre outras coisas, o banimento do uso da língua geral ou da costa e a utilização da língua portuguesa, não só nas escolas, mas em todas as instâncias da sociedade "brasileira" em formação.

O ponto alto das Reformas é a publicação dos novos Estatutos da Universidade de Coimbra, em 28 de agosto de 1772, os quais trazem as mudanças estruturais e intelectuais necessárias ao crescimento de Portugal e seus domínios. Todo esse processo reformista trará implicações que se estenderão até o Brasil já independente, perceptíveis no discurso da chamada Lei Geral de 15 de outubro de 1827, voltada ao Ensino Elementar no Brasil. Nesse período (1757-1827), as línguas vernáculas — e também as clássicas — terão acolhimento nos textos das peças legislativas, condição somente possível durante e após a gestão pombalina (1750-1777).

CAPÍTULO II

A LEGISLAÇÃO POMBALINA E O ENSINO DAS LÍNGUAS VIVAS

2.1 A Lei do Diretório dos Índios

A valorização da língua vernácula no século XVIII é uma das características mais evidentes entre as nações europeias que, além de competirem entre si por mercados lucrativos d'além-mar, na busca de riquezas e de hegemonia no mundo mercantilista da época, estão se firmando politicamente como estados soberanos. Segundo afirma Auroux (1992, p. 49) a esse respeito,

> A constituição das nações europeias corresponde a uma profunda transformação das relações sociais (nascimento do capital mercantil, urbanização, mobilidade social, extensão das relações comerciais etc.), aí compreendidas em seus aspectos religiosos (Reforma, 1517, e Contra-Reforma). A expansão das nações acarreta indiscutivelmente uma situação de luta entre elas, o que se traduz, ao final, por uma concorrência, reforçada porque institucionalizada, entre as línguas. A velha correspondência uma língua, uma nação, tomando valor não mais pelo passado, mas pelo futuro, adquire um novo sentido: as nações transformadas, quando puderam, em Estados, estes vão fazer da aprendizagem e do uso de *uma* língua oficial uma obrigação para os cidadãos.

A língua latina perde espaço para a língua vernácula, o que sugere duas coisas: o contínuo e irreversível processo de distanciamento da Igreja Católica e sua língua sacra e a afirmação do estado enquanto Estado-Nação, unido ao redor de uma língua comum. Em Portugal, tal situação não é diferente. No intuito do resgate de seu passado glorioso, remetendo-o aos tempos das grandes navegações do século XVI, irá Portugal, num verdadeiro processo de (re)invenção de uma tradição, expedir em 3 de maio de 1757 e depois confirmá-la em 27 de agosto de 1758, a Lei do Diretório, verdadeiro marco inicial na historiografia do ensino de línguas em nosso país, a qual tratará, dentre outras coisas, do ensino da língua portuguesa no Brasil colônia. Segundo essa lei, cujo sexto parágrafo do texto original transcrevemos a seguir, ficaria sob competência exclusiva dos Diretores o estabelecimento da obrigatoriedade do uso da "Língua do Príncipe":

> Sempre foi máxima inalteravelmente praticada em todas as Nações, que conquistarão novos Domínios, introduzir logo nos povos conquistados o seu próprio idioma, por ser indisputável, que este he hum dos meios mais efficazes para desterrar dos Povos rústicos a barbaridade dos seus antigos costumes; e ter mostrado a experiência, que ao mesmo passo, que se introduz nelles o uso da Língua do Príncipe, que os conquistou, se lhes radica também o affecto, a veneração, e a obediência ao mesmo Príncipe. Observando, pois todas as Nações polidas do Mundo este prudente e solido systema, nesta conquista se praticou tanto pelo contrario, que só cuidaram os primeiros conquistadores estabelecer nella o uso da Língua, que chamou geral; invenção verdadeiramente abominável, e diabólica, para que privados os índios de todos aquelles meios, que os podiam civilizar, permanecessem na rústica, e barbara sujeição em que até agora se conservarão. Para desterrar este perniciosissimo abuso, será um dos principais cuidados dos Diretores, estabelecer nas suas respectivas Povoações o uso da Língua Portugueza, não consentindo por modo algum, que os Meninos,e Meninas, que pertencem ás Escolas, e todos aquelles Índios, que forem capazes de instrução nessa matéria, usem da Língua própria das suas Nações, ou da chamada geral; mas unicamente da Portugueza, na forma que sua Magestade tem recommendado em repetidas Ordens, que até agira não se observaram com total ruína Espiritual, e Temporal do Estado. (Portugal, 1829, p. 508-509).

Observando atentamente o discurso do legislador percebemos, já entre as três primeiras linhas, o que Nebrija dissera no século XV: *siempre la lengua fue compañera del império* (a língua sempre foi a companheira do império), ou seja, a imposição linguística sobre os povos conquistados, a valorização vernacular da nação hegemônica por meio da qual transmitir-se-ia toda uma cultura e uma tradição. Torna-se evidente no discurso do legislador a intenção de transformar o "gentio", de torná-lo "europeu", livrando-o da "barbaridade de seus antigos costumes", impondo-lhe a sua cultura (a do conquistador) pela "Língua do Príncipe" e proibindo-lhe de usar a língua da terra, "invenção verdadeiramente abominável e diabólica", no intuito de "livrá-los e civilizá-los". Mais do que uma preocupação com o ensino da língua materna ou com o ensino de ler e escrever para as crianças índias está a questão política.

O Diretório dos Índios, segundo nos diz Fávero (2006, p. 3), "fazia parte da modernização do Estado e impunha a presença de leigos para as missões indígenas, substituindo o governo jesuítico". Citando Moreira Neto (1988, p. 26), a autora afirma que o Alvará de 3 de maio de 1757

> Transformaria o índio das missões e, eventualmente, os índios tribais, numa grande massa nativa, econômica e socialmente controlada, capaz de suprir com sua força de trabalho, o esforço de consolidação do domínio colonial português na Amazônia frequentemente ameaçado por invasões estrangeiras. (Moreira Neto *apud* Fávero, 2006, p. 3).

Ao analisar os *interesses práticos* da gramatização de uma determinada língua, Auroux (1992, p. 47) elenca nove, quais sejam:

> 1. Acesso a uma língua de administração; 2. Acesso a um corpus de textos sagrados; 3. Acesso a uma língua de cultura; 4. Relações comerciais e políticas; 5. Viagens (expedições militares; explorações); 6. Implantação/exportação de uma doutrina religiosa; 7. Colonização; 8. Organizar e regular uma língua literária e 9. Desenvolvimento de uma expansão política de uso interno/externo.

Ao examinarmos mais de perto o texto da lei, no parágrafo anteriormente transcrito, percebemos ao menos quatro interesses dentre aqueles elencados pelo autor: acesso a uma língua de administração, uma vez que doravante os índios passarão a ser considerados como "Vassalos do Rei", tendo os mesmos direitos e deveres que o branco e sujeito às mesmas leis administrativas do Império luso; acesso a uma língua de cultura, ou seja, a portuguesa, a qual os livrará "da barbaridade de seus antigos costumes"; colonização, como parte de projeto de desenvolvimento da nação lusitana além-mar, e por fim, o desenvolvimento de expansão política, não só na competição territorial com a Espanha, mas também no confrontamento com a Cúria Católica no sentido de submetê-la aos ditames do estado.

No que tange à busca ou "invenção" de uma tradição, o discurso do Diretório se assemelha bastante ao da *Dedução Chronológica e Analytica*, publicada em 1767, em Lisboa, na Officina de Miguel Manescal da Costa, por Ordem de Sua Magestade. Na busca de seu passado glorioso, lê-se na Divisão I o seguinte: "Em que se contém o compêndio do estado, em que estavam em Portugal as virtudes e letras no anno de 1540, em que entraram nesse Reyno os denominados Jesuítas" (Portugal, 1767, p. 11).

No respeitante às Letras, é nesse período do século XVI que haveria uma grande produção de compêndios voltados ao ensino e aprendizagem da língua portuguesa, como foi o caso da obra *Dialogo em louvor da Nossa Linguagem*, que acompanhava uma *Grammatica*, produzida por João de Barros em 1540, além de, anos mais tarde, o *Dictionarium Latinum et Lusitanicum et Vice Versa*, de Jerônimo Cardoso, em 1562, o qual, segundo afirmam Verdelho (1994) e Nunes (2006), teria sido o primeiro dicionário da língua portuguesa (um bilíngue português-latim e latim-português), o que testemunha o nível das Letras em Portugal nesse período.

O Tomo I da referida *Dedução* consiste de 15 Divisões, em que em cada uma delas se detalha o "estrago e a ruína" dos missionários da Companhia de Jesus enquanto estiveram à frente da educação portuguesa. A Divisão VIII ilustra bem a análise feita da gestão jesuítica ao mostrar

> Em que se contem o Compendio do que passou com os mesmos Jesuítas no Governo do Senhor Rey D. Felipe IV, no qual os mesmos Jesuítas acabaram de completar o seu maligno Plano com o seu ultimo golpe mortal da Litteratura Portugueza. (Portugal, 1767, p. 12).

Finalmente, na décima — quinta e última divisão da referida obra, detalha-se a expulsão dos jesuítas — com indisfarçável sentimento de felicidade e alívio:

> Em que se contem o Compendio no presente Reynado felississimo assim em Portugal, como nos seus Domínios a respeito dos ditos Regulares, desde o dia 31 de Julho de 1750, até que foram justa e necessariamente proscriptos, desnaturalizados, e expulsos pelas Leis, e Ordens de Sua Magestade em 3 de Setembro de 1759. (Portugal, 1767, p. 14).

Percebe-se claramente, no discurso do Alvará em discussão, que todo um aparato burocrático é montado nesse sentido, com o estabelecimento de cargos e funções que serão instrumentais no processo de expansão da nação, tendo como base a implantação de uma língua nacional. Embora, segundo afirma Andrade (1978), ao citar Carneiro da Cunha (1968, v. 2, p. 43), essa lei tenha tido muitas dificuldades para ser efetivamente aplicada e trazer os resultados esperados, a mesma só fora extinta quase no século XIX, em 1798, mais precisamente, o que nos faz crer que ela — a lei — foi de fundamental importância no projeto pombalino. Com o estabelecimento do ensino da língua portuguesa por meio desse Alvará são criadas escolas de Primeiras Letras para meninos e meninas nas quais seriam ensinados aos meninos ler, escrever e contar; às meninas seriam ensinadas, além de ler e escrever, as artes de coser e fiar no lugar das de contar. Seriam os meninos e meninas ensinados por mestres e mestras capazes e de bom costume. Na ausência de mestras, seriam as meninas enviadas às escolas dos meninos até a idade de 12 anos para serem instruídas na leitura e na escrita.

2.2 Os Estatutos da Aula do Comércio

Na vaga dessa grandiosa reforma é expedido o Alvará de 19 de abril de 1759, confirmado um mês depois, por meio de outro Alvará, no qual serão tratadas as Aulas do Comércio. Como salientamos anteriormente, Portugal encontrava-se bastante atrasado em relação às outras nações europeias, principalmente em relação à Inglaterra e à França, nos campos intelectual, social e econômico.

Eram muitas as queixas em relação ao nível dos negociantes portugueses. Antes mesmo da reforma dos estudos, procurou o Gabinete de D. José I, na pessoa do Marquês de Pombal, conforme nos indica Carvalho (1978, p. 42), "resolver por meio da educação um dos seus problemas mais urgentes: a recuperação econômica". Com a criação da Junta do Commercio, previu-se, no Capítulo XVI de seus Estatutos, o estabelecimento de uma Aula presidida por um ou dois mestres dos mais peritos, que se conhecem, determinando-lhes ordenados competentes, e as obrigações que são próprias de tão importante emprego.

Em seus 19 curtos parágrafos, os *Estatutos da Aula do Commercio Ordenados por El Rey Nosso Senhor* tratam de diversas questões atinentes, em sua maioria, à desordem administrativa dos negócios e ao despreparo de boa parte dos comerciantes portugueses, causando problemas não só para o mercado interno, mas também no lidar com os negociantes de outros países. O parágrafo introdutório esboça a situação na qual se encontrava o comércio e define a quantidade de "Assistentes" — alunos —, o método a ser utilizado e o número de "Mestres" presentes, dependendo da quantidade de alunos admitidos:

> A Junta do Commercio destes Reinos, e seus Domínios, havendo considerado que a falta de formalidade na distribuição, e ordem dos livros do mesmo Commercio, He huma das primmeiras causas, e o mais evidente principio da decadencia,

> e ruina de muitos Negociantes; como também, que a ignorancia da reducção dos dinheiros, dos pezos, das medidas, e da intelligencia dos cambios, e de outras matérias mercantis, não podem deixar de ser de grande prejuizo, e impedimento a todo, e qualquer negocio com as Nações extrangeiras; e procurando, quando pede a obrigação do seu Instituto, emendar essa conhecida desordem, propoz a Sua Magestade no Capitulo dezaseis dos Estatutos da mesma Junta, que se devia estabelecer huma Aula, em que presidisse hum, ou dous Mestres, e se admittissem vinte Assistentes do número, e outros supernumerarios, para que nesta pública, e muito importante Escola se ensinassem os princípios necessarios a qualquer Negociante perfeito, e pela communicação do methodo Italiano, aceito em toda a Europa, ninguem deixasse de guardar os livros do seu Commercio com a formalidade devida. (Portugal, 1829, p. 656).

Embora tenha um texto relativamente curto, o seu conteúdo é amplo. O legislador atenta para questões relativas à duração do cargo de Lente e de seus provimentos — § 3 —; ao critério para a admissão dos Assistentes, os quais deveriam saber ler, escrever e ter o domínio das quatro operações básicas de aritmética — § 5 —; àqueles que deveriam ser preferencialmente filhos ou netos de "Homens de Negócios" — § 6 — e ter idade de quatorze anos completos — § 8 (Portugal, 1829, p. 658). Os parágrafos X, XI e XII tratam, respectivamente, de questões ligadas ao horário das aulas durante o inverno e o verão, bem como aos exercícios a serem feitos e à importância da aritmética e conhecimento das conversões dos pesos e medidas e do câmbio entre as moedas das diversas nações. O capítulo XIV trata de outro importante aspecto referente ao comércio:

> Os Seguros com as suas distinções de loja a loja, ou de ancora a ancora, de modo ordinário ou de pacto Expresso, e a notícia das apólices, assim na Praça de Lisboa como em todas as mais da Europa; como também a formalidade dos fretamentos, a pratica das comissões e as obrigações que dellas resultão, devem ser todas tratadas, ao menos para o sufficiente conhecimento de cada huma das partes com o qual se adquirão as disposições para chegar á perfeição em seu tempo. (Portugal, 1830, p. 659).

Percebe-se de imediato a preocupação na formação, desde tenra idade, de comerciantes competentes e aptos no projeto de recuperação da saúde econômica do país. O uso constante da palavra "perfeito" é indicativo da necessidade de que Portugal tinha de se equiparar às nações que vinham se destacando no cenário europeu de então. Fica clara a importância do período no qual Pombal desempenhou a função de diplomata nas cortes de Viena, Paris e Londres, especialmente nessa última, onde Sebastião José estudou detalhadamente o mecanismo das leis inglesas e os diversos tratados sobre comércio ali disponíveis. Como afirma Oliveira (2010a, p. 61), era clara "a intenção do governo em formar um tipo novo de nobreza a partir de uma nascente burguesia, a qual seria formada por "Negociantes perfeitos". Ainda segundo o mesmo autor, é evidente o caráter utilitário da lei em estudo ao analisarmos o conteúdo do parágrafo XVI que trata da certificação dos Assistentes:

> Completos os tres annos, se dará Certidão aos Assistentes, que houverem frequentado a Aula; e com este documento será visto o deverem infallivelmente preferir em todos os Provimentos da nomeação da Junta, assim da Contadoria, como da Secretaria, e ainda de quaesquer empregos, em que não estiver determinada outra preferencia. A mesma attenção haverá com os ditos Assistentes da Aula nos Provimentos, que se mandarem passar pela Direcção da Real Fábrica das Sedas, e em todas as mais da Inspecção da Junta. (Portugal, 1830, p. 659).

Sobre os resultados dos Cursos ministrados, bem como da justificativa para tal aplicação, externa El Rei o seu sentimento, em carta de 30 de agosto de 1770, pouco mais de dez anos de iniciadas as Aulas:

> He igualmente a todos manifesto, que os três Cursos da sobredita Aula tem mostrado o muito que frutificarão as referidas providencias; já no grande numero de Aulistas dos dous primeiros Cursos, que tem sido empregados com aproveitamento em diferentes Repartições de Meu Real Serviço; já nos muitos sogeitos hábeis que do ultimo Curso acabão de sahir qualificados pelos públicos exames em que se fizeram dignos de ser empregados pela sua instrução em comum benefício. E tendo Eu ultimamente considerado que não é permittido; nem nas Armas que algum possa ser Oficial de Guerra, sem preceder exame, e approvação da sua pericia Militar; nem nas Letras, que algum possa ser Julgador, ou Advogado, sem Cartas da Universidade, e approvações do Desembargo do Paço, ou da Casa de Supplicação; nem ainda nas Artes Fabris, que alguém possa nella ou abrir Loja como Mestre, ou trabalhar como Artífice, sem Cartas de Examinação de seus respectivos gênios: E por ser o Commercio mais digno da attenção, e do cuidado do Governo

> Suppremo, do que os pleitos judiciais, e as Fabricas Civis, e Mechanicas; fora já disposto pelo Capítulo trinta do Regimento do Consulado da Casa da Índia e Mina, estabelecido no século feliz do Senhor Rei d. MANUEL, e depois delle excitado, e promulgado no anno de mil e quinhentos noventa e quatro, que todos os Mercadores, para gozarem das liberdades e privilégios, que como taes lhe competiam, fossem assentados, a matricula; fora tal a desordem, que as injurias dos calamitosos tempos, que depois decorrerão, causaram ao dito respeito, que (contra toda a força da Razão Natural, e das Leis, e louváveis costumes destes Reinos) se viu nelles de muitos annos desta parte o absurdo de se atrever qualquer individuo ignorante, e abjecto a denominar se a si homem de Negocio, não só sem ter apprendido os princípios da probidade, da boa fé e do Cálculo Mercantil, mas muitas vezes sem saber nem ler nem escrever; irrogando assim ignomínia, e prejuízo a tão proveitosa, necessária e nobre profissão. (Portugal, 1830, p. 492).

Mais uma vez percebemos, no discurso do texto dessa Carta, não só a importância que o comércio tinha para as necessidades mais prementes da nação, mas também a busca de um passado mítico, de uma tradição (re)inventada, ao se elencar os feitos do Senhor D. Manuel, rei de Portugal no século XVI, em que Portugal era tido como referência cultural e educacional a chamada "República das Letras".

Ao preparar a sua burguesia e os filhos dessa para os negócios, entrava Portugal de vez no contexto das nações desenvolvidas da Europa, desligando-se cada vez mais das malhas da religião e de sua língua sacra, situação que se conforma ao que diz Auroux sobre a importância do comércio para uma nação:

> É evidente [...] que o lugar da Igreja na sociedade assegura a ancoragem do latim. Este último estará em perigo desde que atividades sociais tomem importância, as quais, reclamando-se escrituras e técnicas intelectuais formarão uma esfera estranha à Igreja (comércio) [...]. (Auroux, 1992, p. 46).

Não se percebe, no entanto, segundo nos alerta Oliveira (2010a, p. 62), nenhuma menção aos compêndios voltados ao ensino de língua estrangeira que deveriam ser utilizados nessas aulas. Porém, segundo supõe o mesmo autor, é provável que algo nesse sentido tenha sido feito, ao basear-se no Alvará de 29 de julho de 1803, confirmando os Estatutos da recém-criada Academia Real de Marinha e Comércio da Cidade do Porto, nos quais se previa "huma Aula de Commercio, outra de Desenho e duas das Línguas Ingleza e Franceza". Obviamente, para o cumprimento de tal Alvará e consequente provisão das ditas aulas, consideramos que os lentes dispusessem de compêndios apropriados para tal fito, quais sejam, dicionários de língua estrangeira (inglês, francês, por exemplo), bem como dicionários especializados, como de comércio.

2.3 A Lei Geral dos Estudos Menores e os Contributos de Luiz Antonio Verney

No conjunto das peças da Legislação Pombalina, a chamada Lei Geral dos Estudos Menores, instituída pelo Alvará de 28 de junho de 1759, é aquela que dará ênfase ao ensino de línguas — vernáculas e clássicas: latim, grego e hebraico —, bem como à estatização do ensino, definindo o papel e a função do professor, agora funcionário do estado e com status de nobre; e dos métodos a serem aplicados e dos compêndios a serem utilizados. Essa lei é, segundo a historiografia da educação, a mais importante peça legislativa sobre a educação em Portugal e no Brasil. Sobre essa lei nos estenderemos um pouco mais do que sobre as outras, uma vez que a partir dela todo o sistema educacional até então vigente sofrerá profundas modificações, cujos reflexos reverberarão no Brasil já independente. Cumpre-nos, porém, antes de discutirmos os detalhes e peculiaridades da dita lei, apresentar os antecedentes que serviram como base para a criação e promulgação da Lei Geral dos Estudos Menores.

Como já nos disse Carvalho (1978), as reformas pombalinas da instrução pública não foram o resultado da vontade individual do Marquês de Pombal, representante de D. José I enquanto seu primeiro-ministro, mas sim fruto da convergência de ideias dos intelectuais lusitanos, muitos deles tendo vivido no exterior — ou ainda vivendo, como fora o caso de Ribeiro Sanches e Jacob de Castro Sarmento —, principalmente nos chamados "centros de irradiação de cultura", para citarmos Falcon (1993), ou seja, Inglaterra, França, Áustria, Alemanha e Itália. Dentre os diversos "estrangeirados" que muito contribuíram para a renovação dos métodos de ensino e dos compêndios a serem usados nas escolas portuguesas e seus domínios, salientamos Luis Antônio Verney (1713-1792), filósofo, teólogo e professor, e a sua polêmica obra *Verdadeiro Methodo de Estudar*, publicada anonimamente em Roma, em 1746, e depois reeditada no ano seguinte em Lisboa.

Embora outras manifestações em prol do desenvolvimento intelectual da sociedade lusitana, por meio da publicação de algumas obras anteriores ao *Verdadeiro Methodo de Estudar*, tais como *Apontamentos para a Educação de um Menino Nobre* (1734), de Martinho de Mendonça de Pina e Proença (1693-1743) e *Lógica Racional, geométrica e analytica* (1744), do engenheiro Manuel de Azevedo Fortes (1660-1749), ou mesmo a fundação da Acaḑemial Real de História, por D. João V em 1720, representassem a influência do pensamento iluminista sobre os intelectuais portugueses do início do século XVIII, foi a partir de Luis Antonio Verney que se acenderam as luzes no tocante à recuperação do nível educacional até então existente. Sua obra, que expunha os atrasos metodológicos do ensino português, causou muita polêmica e discussão acerca dos problemas ali apontados. Eram conscientes os intelectuais da época sobre o atraso educacional e mental da sociedade portuguesa, como se evidencia em um trecho da carta enviada ao Marquês de Abrantes, por Francisco de Pina, em 1752:

> Recebemos com um gosto inexplicável as modas de França, de Itália, de Inglaterra, porém não nos resolvemos a tomar a moda de seus estudos. Somos como o rebanho, que não vai para onde deve ir, senão para onde o levam: e assim entramos nas escolas mais com a semelhança que com o raciocínio. (*apud* Carvalho, 1978, p. 63).

Tendo sido entregue aos cuidados de um pedagogo eclesiástico aos 6 anos de idade, o P. Manuel de Aguiar Paixão, Confessor da Igreja Patriarcal de Lisboa, fora Verney logo cedo iniciado na Gramática latina e nas línguas castelhana, francesa e italiana. Estudou, muito provavelmente, cinco anos de Gramática latina, dois de Latinidade e dois de Retórica, no Colégio de Santo Antão que estava, à época, sob a administração dos inacianos. Sobre a formação de Verney nesse período no dito Colégio, Andrade (1966, p. 13) nos diz que "na aula de Gramática utilizava-se a famosa *Arte* do P. Manuel Alvarez, com postilas muito vulgarizadas, a que Verney se refere, designando-as por 'quantidade de cartapácios e artes'". Evidente era o enfado de Verney com relação ao método de ensino dos inacianos ao descrevê-lo:

> As declinações de verbos e nomes estudam [os alunos] pela Grammatica Latina, a esta se segue um cartapacio Português de *Rudimentos;* depois outro para *Gêneros e Pretéritos*, muito bem comprido; a este um de *Sintaxe*, bem grande; depois um livro a que chamam *Chorro* (de Bartolomeu Rodrigues Chorro), e outro que chamam Prontuário, pelo qual se aprendem os escólios de nomes e verbos. (*apud* Andrade, 1966, p. 13).

Não foi por acaso que, logo em sua primeira "Carta", no tomo primeiro de seu *Verdadeiro Methodo de Estudar*, tenha sido o ensino da "Grammatica Portugueza" o seu tema principal. Nela Verney vai buscar na Antiguidade, no período Greco-romano, as justificativas para se produzir uma gramática da própria língua. Enaltece o intelectual português a humildade dos romanos que, mesmo tendo vencido os gregos, não se envergonhavam de refinar sua cultura e sua língua na helênica. Nesse processo de refinamento, absorveram o uso da gramática nos moldes gregos — aperfeiçoamento da eloquência e do bem falar — aplicando-a a própria língua. Não estudaram a gramática grega para aprenderem grego; tal processo se dava pelo contato diário. Os romanos, ainda segundo Verney, não se sentiam constrangidos em aprender outras línguas, diferentemente dos gregos: esses preferiam não aprender língua alguma que pudesse corromper a sua própria; aqueles, ao contrário, sequiosos que estavam de obter novos conhecimentos nas Artes e nas Ciências, não se furtaram à oportunidade de, por meio da língua grega, aperfeiçoarem-se nas Matemáticas, na Filosofia e Belas Letras (Verney, 1746, p. 5-6). Como resultado do contato com os gregos, diversas escolas foram abertas em Roma, as quais formaram os grandes sábios latinos:

> [...] pouco mais de um século antes de Christo, se abriram Escolas Latinas em Roma [...]. Dellas sahiraõ omens mui grandes, que apuraram, quanto puderaõ, a língua própria. Tais foraõ Cora, Sulpicio, Ortensio, Marco Cícero, Caio Cezar, Marco Bruto, Messala, Assinio Pollo, e muitos outros que entam e oje neneramos, como Mestres da Língua Latina. (Verney, 1746, p. 7).

A arte de produzir a sua própria gramática, segundo Verney, não tinha sido uma característica nascida e encerrada no período greco-romano. Séculos depois outros povos tiveram a mesma necessidade:

> Este methodo de ensinar aos nacionaes, a Grammatica da sua Língua, nam só praticaram os Antigos; mas ate em um século bárbaro, qual foi o de Carlos Magno, foi conhecido e praticado: e o mesmo Carlos, no dito VIII século, escreveu uma Grammatica Tudesca, que era a Língua de sua Corte. (Verney, 1746, p. 8).

Somente após um longo período de "ignorância", segundo afirmara Verney, que se estendeu do século XII ao final do XVI, é que se ressuscitou o método de se ensinar a gramática da própria língua. Sem precisarmos esmiuçar todo o texto dessa primeira Carta, fica clara a argumentação crítica de Verney no tocante ao ensino de língua latina nos moldes até então presentes em Portugal e seus domínios. Não se tratava, podemos perceber, de simplesmente abolir o aprendizado do latim, mas sim de se encontrar um método mais fácil para a sua compreensão: esse método tinha como base o aprendizado da própria língua. O ataque aqui, evidentemente, se dirige à Escolástica jesuítica e à Gramática do já mencionado P. Manuel Alvarez, a qual há mais de 150 anos dominava soberanamente, com o auxílio de diversos livros e cartapácios, quase sem contestação, a vida das escolas portuguesas (Carvalho, 1978, p. 66-67).

Segundo Carvalho (1978, p. 66), o latim, que fora primitivamente a língua douta na tradição escolástica do humanismo no século XVI, tornou-se, na mentalidade de alguns letrados portugueses do século XVIII, em finalidade de um programa escolar destinado a abrir a visão dos estudantes, os horizontes amplos da cultura latina na sua autêntica expressão histórica. Isso significa dizer que, de meio ou instrumento propedêutico na aquisição de novos saberes, o latim se tornou em um fim, em uma etapa final, em um ideal de uma pedagogia humanista, abreviada em seus processos e adequada na sua estrutura às necessidades novas da cultura lusitana.

Na concepção de Verney (1746, p. 8-9), "o primeiro princípio de todos os estudos deve ser a gramática da própria língua", ou seja, o acesso ao mundo da latinidade, do conhecimento produzido e até então expresso em latim, seria facilitado ao se dominar a própria língua e, a partir dela, aprender o latim a partir de um método reduzido ou simplificado:

> Uma gramática concebida nestes termos, despojada dos versos mnemônicos e redigida em português, facilitaria enormemente o estudo do latim. E permitiria ao estudante libertar a sua inteligência das abstrusas complicações gramaticais, o acesso ao mundo da latinidade, preocupação básica de Verney e dos reformadores que se lhe seguiram. (Carvalho, 1978, p. 68).

Chama-nos atenção — ainda que de nossa parte estejamos incorrendo em certo anacronismo — a abordagem funcional no ensino da gramática portuguesa, bem como do seu caráter utilitário, sugeridos por Verney. Além de se preocupar em não intimidar os alunos com impaciência ou agressões físicas, explicando-os e mostrando-os a maneira correta de ler, escrever e falar a língua materna sem titubeios, trazia o ilustre mestre à presença de seus alunos variados textos e cartas epistolares, fazendo-os perceber os diferentes estilos de escrita e, consequentemente, a forma apropriada de se dirigir, por escrito, a diferentes destinatários. O caráter utilitário de seu método estava em consonância com as necessidades da vida moderna de seu tempo, mas em Portugal e seus domínios os ventos da modernidade não encontravam facilidade para entrar. O trecho que transcrevemos a seguir, embora um tanto quanto longo, exprime bem os objetivos e as preocupações de Verney quanto ao futuro de seu país:

> Quando os rapazes estivessem mais adiantados obrigá-los-ia a escrever algumas cartas, a diversos assuntos, e introduziria entre dois uma correspondência epistolar: ensinando-lhe os tratamentos, e modo de escrever a diversas pessoas. É incrível a utilidade que daqui resulta, nam só para a inteligência da Latinidade, mas para todos os estudos da vida. Este estudo pode-se fazer sem trabalho algum: e se pode continuar no mesmo tempo, em que se explica o Latim: bastando meia hora cada manhan, ler e explicar o Portuguez. Isto se pratica oje em algumas parte da Europa, e só os que nam tem juízo, para conhecerem a utilidade, que daqui resulta, é que negam a necessidade deste methodo. Mas aqui deixo-me lamentar e admirar a negligencia dos Portuguezes em promover tudo o que é cultura de ingenho, e utilidade da Republica. [...] noto a falta de escritos para iniciar um Secretario principiante (falo dos secretários dos Grandes e de tudo o mais, fora das Secretarias Reais). Nas outras Naçoens á livros que ensinam a qualquer a urbanidade e ceremonial de seu Reino [...], mas em Portugal é desconhecido este methodo. Um Secretario de um Bispo, ou Cardial, ou Fidalgo, ou Dezembargador, etc. governa-se por uma pura tradição ou porque se viu alguma carta sem mais conhecimento da matéria. (Verney, 1746, p. 9-10).

Fica nítida a motivação de Verney em uma ampla reforma do ensino em Portugal e seus domínios pelo exposto no trecho anterior. As críticas são diversas e por não ser a nossa intenção a exaustão de suas considerações nesta obra, nos ateremos a aspectos que consideramos pontuais. No texto que reproduzimos anteriormente, fica óbvia a sua preocupação com a incompetência de funcionários da máquina burocrática do governo na execução de suas funções básicas. A má qualidade do ensino escolástico conduzido pelos jesuítas, o ensino de gramática latina pelo método alvarista, que pouco acrescentava e, consequentemente, a poucos dava acesso aos Estudos Maiores — a Universidade de Coimbra — eram os males a serem combatidos pela gestão pombalina. Carvalho (1978, p. 69) confirma o que deduzimos do texto de Luiz Antonio Verney, ao dizer que

> Esta reforma se compadecia melhor com as condições sociais da vida portuguesa. A simplificação do estudo do latim, seja pela redução mais lógica dos princípios da sua gramática e seja ainda pelo concurso que neste programa se reserva à língua vernácula, tendia de um lado a uma melhor disciplina desta última, e, de outro, a facilitar ao maior número o ingresso aos Estudos Maiores. Num país que, pela extensão de seus domínios e pelos problemas administrativos e políticos dela decorrentes, tanto necessitava de homens à altura de seus serviços, não seria sem propósito uma reforma que pudesse favorecer uma renovação de seus quadros, pelo aproveitamento, em maior escala, dos letrados que saíssem de suas escolas.

O passo principal para a tão almejada renovação dar-se-á com a promulgação da Lei dos Estudos Menores, por meio do Alvará de 28 de junho de 1759. No preâmbulo da dita lei, o legislador salienta a importância das "Sciencias" para a "felicidade das Monarquias", sendo que a Religião e a Justiça, base das ditas monarquias, conservar-se-iam por meio dessas (as Sciencias). A asserção do legislador fundamentava-se em um passado glorioso, quando as "Sciencias" já eram promovidas nos reinados anteriores ao período em questão. Ciências e Religião: dois campos diametralmente opostos, principalmente em pleno século XVIII, o século das "Luzes" e da Ilustração, o período no qual o bem era representado pela "razão" e o mal pela "religião".

Em Portugal não foi bem assim: o mal atendia por outro nome — a Companhia de Jesus. Religião e Ciências haviam coexistido harmoniosamente, segundo o legislador, até meados do século XVI, quando então o ensino passa às mãos dos clérigos da sobredita Companhia:

> [...] foram sempre as mesmas Sciencias o objecto mais digno do cuidado dos Senhores Reis Meus Predecessores, que com as suas Reaes Providencias, estabelecerão e animarão os Estudos Públicos, promulgando as Leis mais justas, e proporcionadas para que os Vassalos da Minha Coroa podessem fazer á sombra dellas os maiores Progressos em beneficio da Igreja, da Pátria: Tendo consideração outro sim que sendo o estudo das Letras Humanas a base de todas as Sciencias, se vê nestes reinos extraordinariamente decahido daquelle auge, em que se achavão, quando as Aulas se confiarão aos Religiosos Jesuítas, em razão de que estes com o escuro e fastidioso Methodo, que introduzirão nas escolas destes Reinos, e seus Domínios; e muito mais com a inflexível

> tenacidade,com que sempre procurarão sustenta-lo, contra a evidencia das solidas Verdades, que lhe descobrirão os deffeitos, e os prejuizos do uso de um Methodo, que, depois de serem por elles conduzidos os Estudantes pelo longo espaço de oito, nove e mais annos, se achavão no fim delles tão ilaqueados nas miudezas da Grammatica, como destituídos das verdadeiras noçõens das Línguas Latina, e Grega, para nellas fallarem; e escreverem com um tão extraordinario desperdício de tempo, com a mesma facilidade e pureza que se tem feito familiares a todas outras Nações da Europa que abolirão aquelle pernicioso Methodo, dando assim os mesmos Religiosos causa necessária à quase total decadência das referidas duas Línguas; [...]. (Portugal, 1829, p. 673-674).

Do longo trecho da lei que anteriormente transcrevemos podemos depreender alguns pontos interessantes, os quais Oliveira (2010a, p. 68) chama de "movimentos discursivos" do texto — quatro ao todo, segundo elenca o autor. O primeiro desses movimentos concerne ao teor "autocelebrativo", ou seja, refere-se ao trabalho que os reis predecessores fizeram em benefício da pátria e da igreja, evidenciando-se, assim, a existência de uma tradição que fora interrompida.

O segundo movimento no discurso da lei — o "proibitivo" —, e esse também nos é bem claro, aponta para os culpados de tal interrupção, ao descrever o estado de decadência das Letras Humanas, causados pelos "Religiosos Jesuítas", que haviam desconsiderado a lição das "Nações Civilizadas" e insistido no uso de um "escuro e fastidioso Methodo" de ensino da língua grega e latina, cansando os estudantes com miudezas gramaticais desnecessárias.

O terceiro movimento discursivo da lei, observado pelo autor, afigura-se em uma narrativa cronológica dos feitos históricos dos grandes doutos portugueses — um processo de "autoconsciência" de seu passado —, responsáveis pelas letras no reino lusitano, elevando a pátria ao status de "República das Letras". Em contrapartida, os jesuítas, causadores do atraso mental nos reinos lusitanos, são apresentados como indiferentes às reclamações e objeções apresentadas pelos "Varões de eximia erudição", aqueles que "clamaram altamente nestes Reinos contra o Methodo" — dentre eles, como já mostramos neste item, Luiz Antonio Verney:

> [...] nunca já mais cederem [os jesuítas], nem á invencivel força do exemplo dos maiores Homens de todas as Nações civilisadas; nem ao louvável, e fervoroso zelo dos muitos

> Varões de eximia erudição, que (livres das preocupações, com que os mesmos Religiosos pretenderão allucinar os meus Vassallos, distrahindo-os na sobretida fórma, do progresso das suas applicações, para que, criando-os, e prologando-os na ignorancia, lhes conservassem huma subordinação, e dependencia tão injustas, como perniciosas) clamarão altamene nestes Reinos contra o Methodo; contra o máo gosto; e contra a ruína dos Estudos; com as demonstrações dos muitos, e grandes Latinos, e Rethoricos, que antes do mesmo Methodo havião florecido em Portugal até o tempo, em que forão os mesmos Estudos arrancados das mãos de Diogo de Teive, e de outros igualmente sábios, e eruditos Mestres. (Portugal, 1829, p. 674).

O quarto e último movimento discursivo do preâmbulo da Lei de 28 de junho de 1759 tem como foco a condenação dos jesuítas como únicos responsáveis pela ruína, não só das letras no reino, mas também da própria monarquia (Oliveira, 2010a, p. 71), uma vez que, ao se decaírem as "Sciencias", as Artes e as Letras Humanas ao seu mais baixo nível, tal fato implicaria na não formação de homens letrados e/ou "intelectuais orgânicos", para adotarmos um conceito gramsciano do termo, e que viessem a servir nos quadros burocráticos do governo:

> E attendendo ultimamente a que, ainda quando outro fosse o Methodo dos sobreditos Religiosos, de nenhuma sorte se lhes deve confiar o ensino, e educação dos Meninos, e Moços, depois de haver mostrado tão infaustamente a experiencia por factos decisivos, e exclusivos de todas a tergiversão, e interpretação, ser a Doutrinha, que o Governo dos mesmos Religiosos faz dar aos Alumnos das suas Classes, e Escolas, sinistramente ordenada á ruína não só das Artes, e Sciencias, mas até da mesma Monarchia, e da Religião, que nos mesmos Reinos, e Dominios devo sustentar com a Minha Real, e indefectivel protecção: Sou Servido privar inteira e absolutamente os mesmos Religiosos em todos os Meus Reinos, e Dominios dos Estudos, de que os tinha mandado suspender: Para que do fim da publicação deste em diante se hajão, como effectivamente Hei, por extinctas todas as Classes, e Escolas, que com tão perniciosos, e funestos effeitos lhes forão confiadas aos oppostos fins da instrucção, e da edificação dos Meus fieis Vassallos: abolindo até a memória das mesmas Classes, e Escolas, como se nunca houvessem existido nos Meus Reinos, e Dominios, onde tem causado tão enormes lesões, e tão graves escandalos. E para que os

mesmos Vassallos pelo proporcionado meio de hum bem regulado Methodo possão com a mesma facilidade, que hoje tem as outras Nações civilizadas, colher a falta da direcção lhes fazia até agora, ou impossíveis, ou tão difficultosos, que vinha a ser quase o mesmo: Sou Servido da mesma sorte ordenar, como por este Ordeno, que no ensino das Classes, e no estudo das Letras Humanas haja huma geral reforma, mediante a qual se restitua o Methodo antigo, reduzido aos termos símplices, claros, e de maior facilidade, que se pratica actualmente pelas Nações polidas da Europa; conformando-Me, para assim o determinar, com o parecer dos Homens mais doutos, e instruidos neste gênero de erudições. A qual reforma se praticará não só nestes Reinos, mas tambem em todos os seus Dominios, á mesma imitação do que tenho mandado estabelecer na Minha Corte, e Cidade de Lisboa; em tudo o que for applicavel aos lugares, em que os novos estabelecimentos se fizerem, debaixo das Providencias, e Determinações seguintes. (Portugal, 1829, p. 674-675).

Evidente era o "dilema" no qual a nação lusitana se encontrava. A manutenção da religiosidade, a preocupação com a ruína da "Monarchia e da Religião" e, ao mesmo tempo, a busca por uma equiparação ou nivelamento mental com as demais nações "polidas" da Europa, eram as características típicas de uma monarquia absolutista "ilustrada", como a portuguesa. Esse encurtamento da defasagem entre as nações ibéricas — no nosso caso em questão, Portugal e seus domínios — e os centros irradiadores da Ilustração será um dos grandes objetivos perseguidos pela governação pombalina.

Notamos no discurso do legislador a frequência com que a palavra "Methodo" aparece: o "Methodo dos jesuítas" e o "Methodo Antigo", que na realidade não tinha nada de obsoleto. Fora por meio desse método antigo que Portugal deu o seu grande salto em termos econômicos, sociais e culturais. Fora por esse método que Portugal se tornaria uma "República das Letras". O retorno do "Methodo Antigo" não significava, contudo, o retorno do dogma e da superstição religiosa, mas sim a busca da conciliação entre a manutenção de uma sociedade civil e cristã e os pensamentos iluministas que viam na religião revelada todo o atraso do homem. O discurso do legislador, como muito bem apontou Oliveira (2010a) em seus quatro "movimentos", tinha de ser equilibrado, bem fundamentado na experiência e na tradição.

Com a expulsão dos clérigos da Companhia de Jesus e do seu "pernicioso Methodo", viu-se o governo pombalino obrigado a preencher a lacuna que fora deixada. Não havia sido somente a necessidade de se substituir um método obsoleto por outro tradicionalmente eficiente, mas sim a preocupação com a continuidade de um trabalho pedagógico que a expulsão dos jesuítas ameaçava comprometer (Carvalho, 1978). O texto da Lei de 28 de junho de 1759 muito se assemelha ao que Verney reclamava e sugeria. Segundo Carvalho (1978, p. 80):

> O método para o ensino de latim, que, essencialmente, é o mesmo recomendado por Verney e pela Gramática da Congregação do Oratório é expressamente nomeado no Alvará como antigo. Esse fato por si só ilustra o significado íntimo da concepção que presidiu à reorganização das classes de latim, grego e retórica, demonstrando o temeroso cuidado do governo ao afastar das providências régias qualquer suspeita de uma inovação, ainda que fosse na esfera de problemas que só acidentalmente poderiam ferir os interesses da fé religiosa.

É importante ressaltarmos, uma vez mais, que o texto da lei em discussão representa a materialização da convergência de ideias até então em ebulição no gabinete de D. José e nos meios eruditos. Impressiona, também, a originalidade do governo pombalino — e porque não, seu pioneirismo — na busca por soluções aos seus problemas internos: não fora Portugal buscar "modelo de outros povos mais adiantados, mas sim as diretrizes que a experiência da história portuguesa remota e dos fatos recentes parecia justificar" (Carvalho, 1978, p. 80). O "surgimento" de Luiz Antônio Verney e Sebastião José de Carvalho e Mello — não excluindo, de forma alguma, outros tantos que contribuíram para a reforma da educação pública — serviu para "acordar" a letárgica sociedade lusa, tão defasada que estava em relação às outras sociedades europeias e até mesmo, em menor escala, à espanhola. Essa tomada de consciência de seus problemas, da necessidade de ajustes entre o que estava em voga e a sua realidade contemporânea reflete-se no texto da lei, resultado dos contributos de seus principais mentores:

> [Verney], com a publicação de seu *Verdadeiro Methodo de Estudar*, sacode a letargia ainda dominante, anima os que vinham tentando mudar as mentalidades, procede enfim, a um verdadeiro corte decisivo no contexto cultural lusitano. A esse primeiro impacto sofrido pelo 'reino cadaveroso', sobreveio um segundo: a governação pombalina. Agora, febrilmente, o movimento ilustrado, sob a forma de reformismo promovido por uma 'monarquia esclarecida', muito próxima, aliás, do 'despotismo ilustrado', dos 'filósofos', sacode a estrutura da sociedade lusa em todos os seus níveis. (Falcon, 1993, p. 197).

A Lei Geral dos Estudos Menores não foi importante apenas por uma "mudança metodológica" ou definição das disciplinas a serem ministradas, mas foi também pela criação do cargo de Diretor Geral de Estudos e a prestação de exames públicos para a seleção dos professores: será a partir de então que se dará a oficialização da profissão docente. Pela instituição do Diretor dos Estudos é consolidado o processo de estatização do ensino, uniformizando a seleção dos professores régios e determinando que só se poderiam abrir classes — em casa ou em locais alugados — mediante a posse de licença régia. Com a institucionalização da profissão docente por meio dessa lei, regulamentam-se as Aulas Régias e a seleção e nomeação dos Professores Régios. Os professores de latim, grego e retórica passariam a ter o privilégio de nobres, "incorporados em direito comum e especialmente no Código Título de *professoribus et medicis*" (apud Oliveira, 2010a, p. 74).

Assim dispõe a lei sobre a função do Diretor dos Estudos e os deveres e obrigações dos professores régios:

> 1 Haverá hum Director dos Estudos, o qual será á Pessoa, que Eu for Servido nomear: Pertencendo-lhe fazer observar tudo o que se contém neste Alvará: E sendo-lhe todos os Professores subordinados na maneira abaixo declarada.
>
> 2 O mesmo Director terá cuidado de averiguar com especial exactidão o progresso dos Estudos para Me poder dar no fim de cada anno huma relação fiel do estado delles; ao fim de evitar os abusos, que se forem introduzindo: Propondo-Me ao mesmo tempo os meios, que lhe parecerem mais convenientes para o adiantamento das Escolas.
>
> 3 Quando algum dos Professores deixar de cumprir com as suas obrigações, que são as que se lhe impõem neste Alvará, e as que há de perceber nas Instrucções, que mando publicar; o Director o advertirá, e corrigirá. Porém, não se emendando, Mo fará presente, para o castigar com a privação do emprego, que tiver, e com as mais penas que forem competentes.
>
> 4 E por quanto as discórdias provenientes na contrariedade de opiniões, que muitas vezes se excitão entre os Professores, só servem de distrahillos das suas verdadeiras obrigações, e de produzirem na Mocidade o espírito de orgulho, e discórdia; terá o Director todo o cuidado em extirpar as controvérsias, e de fazer que entre elles haja huma perfeita paz, e huma constante uniformidade de Doutrina; de sorte, que todos conspirem para o progresso da sua profissão, e aproveitamento dos seus Discipulos. (Portugal, 1829, p. 675).

Bem evidente está a forte presença do estado no que concerne à Educação. Até então essa tinha sido, desde o reinado de D. João III, exclusividade dos clérigos da Companhia de Jesus. Com a Lei Geral dos Estudos Menores, oficializa-se a passagem da Educação às mãos do governo, que doravante interferirá em todas as instâncias pertinentes ao ensino público. Prova do que afirmamos foram as *Instruções para os Professores de Grammatica Latina, Grega, Hebraica, e de Rhetorica*, também datadas de 28 de junho de 1759, como Suplemento da dita lei, as quais orientavam os mestres das ditas disciplinas no tocante à duração das aulas, às horas de classe ou aos procedimentos a serem adotados com relação à indisciplina (Oliveira, 2010a, p. 75).

2.3.1 As Instruções para os Professores de Grego, Latim e Hebraico

As *Instruções* para os Professores de Gramática Latina, já em seu § IV apontam a "insensatez" do ensino de latim nessa própria língua, uma língua morta, embora deixem claro, no § II, a importância do conhecimento dessa para que "sirva de excitar em os que aprendem hum vivo desejo de passarem ás Sciencias maiores". Ênfase também é dada, como não poderia deixar de ser, à utilização de um método abreviado — o da Congregação dos Oratorianos —, que reduzisse a quantidade de tempo nas escolas, ao mesmo tempo que possibilitaria aos "Estudantes" o conhecimento necessário ao acesso à Universidade de Coimbra. Alternativamente, é sugerida a *Arte da Grammatica Latina*, reformada por Antonio Felix Mendes, sendo vedado aos alunos e professores o uso de qualquer outro método que não os dois elencados anteriormente.

Aos professores é indicado, como material suplementar, a *Minerva*, de Francisco Sanches "para a ella recorrerem, e por ella supprirem na explicação aos Discípulos os preceitos, de que lhes tiver já dado uma summaria ideia o Methodo abreviado". Afirmam as *Instruções* — em seu § V — que no caso de os professores não utilizarem, por algum motivo, a *Minerva*, só poderão utilizar a "Grammatica de Vossio, Scoppio, Port-Royal, e de todas as mais deste merecimento" para se instruírem (Portugal, 1830, p. 651), notando-se, assim, o cuidado para com os alunos no sentido de os não desestimular com métodos pouco brandos. A preocupação com a adoção de um método simples, porém eficiente; a seleção das obras mais adequadas ao nível do aluno e dos autores de fácil leitura são características bastante presentes nas *Instruções* as quais refletiam o ideal iluminista de clareza, brevidade e facilidade de ensino.

Como já preconizara Verney em seu *Verdadeiro Methodo de Estudar*, as *Instruções* defendem, no § VI, o ensino da gramática da língua latina pelo português, sendo a tarefa do professor mostrar aos seus discípulos o que as duas línguas têm de semelhante entre si:

> Para que os estudantes vão percebendo com mais facilidade os princípios da Grammatica Latina, he útil que os Professores lhes vão dando uma noção da Portugueza; advertindo-lhe tudo aquillo que em que tem alguma analogia com a Latina, especialmente lhes ensinarão a destinguir os Nomes, os Verbos, e as Partículas, porque se podem dar a conhecer os casos. (Portugal, 1829, p. 651).

A aprendizagem do latim, como já mencionamos anteriormente, tinha um caráter basicamente instrumental, ou seja, não fazia parte do plano pedagógico pombalino tornar os alunos falantes competentes da língua latina, mas sim capazes de desenvolver o gosto pela latinidade, a familiaridade e facilidade com as obras clássicas — ou tratados científicos, por exemplo, produzidos nessa língua —, possibilitando seu acesso aos Estudos Maiores. Defendemos essa asserção com base nos parágrafos XVI e XVII das *Instruções*. Aos próprios professores é vedado o falar do latim durante as aulas, mesmo que esses o falem com fluência, o que não impediria que se incorresse em "barbarismos", já que se trataria de uma língua morta:

> § XVI. Não approvão os Homens instruídos nesta matéria o falar-se Latim nas Classes, pelo perigo que há, de cahir em infinitos barbarismos, sem que alias se tire utilidade alguma do uso de falar. Pelo que não deve haver tal uso perpetuo: Mas poderão os Professores pratica-lo depois que os Estudantes estiverem com bastante conhecimento da Língua, fazendo para isso prepara-los em casa com algum Dialogo, ou Historia, que hajão de repetir na Classe [...]

> § XVII. Deve desterrar-se das Classes a pratica de fazer tomar versos de cor, confusamente, e sem escolha: Substituindo em seu lugar para conservar a memória dos Estudantes, alguns lugares em Prosa, ou em Verso, nos quaes haja alguma cousa útil, e deleitável, que possa ao mesmo tempo servir-lhes de exercício e de instrucção. (Portugal, 1829, p. 653).

Dois aspectos nos chamam atenção ao examinarmos o discurso do legislador mais atentamente. O primeiro diz respeito ao caráter totalmente utilitário da lei — aspecto já mencionado neste livro e reforçado nas *Ins-*

truções. Não havia mais tempo a perder, fica isso muito claro ao longo de todo o texto. Tudo deveria servir a um fim específico, tudo deveria instruir, educar, inculcar valores, preparar para o estado, ser "útil", enfim. "Uso", "utilidade", "útil", "deleitável", "preparar" e "servir" são termos que passam a fazer parte de um mesmo campo semântico, cujo objetivo principal era o alcance do progresso e da felicidade, o mote à frente do ideário iluminista que o gabinete de D. José, na pessoa de seu primeiro-ministro, buscava, infatigavelmente, para o reino e seus domínios portugueses.

O segundo aspecto — e esse tem a ver com o ensino de latim e sua metodologia — se refere ao papel passivo dos alunos "mais avançados", ou seja, quando esses "estivessem com bastante conhecimento da Língua". Não se vê no texto da lei uma orientação para que houvesse maior ênfase na habilidade oral durante as aulas, ou uma maior liberdade cedida aos professores para que esses conduzissem as aulas em latim. Havia, isso sim, a orientação para que os alunos, em casa, preparassem diálogos, sendo que esses — os diálogos — eram basicamente cópias da *Collecção das Palavras Familiares Portuguezas e Latinas*, feitas por Antonio Pereira (1725-1797), da Congregação dos Oratorianos e repetidas em sala, o que demonstra, como já afirmamos, apenas o propósito de gerar familiaridade com a língua latina e não o domínio dessa. Era de se esperar que, uma vez estando os alunos bem avançados no conhecimento da língua latina, os professores pudessem conduzir todo o restante do curso em latim. Não é o que se vê, contudo. Fica bem evidente, no § XVII, a preocupação do legislador com um aprendizado objetivo do latim quando nele se afirma que se deve evitar a memorização inútil de versos, escolhidos aleatoriamente, propondo-se para o exercício da memória dos alunos, "alguns lugares em Prosa ou em Verso, nos quaes haja alguma cousa útil e deleitável que possa ao mesmo tempo servir-lhes de exercício e de instrucção".

"Exercício" e "Instrução": eram essas algumas das finalidades por trás do "novo" método. O ensino do latim, ainda que por um método mais simples e abreviado, tem outra função além do desenvolvimento do "gosto pela latinidade": serve também para uma verdadeira "ginástica mental", importante atividade para os jovens estudantes em formação acadêmica e expostos a tantos novos saberes. A "Instrução", por sua vez, tendo sua acepção expandida para além de "ensino", seu quase sinônimo, pode ser também entendida como "educação intelectual ou literária". Parece-nos que essa última acepção se conforma melhor com o que desejava o legislador no tocante ao ensino da gramática latina, ao aconselhar que os professores se servissem de Terêncio e de Plauto, dramaturgos latinos, cujas peças teatrais trazem máximas importantes na formação moral dos alunos. Corroborando o que acabamos de afirmar, Cardoso (2002, p. 123) diz perceber-se "com clareza, no texto das *Instruções*, que esta cadeira visava preparar os alunos que desejavam passar às ciências maiores, ou seja, era uma etapa intermediária entre o ensino básico e a universidade".

Esse ensino instrumental da língua latina, que visava dar as condições necessárias para que os alunos se apropriassem desse saber, já era preconizado por João Amos Comenius (1592-1670) um século antes da promulgação da Lei de 28 de junho de 1759 e as suas *Instruções para os Professores de Gramática Latina, Grega, Hebraica e Retórica*. Segundo o erudito Checo, as línguas não deveriam ser aprendidas como parte da instrução ou do saber, mas como meio para adquiri-la e comunicá-la aos outros:

> 1) [Não se devem aprender] todas as línguas, pois isso é impossível; nem muitas, pois é inútil (desse modo estar-se-ia desperdiçando o tempo devido ao estudo das coisas reais), mas só as necessárias. E estas são: as línguas vernáculas, para a vida quotidiana; a dos povos vizinhos para poder comunicar-se, como o alemão e o polonês, ou para outros o húngaro, o romeno e o turco; o latim, língua comum aos eruditos, é necessário para a leitura dos livros doutos; o grego e o árabe para os filósofos e médicos; o grego e o hebraico, para os teólogos.
>
> 2) As línguas não devem ser aprendidas em todas as suas partes, para se atingir a perfeição, mas só no que é necessário. De fato não é preciso falar o grego e o hebraico com tanta fluência quanto a língua materna, pois não se saberia com quem falar. Basta saber o suficiente para poder ler e entender os livros. (Comenius, 2006, p. 253).

Bastar saber o suficiente para poder ler e entender os livros, isso era o que importava. Até então, o ensino de gramática latina tinha estado na contramão do que já se apregoava há muito tempo. Comenius deixava claro que tudo aquilo que fosse além do que se necessitava era um desperdício de tempo.

No tocante aos compêndios a serem utilizados pelos alunos, orienta o legislador, por meio das mesmas *Instruções*, em seu § XII, a adoção

> De hum Diccionario proporcionado aos seus princípios; no qual, sem amontoar authoridades, breve e summariamente se

> lhes declarem as significações naturaes e figuradas que são mais frequentes nos Authores, que lerem: Reservando o mais que há particular neste ponto, para os Professores que serão obrigados a ter ao menos Faciolati, e Basílio Fabro da Edição de Gesnero, ou outra igualmente correcta. Não consentirão que os Estudantes usem da Prosódia de Bento Pereira, pelo perigo que há de se lhes imprimir logo nos primeiros annos a multidão de palavras bárbaras de que esta chêa. (Portugal, 1829, p. 652).

A *Prosodia*, como podemos perceber no texto anteriormente transcrito, fora proibida por ter sido produzida pelo padre jesuíta Bento Pereira (1605-1681), obra do século XVII, mas que tinha sido reeditada várias vezes, sendo finalmente suprimida quando da ascensão de D. José ao trono em 1750. Outro fato interessante sobre a preocupação com os compêndios a serem adotados, tanto por professores quanto por alunos — e aqui nos referimos aos dicionários — é a não sugestão de uso do dicionário de Jerônimo Cardoso (c.1510-c.1569), considerado o primeiro lexicógrafo lusitano, que já havia publicado, sucessivamente, em 1562, 1563, 1569-1570, o seu *Dictionarium ex Lusitanico in Latinum Sermonem*. Também ficaram de fora as obras *Dictionarium Lusitanicolatinum iuxta seriem alphabeticam optimis, probatisque doctissimorum Auctorum testimonijs perutili quadam expositione locupletam, cum copiosissimo Latini Sermonis Indice, necnon libello uno aliquarum Regionum, Civitatum, Oppidorum, Fluviorum, Montium & Locorum, quibus veteres uti solebant. Omnia in studiosae iuventutis gratiam,& usum collecta Per Agustinum Barbosam Lusitanum. Bracharae: Typis,& expensis Fructuosi Laurentij de Basto*, de Agostinho Barbosa (1590-1649), vinda à luz em 1611 e o *Raízes da Língua Latina Mostradas em hum tratado e diccionario: Isto he, um compendio do Calepino. Lisboa, Pedro Craesbeek,* de Amaro de Reboredo (?-?), publicado em 1621. Tal exclusão, se assim podemos chamar, deve ter ocorrido pelo caráter erudito das supracitadas obras — e talvez pela sua defasagem, tanto linguística quanto material, por terem sido produzidas há mais de um século —, as quais certamente não se aplicariam ao modelo de ensino desejado na nova orientação educacional.

O próximo item abordado pelas Instruções referia-se ao ensino da gramática grega. O legislador deixa bem claro a necessidade de tal estudo visando a uma preparação para os Estudos Maiores. No § I das Instruções aos professores dessa língua clássica, assim se dirige o legislador aos mestres:

> §I. A necessidade que há nas Sciencias maiores do estudo da língua Grega he innegável. O Testamento Novo, e os Concílios

> dos primeiros dez Séculos são em Grego. Na Grécia tiveram origem as Leis Romanas, e ai se fizeram muitas Constituições, que andão no Corpo do Direito Civil. Em Grego escreverão Hipocrates, e Galeno. A Filosofia e a Eloquência, a Poesia e a Historia, nasceram na Grécia. E por esta razão, os maiores Homens de todas as Faculdades reconhecem a necessidade indispensável desta Língua; e recomendão o seu estudo [...]. (Portugal, 1829, p. 654).

Como podemos depreender do próprio texto, a inclusão da cadeira de grego tinha em vista uma preparação dos alunos para os Estudos Maiores da Universidade de Coimbra que então tinha quatro Faculdades: Teologia, Cânones, Leis e Medicina. O aprendizado da língua grega, como podemos inferir, era importante para aqueles que desejassem ingressar em um desses cursos oferecidos pela Universidade, apresentando como justificativa o fato de tal ensino ser adotado em diversas partes da Europa, embora houvesse traduções muito boas em vernáculo de autores tais como Hipócrates e Galeno. A Lei de 28 de junho de 1759 e suas Instruções previam que, passados um ano e meio de estudos de gramática grega, os alunos que a tivessem frequentado seriam preferidos em concursos das quatro Faculdades da Universidade de Coimbra (Carvalho, 1978, p. 86; Cardoso, 2002, p. 124; Oliveira, 2006, p. 52).

Quanto à aprendizagem da gramática grega em si, o legislador afirma, no § II, ser esse "menos dificultoso como vulgarmente se imagina", devendo o professor ensinar aos alunos apenas o que é necessário, adotando procedimentos mais fáceis e breves que os adotados com a latina. Deveriam ser os alunos "aperfeiçoados em uma leitura clara e distinta", passando a seguir à parte escrita. Somente nesse estágio do ensino iriam os alunos distinguir as letras e as sílabas, além das abreviaturas, "porque com esse exercício se facilita o estudo, e se aprende com gosto" — § III. Importante é ressaltar a visão metodológica do legislador no que tange aos processos de aquisição de uma língua, ou seja, a precedência da oralidade em relação à escrita. Ouvindo o mestre e repetindo após esse tinham os alunos a oportunidade de associar sons e letras e como essas formavam sílabas.

Após estarem bem avançados na leitura e na escrita da língua grega seriam então os alunos apresentados à gramática — § IV — fazendo uso do "Epítome do Methodo de Port-Royal", traduzido para o português, por meio do qual os alunos fariam as declinações e conjugações verbais. O suporte escrito para o desenvolvimento das aulas era o Evangelho de São Lucas ou os *Atos dos Apóstolos*. Na ausência desses, poderiam ser usados trechos de

Heródoto, Xenofonte, Teofrasto ou alguns Diálogos de Luciano encontrados na Coleção de Patuza, feito para uso da Academia Real de Nápoles (Portugal, 1829, p. 655). Mais uma vez percebe-se o uso da língua portuguesa para o aprendizado de outra língua e não só a latina, como se poderia acreditar. Não é de se surpreender, portanto, que tenha sido o século XVIII o período no qual se iniciaria a produção de uma grande quantidade de dicionários bilíngues (trataremos especificamente desse tema no capítulo III deste livro.

Os professores deveriam evitar os livros que trouxessem a versão latina, trabalhando com os alunos somente com textos no original grego. O objetivo era evitar a preguiça e a falta de empenho nos trabalhos de versão, uma vez que, por terem as versões em latim à disposição, tal situação lhes seria prejudicial "fazendo que facilmente se descuidassem, encobrindo a sua negligência e ociosidade" — § V. O dicionário a ser utilizado pelos "Discípulos" era o Diccionario Manual de Screvelio, por ser breve e prático. Os professores, no entanto, deveriam ter outros dicionários mais "copiosos", tais como o de Escapulla, o Thesouro de Carlos Estevão; Ubbo Emio e João Meurcio — § VI —; para as suas aulas deveriam ter o Methodo grande de Port-Royal, além das melhores edições de Demóstenes, Xenofonte, Tucídedes, entre outros. Por fim,

> § VIII. Quando os Discípulos estiverem mais adiantados, e quiserem aperfeiçoar-se mais no estudo desta utilíssima Língua, lhes fará o Professor ler Homero, onde lhes fará ver não só tudo, o que a Antiguidade profana tem de mais polido, e agradável; mas também o melhor modelo de hum grande Poeta, útil ainda para a Oratória, e para a fácil inteligência dos Escriptores Sagrados, pela grande analogia, que com elles tem na simplicidade do estilo. (Portugal, 1830, p. 655).

No concernente ao ensino de Hebraico, o legislador delega tal função às ordens religiosas, não opinando a respeito da metodologia ou dos compêndios a serem utilizados:

> § X. Sendo o estudo da Língua Hebraica privativamente necessária as Edições Divinas: E sendo por isso mais própria dos Professores da Sagrada Theologia: Se não dá nesta Instrucção Methodo para se entender a referida Língua, por haver sua Magestade resoluto encarregar alguma Ordens Religiosas do Ensino da mesma Língua: Confiando dos beneméritos Prelados dellas, que promoverão este importante Estudo de sorte, que neste Reino faça o progresso que tem feito nos outros Paizes da Europa. (Portugal, 1829, p. 655).

Terminados esses estudos, passariam os alunos ao ensino de Retórica, considerado pelo legislador como um dos mais importantes para a mocidade. Diversos seriam os benefícios advindos do aprendizado desse estudo apontados nas Instruções. Segundo elas, tanto a Retórica quanto a Eloquência, diferentemente da Gramática, que "só ensina a falar e a ler correctamente", ensinariam a "falar bem". Esse "falar bem", tão importante para o homem, não só do púlpito ou das leis, mas também do comércio, deveria ser uma habilidade desenvolvida nas escolas, por meio das aulas de Retórica. Essas, porém, eram dadas por meio de "um mau método", cujos defeitos Verney já apontara em sua quinta Carta do seu *Verdadeiro Methodo de Estudar*:

> Primeiramente ensinam a Rethorica em Latim. Erro considerável: Porque nada tem a Rethorica com o Latim: sendo que os seus preceitos compreendem, e se exercitam em todas as Línguas. Daqui nace o primeiro dano, que é que os rapazes nam a intendem porque ainda nem intendem Latim: e nace também o primeiro engano que he persuadirem-se os ditos rapazes, que a Retórica so serve para as orações Latinas. (Verney, 1746, p. 125).

Ainda de acordo com as mesmas *Instruções*, a Retórica teria a função de ordenar o pensamento e criar os artifícios para "persuadir e atrair os ânimos" em um âmbito muito mais amplo do que aquele defendido pelos sacerdotes da Companhia de Jesus, professores que eram dessa disciplina. A arte de persuadir deveria ser utilizada em outros ambientes e não só na corte ou no templo: haveria espaço para persuasão nos discursos familiares, nos negócios públicos, nas disputas e nas conciliações. A grande crítica do ensino de Retórica em Portugal, conduzida por Verney e presente no texto das ditas *Instruções*, refere-se ao mau uso dos tropos e das figuras de linguagem, gerando discursos de extremo mau gosto, excedendo em afetação, sem sentido ou profundidade, *pueris*, "singulares nas ideias". Segundo Verney:

> [...] por pouco que se examine o que é Retórica, achar-se-á que é *Arte de persuadir*: e por consequência, que é a única coiza, que se acha, e serve no commercio umano; e a mais necessária para ele. Onde quem diz, que so serve para persuadir na cadeira, ou no púlpito, conhece pouco o que é Retórica. Confesso que nos púlpitos e cadeiras faz a Retórica gala, de todos os seus ornamentos: mas nam se limitam neles: todo o lugar é teatro para a Retórica. (Verney, 1746, p. 125).

Desejava-se, assim, um homem apto a trafegar em todos os "teatros", todos os âmbitos, todos os lugares e situações. O ensino de gramática latina, grega e hebraica aliada à arte de persuadir, ou seja, à Retórica e à Eloquência, era a base de um ensino humanístico — desejo acalentado pelos intelectuais portugueses do século XVIII — que se encontrava a meio caminho entre o humanismo secular e o religioso. Na procura de um equilíbrio improvável entre as Sciencias e a Religião "para a felicidade da Monarchia", buscava-se a formação de um homem preparado para os desafios de seu tempo e, no caso de Portugal, esses eram muitos. O ensino de Retórica fechava, assim, um ciclo de estudos que garantia um mínimo necessário para a formação do homem e do profissional (médico, teólogo, advogado, clérigo). Caso esse não enveredasse pelos caminhos do ensino superior, já teria ao menos obtido os pré-requisitos necessários para a sua formação em um "negociante perfeito".

A Lei de 28 de junho de 1759, a chamada Lei Geral dos Estudos Menores, foi de fundamental importância não só para o preenchimento da lacuna deixada no ensino com a expulsão dos clérigos da Companhia de Jesus e consequente institucionalização da profissão docente, mas também para a abertura da educação, tanto em Portugal quanto no Brasil, às ciências matemáticas, tais como a Química, a Física etc., e a introdução das línguas vernáculas — as línguas vivas —, sem espaço nos currículos escolares durante o período em que esteve sob o controle dos inacianos.

Perceberemos nas leis seguintes a importância dada às línguas vivas (principalmente o inglês, o francês e o italiano), à medida que Portugal e seus domínios se reestruturavam econômica, social e culturalmente perante os seus maiores concorrentes europeus do século XVIII. Foi somente a partir das Reformas Pombalinas da Instrução Pública que o ensino das línguas vivas teve destaque em Portugal, propiciando aos alunos maiores oportunidades de acesso aos novos conhecimentos em constante evolução nas nações "polidas" onde essas línguas eram faladas.

2.4 Os estatutos do Real Colégio dos Nobres e os Contributos de Ribeiro Sanches

Seguindo a base estabelecida pela Lei Geral dos Estudos Menores, passo inicial para uma efetiva reforma da instrução pública em Portugal e seus domínios, é fundado, em 7 de março de 1761, o Real Colégio dos Nobres. No preâmbulo dessa lei, assim como em praticamente todo o conjunto das peças legislativas pombalinas, traça o legislador uma linha do tempo imaginária até o século XVI, quando a nação portuguesa se encontrava no auge de seu esplendor, não só econômica, mas também intelectualmente.

Fora no reinado do infante D. Henrique, por exemplo, que se fundaram e se estabeleceram na Vila de Sagres e na Cidade de Lagos escolas que ministravam cursos na área de Astronomia, Geografia, Navegação e Comércio, preparando e formando os "Vassalos e Sábios", que muito ajudaram a dilatar os reinos portugueses, conquistando grandes partes da Terra, tais como a África Ocidental.

Não foram, porém, somente nas ciências que os vassalos de D. Henrique se sobressaíram, mas também na "mais sã e solida Política christã, com que em poucos annos, em mares até então desconhecidos, descobriram e conquistaram duas tão grandes porções da Azia e da America" (Portugal, 1829, p. 773). Dariam continuidade ao alargamento do reino português os reis D. Manuel e D. João III, cientes que estavam da importância em se cultivar os estudos em colégios, ao mesmo tempo que se zelava pela fé cristã:

> Havendo também considerado que a Religião, o Zelo e Providencia do mesmo Senhor Rei Dom Manuel, seguidas pelo Senhor Rei Dom João III, conhecendo sobre aquellas decisivas experiências que os referidos Estudos se fariam mais férteis quando fossem cultivados em Collegios, nas quaes a regularidade das horas, e a virtuosa emulação dos Estudantes, concorressem para elles se adiantarem nas suas profissões com maior brevidade, foram convocando com a sua Regia munificência, muitos sábios da Universidade de Pariz e de outros da Europa, famosos pelas suas erudições [...]. (Portugal, 1829, p. 773-774).

Para voltar a ser a nação vicejante do passado, bastava que Portugal retomasse o caminho do qual não deveria ter se apartado. Percebemos no discurso do legislador que, no tocante às práticas escolares, já havia uma sistematização do ensino, com a existência de espaços específicos — os colégios — e a estipulação da carga horária — regularidade das horas — e, muito provavelmente, uma metodologia que despertasse o interesse dos alunos — emulação dos estudantes. Além disso, Portugal não era um país com característica apenas "cismontana" — no sentido geográfico do termo —, mas sim cosmopolita, pois afirma o texto da lei que "muitos sábios da Universidade de Pariz e de outros da Europa, famosos pelas suas erudições" transitavam já pela nação lusa, o que sugere que o atraso mental decorrente de um descompasso entre o que se estudava na Europa e em Portugal fora causado por "outras circunstâncias" e não pela tradição portuguesa. As "outras circunstâncias", bem as sabemos, referem-se aos clérigos da Companhia de Jesus.

Esses "intercâmbios" entre Portugal e as outras nações europeias, já no século XVI, segundo o texto da lei, promoveram o estabelecimento de instituições de ensino, dentre elas os colégios de São Miguel e o de Todos os Santos, ambos fundados em Coimbra, em 1547, destinados aos "Fidalgos e Nobres". Na mesma cidade de Coimbra foi fundado o Collegio das Escolas Menores das Línguas, e das Artes, também pelo rei D. João III — o texto não informa o ano de fundação — tendo à frente do ensino "distintos Professores", tais como os principais André de Gouveia; os dois irmãos Marçal e Antonio de Souza, Edmundo Rosset, Vicente Fabrício, Antonio Caiado, Pedro Margalho, Ayres Barboza, Andre de Resende, Pedro Nunes, Diogo de Teive e outros. Foram estes "distintos Professores" que

> Com a instrucção da mocidade Portugueza deram um grande credito á Nação e tão grande lustre á Nobreza, como foi manifesto pelas heróicas acções, e pelos polidos Escriptos que naquelle século deram á luz do Mundo tantos Capitães, e tantos Escriptores das Famílias mais Nobres e mais recommendaveis. (Portugal, 1829, p. 774).

Mais adiante, sobre as causas da descontinuidade na formação de "sujeitos doutos e morigerados" assim afirmara o legislador:

> Quando os primeiros delles [o Colégio das artes] foram entregues no anno de mil quinhentos cincoenta e cinco, com obrepticia e subrepticia expulsão do insigne Principal Diogo de Teive aos Regulares da Companhia chamada de Jesus, os quaes logo acharam os meios e os modos de opprimirem, com o dito Principal todas as outras Pessoas, que com elle regiam o Collegio, de desacreditarem os antigos Professores, e de vexarem o grande numero de Porcionistas das primeiras Famílias da Corte, e da principal Nobreza do Reino, que então se educavam naquella Cidade, de sorte que não só obrigaram a todos os sobreditos a que sucessivamente fossem desertando, e viessem a desampara a todo aquelle Collegio (de que hoje apenas existe a memória). (Portugal, 1829, p. 774).

Uma vez mais fica evidente, nos trechos anteriormente transcritos, a contínua busca de uma tradição que justificasse as decisões tomadas no sentido de reerguer a nação lusitana, quais sejam: o aspecto cosmopolita do povo português, ao receber mestres de outros países europeus para educar seus filhos; os grandes feitos ultramarinos e as produções literárias, como consequência de sua sólida formação acadêmica; a criação de um quadro de "Distintos Professores", responsáveis pela "instrução da mocidade portuguesa" e que "deram um grande crédito à nação e tão grande lustre à nobreza", dando "à luz do mundo tantos capitães e tantos escritores das famílias mais nobres e mais recomendáveis".

O Real Colégio dos Nobres viria, como explicitado na lei, remediar os estragos causados pela administração inaciana no Colégio das Artes, convertido em uma "Casa de Noviços", conforme denunciara o legislador. Seus Estatutos traziam modificações no tocante às disciplinas a serem ensinadas. Além daquelas que compunham as Humanidades — gramática latina, grega, hebraica e retórica —, houve o acréscimo das disciplinas matemáticas — matemática, física, arquitetura e desenho — e das línguas vivas — inglês, francês e italiano. Os Estatutos, que foram confirmados pelo Alvará de 1 de dezembro de 1767, são o resultado das sugestões contidas nas *Cartas sobre a Educação da Mocidade*, do médico Antonio Nunes Ribeiro Sanches (1699-1783).

Um dos grandes pensadores portugueses de seu tempo, tendo contribuído, inclusive, com artigos para a *Enciclopédia* a convite de Diderot e D'Alembert, Ribeiro Sanches era um cristão-novo que se refugiou no exterior, para o resto da vida, após ter sido denunciado à Inquisição por prática do Judaísmo. Em suas *Cartas sobre a Educação da Mocidade*, dirigidas ao agente diplomático de D. José na França, o Abade Pedro da Costa de Almeida de Salema, o ilustre médico português salienta a sua satisfação pela promulgação da Lei Geral dos Estudos Menores e não se furta à possibilidade de externar seus pensamentos acerca das coisas que muito o afligiam relacionadas a Portugal e no seu atraso frente às outras nações europeias.

Dentre as várias questões que o "causavam alvoroço", como dizia o próprio autor, uma lhe dizia respeito diretamente: a questão da intolerância religiosa. Segundo o insigne médico, uma nação não poderia florescer onde uma das prerrogativas básicas do ser humano, a liberdade, garantida inclusive pelas leis de Deus, não fosse tolerada e respeitada. A perseguição aos cristãos-novos — como ele mesmo o era — somente trouxera malefícios à nação, com a perda de material humano qualificado, tanto intelectual quanto financeiramente, fruto dos ditames da religião, que, segundo o autor, tinha mais poderes do que o próprio rei:

> Se el Rei Dom João o Terceiro fosse tão tolerante com os seus Súbditos, como Carlos Quinto com Castella e Flandres, poderia-se partir-se muitas partes destas riquezas das Índias por todo o Reyno: havia naquelle tempo milhares de descendentes dos Judeos bautizados, que começavam com as

> Nações Estrangeiras: a Inquizição, desde o anno de 1544 ou 1545, fez tal estrago nestes Mercadores, que a Mayor parte se foi establecer em Anveres, Londres e Hamburgo, e não só levaram Cabedais immensos, más ensinaram aquellas Nações mercadoras já, o commercio da Navegação Portugueza; e desta origem veyo aquella Potente Companhia das Índias de Hollanda e a de Inglaterra, fundadas pellos annos de 1600, pouco mais ou menos. (Sanches, 1922, p. 76).

Percebe-se em Ribeiro Sanches o conhecimento das questões políticas, sociais, econômicas e históricas que impediam o país de se desenvolver, mesmo estando ausente de sua pátria por tantos anos — e tendo morrido fora dela. Por ser um dos muitos "estrangeirados" e por ter convivido diretamente com os pensadores e filósofos iluministas, suas sugestões foram amplamente aproveitadas por Pombal e seus homens na confecção dos Estatutos do Real Colégio dos Nobres.

Ribeiro Sanches, em seu levantamento histórico das razões que impediam a nação portuguesa de se desenvolver, ou ao menos voltar a ser aquela nação vigorosa do século XVI, aponta como uma das causas os "privilégios da nobreza" e a "imunidade que eclesiásticos adquiriram ao longo dos séculos", quando Portugal encontrava-se em uma situação política, social e econômica bem diferente da de então. Sendo o seu Direito Civil ainda pautado pela chamada *Monarchia Gótica*, ou seja, o período no qual os impérios se dilatavam por meio da força e da espada e não do trabalho e da indústria, Portugal havia alimentado uma "horda" de nobres que não se coadunava com as necessidades do mundo moderno.

Reclamava Sanches da "ociosidade" com que os clérigos e nobres conduziam suas vidas, esses em gastos exorbitantes, com jogos de cartas, fumo de tabaco, comidas e "trages"; aqueles com suas ocupações religiosas que nada ofereciam em termos de trabalho e indústria para o desenvolvimento do país, uma vez que, além de possuírem muitos bens de raiz, não pagavam impostos ou tributos (Sanches, 1922, p. 19; 48; 78).

O Real Colégio dos Nobres tinha como referência a Escola Real Militar de Paris, fundada em 1751, e que visava emendar a vida dissoluta da nobreza lusitana. Além disso, era uma necessidade de a nação portuguesa abrir a sociedade para os novos conhecimentos, limitada que estava aos ensinos literários, como afirma o próprio autor:

> Parece que Portugal esta hoje quazi obrigado, não só a fundar uma Escola Militar, mas de preferila a todos os estabeleci-

> mentos litterarios, que sustentam com tão excessivos gastos. O que se ensina e tem ensinado até agora nelles é para chegar a ser Sacerdote e Jurisonsulto; e como já vimos, não tem a Nobreza ensino algum para servir a sua pátria, em tempos de paz nem de guerra. (Sanches, 1922, p. 132).

A crítica, claro nos parece, refere-se às quatro Faculdades da Universidade de Coimbra, ou seja, Teologia, Cânones, Leis e Medicina, estando essa última, ele bem o sabia, defasada em relação às outras universidades europeias. Para Ribeiro Sanches, as disciplinas chamadas "divinas" deveriam estar separadas das outras ciências humanas, divididas em três escolas. A primeira delas deveria ensinar a História da Natureza Universal, da Natureza Humana; as produções que resultam das combinações de vários corpos; as suas propriedades e virtudes e a aplicação delas para o uso e utilidade da vida humana e civil. Sendo assim, seriam ensinadas a Botânica, a Anatomia, a Química, a Metalurgia e a Medicina em todas as suas partes. Na segunda escola, o enfoque seria dado a todos os conhecimentos que necessita o estado Político e Civil. Ensinar-se-iam aí a História Universal, Profana e Sagrada; a Filosofia Moral, o Direito das Gentes, o Direito Civil e as Leis Pátrias. Dar-se-ia também atenção à Economia Civil para uma boa governação do estado.

Na terceira escola ficariam todas as coisas relacionadas à Sagrada Religião e ao seu exercício, cabendo apenas aos eclesiásticos ensinar "estas divinas ciências" (Sanches, 1922, p. 110-111). A finalidade do Colégio dos Nobres idealizado por Ribeiro Sanches, além daquelas já mencionadas, era formar um quadro de funcionários de elite, não necessariamente — mas preferencialmente — militares, e que estivessem a serviço do estado. Estariam esses aptos a assumirem cargos em áreas tais como dos Negócios Estrangeiros, dos Tribunais Econômicos do interior do Reino, da Marinha Mercante ou do próprio Exército, ou seja, em pontos estratégicos da sociedade lusitana, devidamente treinados e subservientes ao monarca. Passaria, assim, a nobreza portuguesa de uma condição "parasitária" a uma "utilitária".

Esse militar "moderno" deveria, em sua nobreza e fidalguia, saber conjugar bem as habilidades de um homem de letras e de um soldado, ambas habilidades essenciais ao futuro da pátria:

> Antes que se usasse da polvora, e que se fortificassem as Prazas pelas Leis da Geometria e Trigonometria, não necessitava o General do exercicio das Mathematicas e de alguãs partes da Physica: a força, o animo ouzado e a valentia ja naõ

> saõ bastantes para vencer, como quando faziamos a guerra expulsando os Mouros da patria. A Arte da guerra hoje he sciencia fundada em principios que se aprendem e devem aprender, antes que se veja o inimigo: necessita de estudo, de applicaçaõ, de attençaõ e reflexaõ; que o Guerreyro tome a penna e saiba taõbem calcular e escrever, como he obrigado combater com a espada e com o espontaõ: o verdadeyro Guerreyro he hoje hum misto de homem de letras e de soldado. (Sanches, 1922, p. 125).

Não podemos deixar de notar um ponto fraco em seu projeto pedagógico: o caráter altamente excludente de seu programa de estudos, uma vez que o formato do ensino aí proposto não contemplava a plebe. Para ele, bastava o convívio com os pais e o trabalho no campo, um comércio interno entre as comarcas, para que a mocidade plebeia se educasse:

> Não necessitaria esta classe do povo de outra educação do que os Paes e as Maens estivessem empregadas no trabalho, e seos filhos, não tendo outro recurso para ganharem a vida, seguiriaõ aquelle caminho que exercitavaõ os progenitores e os tutores. Quem trabalha faz um acto virtuoso, evita o ócio; vicio o mayor contra a Religião e contra o Estado: e St. Bento achou o trabalho de maons de tanta virtude que o poz por regra de sete horas cada dia. Isto he o que basta para a boa educação da mocidade plebea. (Sanches, 1922, p. 83-84).

No Título VI dos Estatutos do Real Colégio dos Nobres que trata dos *Collegiaes*, afirma-se, já no § I, que "todos os Collegiaes que houverem de ser admittidos, se devem primeiro se qualificar com Foro de Moço Fidalgo pelo menos, sem o qual não poderão ser de nenhuma sorte recebidos" (Portugal, 1830, p. 778), devendo apresentar por escrito, ao Reitor do Colégio, uma declaração com os nomes dos pais, o Alvará de seu Foro e a Certidão de Batismo. Esse era o método de seleção dos candidatos às vagas do Colégio, sendo que os postulantes não poderiam ter idade inferior a 7 ou superior a 13 anos de idade, devendo já saber ler e escrever — § III. A anuidade paga pelos pais dos futuros porcionistas era de cento e vinte mil réis anuais, pagos em duas parcelas de sessenta mil réis a cada seis meses. Em caso de atrasos de pagamentos, afirma o texto dos Estatutos, os responsáveis pelo aluno (pais, tutores, administradores) teriam até quinze dias para honrarem os seus compromissos — § V.

Com o intuito de promover um relacionamento harmonioso entre os estudantes, esses deveriam tratar-se mutuamente de maneira fraterna e cordata, evitando o quanto possível insinuações de preeminência de nascimento ou origem de "melhor casa". Todos os alunos deveriam usar "vestidos" — uniformes —, inclusive o Reitor, tanto para as atividades internas quanto para as externas — § VIII e § IX. Essa era uma maneira de se arrancar dos pequenos nobres, como já defendia Ribeiro Sanches, a "soberba que contrahio em caza em companhia das Ayas e dos creados" (Sanches, 1922, p. 148-149). Objetivava-se, como já dissemos anteriormente, formar uma elite que ditaria as normas e procedimentos em suas respectivas áreas, porém ciente das leis da sociedade civil e cristã que deveriam ser observadas e respeitadas.

No tocante às "conversações familiares" e o uso do latim, o legislador é taxativo:

> § X. As conversações familiares serão sempre, ou na Língua Portuguesa, ou na Franceza, Italiana, ou Ingleza, como os Collegiaes acharem que he mais conforme aos differentes gênios, e applicações cada hum delles fizer a estas Línguas vivas. Não poderão porem nunca conversar em Latim, por ser o uso familiar desta Língua morta, mais própria para os ensinar a barbarizar, do que para lhes facilitar o conhecimento da mesma Língua. (Portugal, 1829, p. 779).

Notamos aqui alguns pontos interessantes. O primeiro deles é, assim como determinado na Lei Geral dos Estudos Menores, a proibição do uso do latim em sua habilidade oral. O latim deveria continuar sendo estudado para seus fins instrumentais, como já apontamos no item anterior, e não com o propósito de "reviver" uma língua morta. Era a língua de acesso às obras clássicas e aos tratados científicos, por exemplo, que porventura ainda estivessem escritos nessa língua sacra. O outro aspecto apontado no parágrafo anteriormente transcrito refere-se, na realidade, a uma curiosidade que nos despertou: os pequenos nobres que eram admitidos no Colégio já sabiam falar um pouco dos idiomas ali sugeridos para as "conversações familiares" ou era uma forma de incentivá-los à prática dos ditos idiomas fora do contexto "sala de aula"?

De qualquer maneira, o fato é que as línguas vivas eram tratadas como tais, como podemos observar pela atenção dada a essas pelo legislador no Título VIII, destinado aos *Professores das Línguas Franceza, Italiana, e Ingleza*. Assim está disposto em seus dois únicos parágrafos:

> § I. Não sendo conveniente que os Collegiaes antes de acabarem a Rhetorica, e de se acharem preparados com as Noções

> que deixo ordenadas, se embaracem com differentes applicações; nem que sejão privados da grande utilidade, que podem tirar dos muitos, e bons livros, que se acham escritos nas referidas Línguas: Ordeno que o Collegio pague três Professores para as ensignarem: e que os Collegiaes depois de haverem passado as classes de Rhetorica, Lógica, e Historia, aprendam pelo menos, as Línguas Franceza, e Italiana; ainda que será muito mais útil aos que forem mais capazes, e estudiosos procurarem possuir também a Língua Ingleza.
>
> § II. As Lições serão pela maior parte de viva voz, sem que os ditos Professores carreguem os Discípulos com multidão de preceitos desnecessários em Línguas que são vivas, e que se aprendem muito mais facilmente, e melhor, lendo, conferindo, e exercitando em repetidas práticas. Os livros para estas applicações serão sempre correctos, úteis e agradáveis; e os Professores de louváveis costumes, ainda que não devem assistir dentro do Collegio, mas sim virem a elle dar as suas Lições nas horas que para isso lhe vão determinadas. (Portugal, 1829, p. 781-782).

É interessante observarmos a ordenação das disciplinas antes que os alunos iniciassem o aprendizado de línguas estrangeiras. Assim como na Lei Geral, a Retórica aparece com uma função importante de tornar os estudantes falantes bem articulados e capazes da arte de persuadir. A Lógica associa-se a esse propósito de domínio da oratória. Só então iriam os alunos ser iniciados em outros idiomas. A seleção das línguas francesa, italiana e inglesa deveu-se, muito provavelmente, à importância de suas respectivas nações naquele contexto histórico. A França, como já apontamos, era o berço da cultura ocidental, tendo desbancado a Espanha e a Itália já no século XVII. Era o país da música, das artes, da culinária, da moda. A língua francesa era a língua franca de então. A Itália, ainda que ocupasse uma posição de segunda grandeza em relação à França, era famosa por sua pintura, arquitetura, música, literatura e pelas ciências astronômicas. A Inglaterra, potência em ascensão desde o século XVII, encontrou o seu espaço no mundo das ciências com as obras de Francis Bacon, John Locke e Isaac Newton, para citarmos apenas alguns.

Embora a maior parte das obras científicas ainda estivesse publicada em latim — a obra *Methudus fluxionum et serium infinitarum*, de Isaac Newton, escrita em 1671, só surgirá com uma tradução em inglês 10 anos após a sua morte, em 1736 ou 1737 — muitas delas já começavam a circular em vernáculo, como foi o caso de John Locke e o seu *Some Thoughts Concerning*

Education ou *An Essay on Human Understanding*, também do mesmo autor. A língua espanhola, porém, fica de fora dos Estatutos, contrariando um desejo de Ribeiro Sanches, que, no tocante ao aprendizado das línguas vivas, afirmara que era importante "saber escrever a sua língua com propriedade, e com a mesma fallar a Castelhana (de que injustamente fazemos pouco cazo), a Franceza e a Ingleza" (Sanches, 1922, p. 141-142).

Como era característico do pensamento iluminista, o método de ensino deveria atentar para a brevidade de suas práticas, de sorte que os alunos tirassem bom proveito das aulas e progredissem em seus estudos. Para tanto, o legislador deixa claro a sua preocupação com a seleção de "Professores de louváveis costumes" que utilizassem livros "que serão sempre correctos, úteis e agradáveis". O método deveria ser de "viva voz", ou seja, com ênfase na habilidade oral e sem excessos no ensino de gramática.

Aos professores, alunos e toda a comunidade acadêmica do Real Colégio dos Nobres, eram garantidos, como se lê no Título XVI, § I dos ditos Estatutos, "todos os Privilégios, Indultos e Franquezas, de que gozão os Lentes, e Estudantes da Universidade de Coimbra, sem differença alguma".

Com relação ao acesso à Universidade de Coimbra, afirma o legislador no § V, do mesmo Título, que os alunos poderiam ser admitidos às matrículas e aos estudos das ciências maiores sem a necessidade de prestar exames de seleção, bastando para isso a apresentação de Carta assinada e legitimada pelo Diretor Geral dos Estudos. Os alunos que concluíssem seus estudos com aproveitamento reconhecido teriam um ano adiantado em seus estudos superiores — § VI.

No respeitante aos cargos e profissões, afirmava o legislador que

> § VII. Os Collegiaes do mesmo Collegio, que nelle se conduzirem regularmente, serão por Mim attendidos com especialidade para os Empregos, e Lugares Públicos; e tanto mais quanto maior for a distinção com que se houverem assignalado nas suas differentes Profissões. (Portugal, 1829, p. 786).

Tais provimentos se coadunavam com as necessidades de então e estavam de acordo com o que Ribeiro Sanches já havia sugerido em suas *Cartas sobre a Educação da Mocidade*. No que se refere aos efeitos da criação do Real Colégio dos Nobres no Brasil, Oliveira (2010a, p. 80), citando Banha de Andrade (1978), nos diz que os Estatutos do referido Colégio tinham sido bem recebidos pelo Diretor Geral dos Estudos, Tomás de Almeida, e que esse enviara, no mesmo ano de sua publicação, diversas cópias para todos os governadores e comissários do Brasil.

O funcionamento do Real Colégio dos Nobres até a Reforma da Universidade de Coimbra, em 1772, não vicejou. Segundo aponta Rômulo de Carvalho (*apud* Oliveira, 2010a, p. 80), as causas que teriam levado o Colégio ao seu malogro seriam a deficiência da administração, o plano de estudos incompatível com a idade dos estudantes, o ensino das línguas estrangeiras por professores nativos dessas línguas — o que ia de encontro ao que determinava a Lei Geral dos Estudos que estabelecia, dentre outras coisas, o ensino da gramática da língua portuguesa antes do ensino da latina, partindo do princípio de que "não se poderia ensinar uma língua desconhecida através dela mesma" —; a situação social dos alunos que, segundo o autor, eram habituados a certas liberdades não encontradas no Colégio.

Além disso, prossegue Carvalho, havia uma certa insatisfação por parte dos professores, já que esses tinham de acumular outras funções além das acadêmicas. O Colégio teve suas atividades encerradas por meio de decreto de 4 de janeiro de 1838, sendo destinados todo o seu mobiliário, biblioteca e demais bens à Escola Politécnica e outros estabelecimentos científicos posteriormente criados. Os professores e empregados seriam remanejados para essas instituições sem prejuízo de seus vencimentos, mesmo que os novos estabelecimentos ainda não estivessem prontos e funcionando (Ribeiro, 1876, p. 322).

A importância do Real Colégio dos Nobres como ponto de partida para a Reforma dos Estatutos da Universidade de Coimbra, tendo como fulcro a atenção dada às matemáticas e as línguas vivas no contexto das Reformas Pombalinas da Instrução Pública é assim sintetizada por Oliveira (2010a, p. 81-82):

> Assim, o ensino das línguas estrangeiras, em Portugal, foi instituído no contexto das Reformas Pombalinas da Instrução Pública. Nos planos de estudos dos estabelecimentos dedicados à instrução militar, a pedra de toque é o desenvolvimento dado às "Ciências Matemáticas", importantes para a formação do "perfeito militar", que teria capacidade e instrução suficientes para lidar com fortificações, bombardeios e táticas de guerra, bem como para a arquitetura e construção civil. Sua consagração como curso acadêmico, em 1772, destaca ainda mais seu relevante papel nos estudos, preparatórios como superiores.

2.5 A Lei de 30 de setembro de 1770 e o ensino da língua portuguesa

Entre as peças legislativas pombalinas, a Lei de 30 de setembro de 1770 é aquela que tratará da importância da língua portuguesa como uma língua de cultura, comparada às línguas das outras nações "polidas" da Europa. No texto da lei, um dos mais curtos dentre o conjunto das leis pombalinas — no seu preâmbulo encontram-se os seus dispositivos —, o legislador determina que, ao chegarem os alunos para as aulas de gramática latina deveriam esses ter, pelo menos, seis meses de estudo de gramática portuguesa, sendo a obra do Padre Oratoriano Antônio José dos Reis Lobato aquela com a qual os mestres deveriam trabalhar. O objetivo, como já apontado na Lei Geral dos Estudos Menores, era facilitar a aprendizagem da gramática latina e ao mesmo tempo introduzir o conhecimento dos princípios da língua materna:

> Sou servido ordenar que os Mestres da Língua Latina, quando receberem nas suas Classes os discípulos para lha ensinarem, os instruirão previamente por tempo de seis mezes, se tantos forem necessários para a instrucção dos Alumnos, na Grammatica Portugueza, composta por António José dos Reis Lobato, e por Mim approvada para o uso das ditas Classes, pelo methodo, clareza, e boa ordem, com que he feita. (Portugal, 1829, p. 497).

O estudo da gramática da língua portuguesa tinha, além da função a ela atribuída de facilitar a compreensão da gramática latina, aquela referente à formação do cidadão e servidor das coisas do estado e da religião. Não podemos perder de vista, dessa forma, a preocupação do gabinete de D. José I, representado pelo seu valido, Sebastião José de Carvalho e Mello, com a preparação da mocidade para exercer os cargos públicos da máquina administrativa do governo. Em todas as outras nações ditas "polidas", segundo lemos no texto da lei, havia a valorização de seus respectivos vernáculos, sendo que a "pureza" de cada um desses significava a grandeza de sua civilização. A "rudeza" ou "rusticidade", ao contrário, manifesta nos "barbarismos" cometidos pelos seus falantes, representariam a ignorância destas nações:

> [...] sendo a correcção das Línguas Nacionaes hum dos objetos mais attendiveis para a cultura dos Povos civilizados, por dependência della a clareza, a energia, e a magestade, com que devem estabelecer as Leis, persuadir a verdade da Religião, e fazer úteis e agradáveis os escritos: Sendo pelo contrario a barbaridade das línguas a que manifesta a ignorância das

> Nações; e não havendo meio, que mais possa contribuir para polir e aperfeiçoar qualquer idioma, e desterrar delle esta rudeza, do que a applicação da Mocidade ao estudo da Gramática da sua própria língua, porque sabendo-a por princípios, e não por mero instinto, e habito, se costuma a fallar e escrever com pureza, evitando aqulles erros, que tanto desfigurão a nobreza dos pensamentos, e vem a adquirir-se com maior facilidade, e sem perda de tempo a perfeita inteligência de outras diferentes línguas. (Portugal, 1829, p. 497).

Notamos claramente, no discurso do legislador, a intertextualidade entre esse e o que defendia Luiz Antonio Verney no tocante às regras gerais entre as línguas, sendo o aprendizado de outros idiomas facilitado quando da compreensão e domínio da gramática da língua materna. Segundo Verney:

> Se a um rapaz que começa [a aprender a gramática latina], explicassem e mostrassem na sua própria língua, que á Verbo, Cazo, Adverbio, etc., que á formas particulares de falar, de que compõem, a Sintaxe da sua língua: Se sem tantas regras, mas com mui símplices explicaçoens, fizessem com que os principiantes refletissem, que, sem advertirem, executem as regras que se achem nos livros : e isto sem gênero algum de preceitos, mas polo ouvirem, e exercitarem: Seguro que abririam os olhos por uma vez, e intenderiam as coizas bem: e se facilitariam a percessão (percepção) das línguas todas. (Verney, 1746, p. 9).

No tocante aos textos de apoio utilizados nas escolas de ler e escrever, esses eram totalmente incompatíveis com a idade e com as necessidades dos alunos. Sobre a questão, assim se posicionou o legislador:

> E por quanto Me constou que, nas escolas de ler, e escrever se praticava até agora a lição de processos litigiosos, e sentenças, que sómente servem de consumir o tempo, e de costumar a Mocidade ao orgulho, e enleios do Foro: Hei por bem abolir para sempre hum abuso tão prejudicial: E Mando, que em lugar dos ditos processos, e sentenças, se ensine aos meninos por impressos, ou manuscritos de fifferente natureza, especialmente pelo Catecismo pequeno do Bispo de Montpellier Carlos Joaquim Colbert, mandado traduzir pelo Arcebispo de Évora para instrucção de seus Diocesanos, para que por elle vão também aprendendo os Princípios da Religião, em que os Mestres os devem instituir com especial cuidado, e preferência a outro qualquer estudo. (Portugal, 1829, p. 497-498).

Vale notar o caráter "interdisciplinar" do ensino da língua portuguesa, ou seja, ao mesmo tempo que se preocupava com os textos de apoio que deveriam ser compatíveis com a realidade do alunado, não se abria mão de uma educação cristã e das regras de civilidade, por meio da qual os "Mestres os devem instituir com especial cuidado, e preferência a outro qualquer estudo".

No que se refere à obra sugerida pelo legislador, Oliveira (2010a, p. 85) nos informa que a mesma teve a sua primeira publicação em Portugal, em 1765, pela Oficina de Miguel Manescal da Costa, cujo título era *Instruções gerais em forma de catecismo*, chegando a ter 18 reedições até 1884 e tendo sido mandada traduzir pelo próprio Sebastião José de Carvalho e Mello, então Conde de Oeiras. Andrade (1978, p. 12-14), por sua vez, nos lembra que a prática do uso de catecismos como cartilha para o ensino da língua portuguesa já era antiga, apontando a obra de D. Diogo Ortiz, o *Cathecismo pequeno da doctrina e instruiçam que os christaãos ham de creer e obrar, para conseguir a benaventurança eterna*, e a *Gramática da língua portuguesa com os mandamentos da santa madre igreja*, de João de Barros como compêndios utilizados desde o século XVI, cujo propósito era educar os meninos na fé cristã e ensiná-los a língua portuguesa.

No tocante ao uso dessas obras no Brasil, ainda segundo o mesmo autor, essas teriam chegado ao nosso país, assim como na África e no Oriente, no processo civilizatório do período das conquistas. Porém, no século XVIII, foi mandado redigir o compêndio *Breve instrucção para ensignar a Doutrina Christã, ler e escrever aos Meninos e ao mesmo tempo os princípios da Língua Portugueza e sua orthografia*, utilizada para as aulas da capitania de Pernambuco no período 1759-1760.

Consideramos que o Alvará de 30 de setembro de 1770 é uma peça legislativa importante para a nossa pesquisa, uma vez que é a partir desta que se oficializa o ensino da língua portuguesa, ao se obrigar que os professores de gramática latina, durante seis meses, instruíssem os alunos na gramática da língua materna antes de iniciá-los na latina. No processo de institucionalização do ensino da língua portuguesa, iniciado com a Lei do Diretório de 1757, a determinação régia contida no Alvará que ora discutimos vem somar-se à Lei Geral dos Estudos Menores de 1759 — aqui também já discutida — e à Lei de 6 de novembro de 1772, a qual tratará, dentre outras coisas, de questões gramaticais, tais como da Sintaxe e da Ortografia, sendo esse último tema bastante discutido no século XVIII, principalmente por Luiz Antonio Verney, Rafael Bluteau e o lexicógrafo brasileiro, Antônio de Moraes Silva.

2.6 A reforma dos Estudos Menores de 1772

O período que se inicia na Lei Geral dos Estudos Menores de 28 de junho de 1759, até a roboração dos Estatutos da Universidade de Coimbra em 28 de agosto de 1772, serviu, conforme alguns autores, como um "laboratório" no processo de implantação das novas diretrizes educacionais da educação em Portugal e seus domínios. A Lei de 6 de novembro de 1772 representa uma segunda etapa desse processo, cujo intento era reparar os desvios de percurso ou inconsistências presentes no projeto pedagógico então posto em prática com as Aulas Régias iniciadas em 1759.

Segundo Cardoso (2002, p. 142), a promulgação da referida lei era a admissão por parte do gabinete de D. José I do fracasso das reformas iniciadas em 1759, com as já mencionadas Aulas Régias, e se "propunham então a promover correções no sentido de incrementar a oferta escolar".

As Reformas dos Estudos Menores de 1772, segundo nos diz Férrer (1998, p. 67), são o cumprimento das reclamações da Direção Geral dos Estudos desde a gestão anterior, a qual solicitava a El Rei a criação de novas escolas de ler, escrever e contar, além da inclusão de Filosofia no currículo escolar. Tais reclamações, ainda segundo o mesmo autor, foram endossadas na *Consulta* de 3 de agosto de 1772 da Real Mesa Censória, criada em 23 de dezembro de 1768. Em meados de 1771, havia a Mesa recebido queixas de dois mestres de escolas de ler e escrever a respeito do estado de decadência em que se encontravam as Primeiras Letras. Segundo esses mestres, não havia docentes em condições de exercer suas funções, fato esse que comprometia de forma irremediável a qualidade do ensino e consequentemente a qualificação dos alunos aos cursos superiores.

Além das queixas, os mestres ofereceram algumas sugestões para a melhoria do ensino. Apontaram a necessidade da realização de concursos públicos para o provimento das vagas de mestres das escolas de ler, escrever e contar; a igualdade dos privilégios oferecidos aos mestres das outras disciplinas, tomando como base o que estava legislado para os professores de Gramática Latina; a implantação de uma rede escolar coerente; o pagamento de um salário digno, por aluno e a obrigatoriedade do ensino da gramática portuguesa (Férrer, 1998, p. 70; Oliveira, 2010a, p. 90).

Após a já citada *Consulta* de 3 de agosto sobre a questão, na carta de Lei de 6 de novembro de 1772, alguns dos pedidos dos mestres são atendidos, outros não. Sobre uma rede de escolas que abrangesse toda ou quase toda a população, assim se posicionou o legislador:

> [...] Porque sendo impraticável, que se formasse em toda huma Nação um Plano, que fosse de igual comodidade a todos os Povos, e a todos, e a cada hum dos Particulares delles: Sendo certo que todos os sobredittos concorrem na unidade da causa do interesse Público, e geral; he conforme a toda a boa razão, que o interesse daquelles Particulares, que se acharem menos favorecidos, haja de ceder ao bem Commum, e Universal: Sendo igualmente certo, que nem todos os Indivíduos, destes Reinos, e seus Domínios, se hão de educar com o destinos dos Estudos Maiores, porque delles se devem deduzir os que são necessariamente empregados nos serviços rústicos, e nas Artes Fabris, que ministrão o sustento aos Povos, e constituem os braços e mãos do Corpo Político, bastarião ás Pessoas destes grêmios as instrucções dos Párocos. [...] (Portugal, 1829, p. 613).

Fica evidente, na justificativa para a não possibilidade de se pôr em prática um plano de expansão das escolas de ler, escrever e contar, o seu caráter altamente excludente. As escolas de Primeiras Letras, ainda que proporcionassem um ensino básico e propedêutico para o acesso aos Estudos Maiores, não eram destinadas a todos. Era necessário que a nação tivesse aqueles indivíduos que fizesse o "trabalho pesado", como chamamos atualmente. Os "menos favorecidos" deveriam estar cientes de sua condição e assim "ceder para o bem comum e universal", já que constituíam "os braços e as mãos do corpo político", não sendo preciso a esses mais do que as "instruções dos párocos". Esse discurso nos remete diretamente a Ribeiro Sanches que, quando perguntado sobre o chamado "ensino para todos", assim respondeu em suas *Cartas sobre a Educação da Mocidade*:

> Logo me perguntáraõ se toda a mocidade do Reyno deve ser educada por Mestres, se o Estado a de contar entre esta Mocidade o filho do Pastor, do Jornaleyro, do Carreteyro, do Criado, do Escravo e do Pescador? Se convem que nas Aldeas e lugares de vinte ou trinta fogos, haja escolas de ler e de escrever? Se convem ao Estado que os Curas, os Sachristaens, e alguns Devotos, cujo instituto he ensinar a Mocidade a ler e a escrever, tenhaõ escolas publicas ou particulares de graça ou por dinheyro, para ensinar a Mocidade, que pelo seu nascimento, e suas poucas posses, he obrigada a ganhar a vida pelo trabalho corporal? Com tanta miudeza me detenho nesta classe de Subditos, porque observo nos Autores taõ pouca ponderaçaõ do seu estado; e he por tanto donde depende o mais forte baluarte da Republica, e o seu mayor selleiro e armazém. (Sanches, 1922, p. 80).

Para mostrar que seus pensamentos acerca da inviabilidade de uma educação pública para todos não era exclusividade sua, traz o ilustre médico português o seguinte exemplo:

> Ha poucos annos que nos Estados del Rey de Sardenha se promulgou huma ley, que todos os filhos dos lavradores fossem obrigados a ficarem no officio de seos pays; dando por razaõ, que todos dezemparavaõ os campos, e que se refugiavaõ para as cidades adonde aprendiaõ outros officios: Ley que parece mal concebida, e que jamais terá execuçaõ. Se os filhos dos lavradores dezemparaõ a casa de seos pais, he porque tem esperança de ganharem a sua vida com a sua industria e intelligencia; e já lhe naõ saõ necessarias as simples maons para sustentarse; sabem ler e escrever; tiveraõ nas aldeas onde nasceraõ escolas pias de graça ou por mui vil preço, e do mesmo modo as molheres, que ensinaõ os seos filhos a escrever, quando naõ tem dinheiro para pagar Mestres; e esta he a origem porque os filhos dos Lavradores fogem da caza de seos pais: o remédio seria abolir todas as escolas em semelhantes lugares. (Sanches, 1922, p. 81).

Embora nos pareça uma medida incompatível com o que entendemos por "educação pública" — a decisão de se abolir por completo a abertura de escolas de ler, escrever e contar em regiões onde houvesse "riscos" aos serviços necessários ao "corpo político" —, o fato é que muito do que pensava Ribeiro Sanches foi absorvido e utilizado por Pombal, tanto para a elaboração das leis quanto para a confecção dos novos Estatutos da Universidade de Coimbra, no respeitante à Medicina. No preâmbulo da Lei de 6 de novembro de 1772, por exemplo, nos informa El Rei que havia convocado uma equipe de corógrafos peritos para fazer um "mapa" do número de habitantes de cada Cabeça de Comarca, vilarejos e demais regiões, a fim de se poder determinar o número de escolas e respectivos mestres (Portugal, 1829, p. 613).

Com relação à seleção de professores, outra reivindicação dos mestres lisboetas, El Rei ordena nos parágrafos I e II que para os "provimentos de mestres se mandem afixar Editais, nestes Reinos e seus Domínios, para a convocação de opositores aos magistérios" (§ I) e que os exames de seleção que fossem feitos em Lisboa, quando da ausência do Presidente, deveriam ser feitos na presença "de um Deputado, com dois examinadores nomeados pelo dito Presidente" (§ II). Nas capitanias do ultramar, de acordo com o mesmo texto de lei, seriam os procedimentos para os exames idênticos, sendo facultativo aos opositores irem a Lisboa prestar os ditos exames se assim o quisessem (Portugal, 1829, p. 614).

No tocante ao salário, Oliveira (2010a, p. 95) nos informa que

> O salário dos mestres régios variava entre 40 e 90.000 reis, dependendo da localização. Tal como ocorria com os professores, os mestres que se deslocavam para o Ultramar geralmente recebiam mais, em razão da carestia dos bens de consumo nessas localidades. Era uma remuneração muito baixa, quase miserável, situando o mestre régio no mesmo patamar de um pedreiro. No entanto, aquele obtinha certos 'privilégios de nobres', o que o fazia posicionar-se num estatuto sócio-econômico de muita ambiguidade, algo que vai acompanhar toda a trajetória da profissão docente.

Segundo o mesmo autor, apesar de as condições financeiras não serem ainda as ideais,

> O mestre régio vai dar dois importantes passos no processo de profissionalização: primeiro será habilitado, mediante uma licença para exercer o magistério; segundo, vai praticar a sua profissão como ocupação principal, em tempo integral. (Oliveira, 2010a, p. 95).

A lei também regulou os possíveis excessos dos professores, contra ou a favor de seus alunos, ordenando que, ao final de cada ano letivo, se enviasse ao rei a relação de todos os alunos e respectivos progressos, sendo que as certidões de aproveitamento seriam emitidas pela Mesa Censória e não pelos professores — § III. No tocante aos Estudos Maiores, os alunos que almejassem tal estágio deveriam estudar um ano de Filosofia Moral e Ética (§ IV), disciplinas de caráter propedêutico para os cursos reformados de Teologia e Leis segundo os novos Estatutos da Universidade de Coimbra.

O parágrafo V trata da última reivindicação dos mestres, ou seja, o ensino da língua portuguesa. Nesse ponto, o legislador é bastante sucinto ao orientar os professores de ler, escrever e contar que "ensinem não somente a boa forma dos caracteres, mas também as regras gerais da ortografia portuguesa e o que necessário for da Sintaxe dela", de forma que os alunos pudessem escrever de forma correta e ordenada. Deveriam também, os mesmos professores, ensinar-lhes as quatro operações básicas de aritmética simples, assim como o Catecismo e as regras de Civilidade.

Por fim, entre os parágrafos VI, VII e VIII, El Rei determina que haja a nomeação de ministros visitadores na capital do reino — Lisboa — e ultramar, para que esses fizessem as devidas inspeções, de quatro em quatro meses, sem determinar os dias das visitas, e dessem conta dos avanços ou defeitos presentes nas classes observadas. Os professores que quisessem dar aulas particulares, ou seja, aos alunos que não estivessem frequentando as escolas, só poderiam exercer tal atividade mediante a apresentação de licença régia, o que comprovaria a aprovação nos exames públicos para mestre. Caso algum professor fosse flagrado em atividade particular sem a posse da referida licença seria punido, primeiramente, com o pagamento de cem cruzados e prisão. Caso houvesse reincidência, seria degredado para Angola (Portugal, 1829, p. 615).

Em que pesem todas as vicissitudes que permearam o projeto pedagógico pombalino, esse teve o mérito de reorganizar a educação sobre as bases do pensamento iluminista então em plena efervescência na Europa, retirando desse aquilo que serviria para a sua realidade e necessidades imediatas. Tratava-se, como já salientamos, da busca pelo equilíbrio entre a fé e o império. A Lei de 6 de novembro de 1772 foi de grande importância por ter se dado por meio dela a consolidação da profissão docente, ao estipular as formas de seleção dos mestres e determinar que todas as aulas deveriam ser ministradas por professores licenciados, fossem eles leigos ou religiosos.

Percebe-se, assim, ao lermos as diversas leis produzidas durante a governação pombalina, a forte presença do estado no controle de cada detalhe do processo de renovação intelectual, cultural e social de Portugal e seus domínios. Tal reforma significou o banimento do verbalismo formal, para citarmos Carvalho (1978), e a inserção do pensamento racional, baseado nas ciências naturais, na pesquisa, no questionamento, enfim.

No que concerne ao ensino de línguas, só podemos conceber tal possibilidade a partir das Reformas Pombalinas da Instrução Pública que, ao enfatizarem os estudos Matemáticos e de Medicina, fomentaram a aprendizagem das línguas estrangeiras — inglês, francês e italiano, principalmente — ainda que em um caráter instrumental, já que muitas das obras modernas produzidas então sobre as ditas áreas estavam escritas nessas línguas (Oliveira, 2010a, p. 96-97). Os novos Estatutos da Universidade de Coimbra, no Livro Terceiro, que contém os cursos das "Sciencias Naturaes e Filosoficas", em seu Capítulo II, no qual trata *Dos Estudos preparatórios do Curso Medico*, assim dispõem sobre o aprendizado das línguas vivas:

> §IV Também he para desejar, que os Estudantes Médicos se instruam nas Línguas Vivas da Europa; principalmente na

> Ingleza, e Franceza, nas quaes estão escritas, e se escrevem a cada dia muitas Obras importantes de Medicina. Porem, não Obrigo a que os estudos destas Línguas preceda necessariamente á matricula do Primeiro anno, nem que dellas se faça exame. Sómente encarrego aos Lentes, que as recomendem muito aos seus Ouvintes, dos quaes Espero, que, sem prejuízo das Lições, a que são obrigados, se instruam nellas por todo o tempo do *Curso Medico*, para se fazerem mais dignos da estimação publica, e exercitarem melhor a sua Profissão. (Portugal, 1772, L.III, p. 13).

Embora El Rei não tivesse tornado a aprendizagem de línguas estrangeiras um pré-requisito para a admissão no curso de Medicina, está tacitamente determinado que o seu conhecimento era uma qualificação mais do que desejável, uma vez que tornaria [os futuros médicos] "dignos da estimação pública" e os fariam "exercitarem melhor a sua Profissão". Se tal não fosse verdadeiro, não encarregaria El Rei aos Lentes "que as recomendassem muito aos seus Ouvintes". As línguas clássicas também não foram esquecidas — latim, grego e hebraico —, sendo importante o seu estudo para as áreas que cobriam a Teologia, as Leis, os Cânones e depois, com os novos Estatutos da Universidade de Coimbra, a Filosofia que deixou de ser um método para se tornar uma área de estudo. O latim e o grego também se tornaram disciplinas obrigatórias no curso de Medicina, como podemos comprovar por meio do §II dos já mencionados *Estudos preparatórios do Curso de Medicina*:

> Em primeiro lugar deverão ter adquirido o conhecimento necessário da língua Latina, de sorte que a entendam, e escrevam correcta e desembaraçadamente. E como a Língua Grega não é menos necessária ao Medico, não somente para se instruir nas Obras Originaes dos Authores Gregos, mas também para entender quaesquer Escritos de Medicina, cujos termos facultativos são quase todos Gregos, e esses em tão grande copia, que mais fácil será ao Medico estudar a dita Língua, pelos seus princípios, do que desordenada e materialmente o grande Vocabulário dos termos technicos de sua Profissão. (Portugal, 1772, L.III, p. 12).

As implicações das reformas dos Estudos Menores e maiores se fizeram sentir no Brasil com a Lei Geral de 15 de outubro de 1827, a qual mandava criar Escolas de Primeiras Letras em todas as cidades, vilas e lugares mais populosos do Império. Essa lei foi a única em âmbito nacional a tratar das Primeiras Letras no Brasil. À exemplo das Reformas Pombalinas da Instrução Pública, esse documento regulamentou as disciplinas a serem ministradas, assim como a profissão docente, no que se refere à sua remuneração, admissão e plano de carreira. No que tange ao ensino de línguas vivas, essa foi responsável pela institucionalização da língua portuguesa com o status de "Língua Nacional" (Oliveira, 2010a, p. 97).

2.7 A Lei Geral relativa ao Ensino Elementar no Brasil

Na análise desta última peça do recorte em estudo, notar-se-á como após 50 anos da exoneração do cargo de primeiro-ministro do reino português, a continuidade do ideário pombalino se fazia presente na realidade educacional brasileira no primeiro quartel do século XIX. Assim como a Lei de 6 de novembro de 1772, que marcou a segunda fase das reformas pombalinas, e foi fruto de conferências na Mesa Censória acerca das solicitações da Direção Geral dos Estudos e dos reclamos dos mestres de Primeiras Letras sobre a sistematização do ensino — exames para seleção de professores, salários, o ensino da língua portuguesa como disciplina etc. —, a Lei de 15 de outubro de 1827 foi resultado de discussões na Assembleia Legislativa, em 1826, sobre o projeto do deputado e cônego Januário da Cunha Barbosa, professor público de Filosofia Racional e Moral, integrante da comissão técnica encarregada da elaboração da reforma educacional (Cardoso, 2002, p. 195).

A Lei de 15 de outubro de 1827 tratou de diversas questões, tais como a expansão das escolas de Primeiras Letras, a remuneração dos mestres e mestras, as condições de aperfeiçoamento docente, o método a ser adotado, o currículo, a educação das meninas e a institucionalização do ensino da língua nacional: a língua portuguesa.

Já em seu artigo 1º, trata o legislador da expansão das escolas no então Império do Brasil, ao mandar que se criassem "Em todas as cidades, villas e logares mais populosos [...] as escolas de Primeiras Letras que fossem necessárias" e estabelecendo no artigo seguinte que os presidentes das províncias deveriam marcar o número e localidade das escolas, "podendo extinguir as que existirem em logares pouco populosos e remover os Professores dellas para as que se crearem, onde mais aproveitem dando conta à Assembléia Geral para final resolução (Brasil, 1878, p. 71).

Tal medida evidencia o caráter descentralizador do legislador, na medida em que outorga aos presidentes das províncias poderes plenipotenciários para resolver questões tais como os ordenados dos mestres e mestras, os quais giravam em torno de 200$000 e 500$000, dependendo da localidade e respectivo custo de vida — artigo 3º. Ainda no que se refere à remuneração, o legislador facultava aos presidentes das províncias a concessão aos professores de uma gratificação que não excedesse a um terço de seus ordenados, após esses terem cumprido com suas obrigações por 12 anos ininterruptos. Seriam levados em conta os bons serviços prestados com "prudência, desvelo e grande numero e aproveitamento de discípulos" — artigo 10.

O processo seletivo dos professores era praticamente idêntico ao conduzido no período pombalino, ou seja, consistia em um exame público na presença do presidente da província, após o qual, em caso de aprovação, teria a sua "legal nomeação" solicitada ao governo — artigo 7º. Para os exames públicos, porém, só seriam aceitos "cidadãos brazileiros que estivessem no gozo de seus direitos civis e políticos, sem nota na sua regularidade de conducta" — artigo 8º (Brasil, 1878, p. 72), assim, somente os cidadãos com idoneidade comprovada estariam aptos a prestarem os exames de admissão aos cargos de Mestres e Mestras de Primeiras Letras. Para as novas cadeiras que fossem criadas, os professores que já se encontravam em atividade só poderiam pleitear tais vagas após aprovação nos mesmos exames públicos aos quais os novos professores se submetessem, buscando-se evitar, em nosso entender, a formação de oligarquias dentro do sistema educacional em formação.

No que concerne às disciplinas a serem ministradas, essas diferiam entre os meninos e as meninas. Os meninos deveriam ser ensinados a ler, escrever, desenvolver as quatro operações de aritmética, a prática de quebrados, decimais e proporções; teriam também noções gerais de geometria, aprenderiam a gramática da língua nacional e os princípios da moral cristã e a doutrina da Igreja Católica. Os textos para leitura seriam, preferencialmente, os da Constituição do Império e História do Brasil — artigo 6º. Para as meninas, no entanto, excluir-se-ia a parte referente à geometria e, no lugar dessa, as mestras deveriam lhes ensinar "as prendas que servem a economia doméstica" — artigo 12. Os alunos seriam separados por sexo, determinando o legislador que houvesse escolas para meninas nas cidades e vilas mais populosas, cabendo aos presidentes a escolha dos locais para a sua instalação — artigo 11.

O método adotado era o "mútuo" ou de Lancaster, sendo que os professores que não tivessem conhecimento desse método de ensino deveriam aprendê-lo em um curto prazo, nas escolas das capitais, pagando, de seus próprios vencimentos, por tal aperfeiçoamento — artigo 5. Sobre os compêndios a serem utilizados para o ensino da língua portuguesa, o texto da referida lei nada menciona. Porém, acreditamos que a *Arte da Grammatica da Língua Portugueza*, de Antônio José dos Reis Lobato, possa ter sido usada, uma vez que temos ciência — e a posse — da sua "nova edição" de 1824, impressa na "Typographia Rollandiana", trazendo em seu prefácio o Alvará de 30 de setembro de 1770, quando essa foi oficialmente indicada pela primeira vez. Com relação ao uso de dicionários de língua portuguesa, havia já a terceira edição (1823) do *Diccionario da Língua Portugueza*, de Antonio de Moraes Silva, lexicógrafo brasileiro e autor do primeiro dicionário monolíngue da língua portuguesa, cuja primeira edição é de 1789.

Nessa breve exposição das características da Lei de 15 de outubro de 1827, pudemos observar várias semelhanças entre os discursos e as práticas presentes na legislação pombalina e na lei brasileira, principalmente se nos detivermos à Lei de 28 de junho de 1759, a já discutida Lei Geral dos Estudos Menores e as suas Instruções aos professores. Notamos a forte presença do estado no controle do futuro da educação e, ao mesmo tempo, o cuidado em se preservar a unidade civil por meio da religião cristã. A preocupação em formar cidadãos identificados com a sua nação é outra característica percebida ao se sugerir, no texto da dita lei, as leituras da "Constituição do Império e da História do Brazil".

Em um estado que se queria nação, com limites geográficos ainda movediços e uma multidão de culturas e raças em constante miscigenação, o ensino e aprendizagem de uma língua nacional era um elemento indispensável para a formação da identidade nacional brasileira. Várias serão as obras voltadas a esse objetivo, tais como as gramáticas e os dicionários.

CAPÍTULO III

GRAMATIZAÇÃO E ESCOLARIZAÇÃO: A LEXICOGRAFIA A SERVIÇO DA EDUCAÇÃO

3.1 Os dicionários no contexto da escolarização

A invenção da forma escolar ou escolarização, por volta do século XVI, a qual serviu tanto aos interesses das duas Reformas — a Protestante e a Contrarreforma Católica — quanto aos da burguesia em ascensão, trouxe mudanças que se refletiriam profundamente nas sociedades europeias no que concerne às relações sociais previamente existentes. Ao se retirar das mãos das comunidades e das famílias a transmissão de um *savoir faire*, passando-a a um "mestre" que se dedicará a um aluno, autonomiza-se uma nova relação social até então inédita. Anterior ao processo de uma escolarização formal, "aprender" e "aprender por ver fazer" ou "aprender por ouvir dizer" eram situações inseparáveis, ou seja, o aprendizado se dava por meio das práticas diárias dentro do seio familiar ou de uma determinada comunidade. A essa retirada do poder familiar e/ou comunitário, uma grande resistência será oferecida por aqueles grupos, tradicionalmente responsáveis pela transmissão dos saberes elementares, uma vez que, como desdobramento natural desse processo, será criado um espaço específico para as práticas escolares, deslocando essas novas relações sociais para longe de seu lugar comum.

A forma escolar foi também responsável pela estipulação de um "tempo": o tempo escolar, que regeria não só as práticas e procedimentos pedagógicos, mas também o tempo referente à seriação escolar, a separação dos alunos por idade, bem como a implantação de um sistema de avaliação decorrente dessa nova concepção de "tempo" (Vincent; Lahire; Thin, 2001, p. 12-13; Oliveira, 2010b, p. 28-29).

Julia (2001, p. 10), ao conceituar cultura escolar como "um conjunto de normas que definem conhecimentos a ensinar e condutas a inculcar, bem como um conjunto de práticas que permitem a transmissão de comportamentos", também situa no século XVI o surgimento de espaços escolares à parte, edifícios munidos de um mobiliário adequado à transmissão dos saberes, assim como de uma produção de materiais específicos para tais fins. Hébrard (1990, p. 78-79) nos informa acerca de uma tendência adotada pelos colégios, ao longo de todo o século XVI, da adoção de um sistema de divisão de classes por níveis e da seleção de materiais compatíveis com cada classe, garantindo, assim, a boa aprendizagem dos alunos.

Em que pesem as disputas religiosas entre protestantes e católicos, que geraram uma verdadeira competição entre si, não só no campo espiritual, mas também no âmbito material, tais disputas fomentaram um processo de "reinvenção" de suas práticas — no caso católico, representado pelos desdobramentos do Concílio de Trento —, servindo-nos como um bom exemplo de "pedagogia religiosa" a utilização dos catecismos, agora não mais como um fim em si, mas como um meio no processo de transmissão desses saberes elementares (Oliveira; Correa, 2006, p. 39).

Um caso ilustrativo do que foi exposto é o do reino da Suécia. No século XVII já havia a recomendação aos mestres (não profissionais) nos prefácios dos abecedários para que atentassem para fatos linguísticos, tais como a aprendizagem dos nomes das letras, a soletração, a silabação, a leitura acompanhada, a memorização de textos e o treinamento na paráfrase, com o intuito de fazer com que os aprendizes fossem capazes de responder com suas próprias palavras às questões feitas nos textos desses abecedários, os quais tinham nos salmos o seu suporte catequético e educacional (Hébrard, 1990, p. 87). Essas aulas, como não poderia deixar de ser, eram conduzidas em vernáculo, seguindo assim a tradição luterana.

Caso semelhante ocorrerá nesse mesmo século — XVII — na França, com a fundação dos Irmãos das Escolas Cristãs, por Jean Baptiste de La Salle (1651-1719). Ao romper com as tradições das congregações religiosas — católicas —, de La Salle decide inovar no campo da transmissão desses saberes elementares. Ao contrário dos jesuítas, que sempre se mostraram reticentes ou pouco interessados no ensino do ler-escrever-contar aos filhos dos menos abastados, os Irmãos, que não eram padres, mas sim leigos, ao fazerem voto de pobreza — La Salle abandona seu cargo de cônego em sua cidade natal, Rheims, deixa sua residência e se junta aos mestres de sua Irmandade — irão atender às crianças pobres, ensinando-lhes os rudimentos do ler, do escrever e do contar na língua vernácula, ou seja, em francês, contrariando, dessa forma, a Igreja Católica, que já havia determinado no Concílio de Trento que, tanto os trabalhos eclesiásticos quanto aqueles relacionados à educação deveriam ser conduzidos na língua de cultura, ou seja, o latim (Julia, 2001, p. 28; Hébrard, 1990, p. 79; 2000, p. 42-45).

Com a evolução das sociedades urbanas, o crescente comércio entre os povos, principalmente entre as cidades-estado da Itália — Veneza, Florença e Gênova — desde a baixa Idade Média; as descobertas científicas e de terras e povos até então desconhecidos; a especialização de certas profissões e consequente formação de corporações de ofícios; a valorização da língua vernácula por meio de sua gramatização e o concomitante surgimento dos estados nacionais no século XVI, novos saberes foram incorporados aos saberes elementares das escolas e tornadas disciplinas devidamente instrumentalizadas (metodologicamente, com a criação de materiais didáticos apropriados; a formação de mestres especializados; a seriação; e o tempo de estudo e avaliações). As sementes lançadas pelos humanistas do século XVI encontrarão terreno fértil no século XVIII, o século das Luzes, período no qual o estado tomará para si a responsabilidade da instrução pública, até então entregue às mãos dos clérigos de diversas ordenações.

Na vaga desse desenvolvimento social e da consequente evolução escolar haverá a produção de dicionários para fins escolares e/ou especializados, tais como o Livro de Falcoaria, um corpus lexical especializado, produzido no século XIV, específico para essa arte; dicionários de plantas e arbustos, de moedas, de topônimos, do comércio etc., além, obviamente, dos dicionários bilíngues (latim-português; português-latim; vernáculo-português; português-vernáculo) e, posteriormente, os monolíngues da língua portuguesa, objetos de nossos estudos no contexto da legislação pombalina (1757-1827). Esses importantes instrumentos metalinguísticos e pedagógicos servirão não só para o ensino de língua — materna ou estrangeira —, mas também para a conservação da memória e do patrimônio linguístico e cultural da língua portuguesa.

3.2 A Evolução dos Primeiros Dicionários e a Reflexão Sobre a Linguagem Humana

Falar do nascimento dos primeiros dicionários nos faz recuar, forçosamente, alguns mil anos no tempo. Os dicionários, assim como as gramáticas, são a materialização de reflexões sobre e de interesses inicialmente religiosos no funcionamento da linguagem humana, remontando ao século IV a.C., com os estudos linguísticos dos sacerdotes hindus, os quais visavam à perenidade de seus textos sagrados reunidos no *Veda*. Panini estará dentre os gramáticos hindus que se dedicarão ao estudo minucioso de sua língua, cujos modelos de análise só seriam descobertos no final do século XVIII.

Na Grécia, a preocupação foi, a princípio, com a definição das relações entre o conceito e a palavra e o que essa designava. Era uma tentativa de se responder à seguinte questão: haverá uma relação necessária entre a palavra e o seu significado?

Essas reflexões transcorreriam ao longo do tempo, passando pelos gramáticos modistas na Idade Média, que consideravam as estruturas e regras gramaticais universais e independentes da língua em que tais regras se realizassem, chegando ao século XVI, o período da Reforma protestante, da Contrarreforma católica e do Humanismo. Por conta desses acontecimentos e das contribuições dos viajantes, comerciantes e diplomatas, com as suas experiências no exterior — ao travarem contato com culturas e línguas até então desconhecidas — o interesse nos estudos da linguagem e de seu funcionamento será cada vez maior (Fiorin, 2002, p. 12). Como exemplo desse interesse, dessas reflexões sobre as línguas e seus funcionamentos, tem-se o surgimento do primeiro dicionário poliglota do italiano Ambrósio Calepino (1438-1511), de 1502, cuja importância para a lexicografia será tratada mais adiante.

Os séculos XVII e XVIII serão de crescente interesse nos estudos linguísticos, nas reflexões sobre as diferentes formas de linguagem, no uso da palavra oral, na palavra simbólica — gestual — e na escrita. Essas reflexões sobre a linguagem humana não se restringirão apenas aos gramáticos medievais ou aos primeiros lexicógrafos renascentistas, pois tal tema passou a ser também de interesse de filósofos dos séculos XVI, XVII e XVIII.

Em sua obra *Ensaio sobre a origem das línguas* (1759?) Rousseau (1712-1778) abre as suas considerações sobre a linguagem afirmando que "a palavra distingue os homens dos animais", ou seja, a palavra é um produto da capacidade inata do homem de comunicar seus sentimentos e pensamentos. Segundo o filósofo suíço, ao ser reconhecido por outro como um ser semelhante, sensível e pensante, o homem, movido pelo desejo ou pela necessidade, buscou meios para se comunicar. Tais meios seriam dois: o movimento e a voz. Os dois meios descritos por Rousseau fazem parte da linguagem natural humana. O movimento — ou gesto — teria, a princípio, um papel tão importante quanto da voz — ou palavra (falada) —, uma vez que as mensagens visuais

> Impressionam antes nossos olhos do que nossos ouvidos, e as figuras apresentam maior variedade do que os sons, mostrando-se também mais expressivas e dizendo mais em menos tempo. O amor, dizem, foi o inventor do desenho; pôde

> também inventar a palavra, porém com menor felicidade. Pouco satisfeito com ela, despreza-a; possui maneiras mais vivas para se exprimir. Quanto dizia a seu amante aquela que com tanto prazer traçava a sua sombra! Que sons poderiam empregar para traduzir esse movimento do braço? (Rousseau, 1983, p. 260).

Já a palavra falada é o meio que diferencia o homem dos animais por ser essa parte de um sistema de convenções inerentes à espécie humana. Embora as imagens sejam capazes de transmitir mensagens quase completas, é por meio da palavra que o homem expressa clara e contundentemente os seus sentimentos e pensamentos; é a palavra que age sobre o outro, que "agita as paixões e aproxima os homens" (Rousseau, 1983, p. 260). Ao contrário do que se poderia crer, na concepção do mesmo autor, as necessidades afastam o homem do homem, já que os "frutos não fogem de nossas mãos, sendo possível nutrir-se sem falar". Ou seja, o homem é capaz de suprir suas necessidades básicas sem a dependência de outrem, uma vez que, assim como os animais irracionais, ele pode, por instinto, proteger-se do perigo, das intempéries ou da fome. No entanto, para se dirimir conflitos, para se buscar o entendimento e o convencimento — uso da retórica e da dialética — é pelo uso da palavra que se atingirá tal fim. A origem da linguagem, segundo o autor, encontra-se nas necessidades morais e nas paixões: a cólera, a dor, o amor, a alegria. "Todas as paixões aproximam os homens, que têm a necessidade de procurar viver à força a separarem-se" (Rousseau, 1983, p. 266). A palavra como parte de um sistema de convenções proporciona ao homem o seu contínuo progresso.

Nossa interpretação das ideias do autor é que somente pela comunicação, do uso da palavra, seja ela materializada em sua sonoridade, ou simbólica por meio das imagens ou dos gestos, será possível uma harmonia e entendimento entre os homens e seu consequente progresso e felicidade:

> A língua dos castores e a das formigas se compõem de gestos, falando somente aos olhos. De qualquer modo, justamente por serem naturais, tanto uma quanto outra dessas línguas não são adquiridas: os animais, que as falam, já as possuem ao nascer; todos as têm e em todos os lugares são as mesmas, absolutamente não as mudam e nelas não conhecem nenhum progresso. A língua de convenção só pertence ao homem e esta é a razão por que o homem progride, seja para o bem ou para o mal, e por que os animais não o conseguem. Essa distinção por si só, pode levar-nos longe. (Rousseau, 1983, 262; 264).

Cerca de um século antes, porém, Hobbes (1588-1679) já falava da importância da linguagem, a qual consistiria em nomes ou apelações, "pelas quais os homens registram seus pensamentos, os recordam depois de passarem e também os usam entre si para utilidades e conversas recíprocas" (Hobbes, 2009, p. 32-33). Assim como viria afirmar Rousseau, Hobbes apresenta o homem como um ser que se diferencia do animal porque o uso da linguagem lhe proporciona o progresso sem o qual não haveria entre os membros de uma sociedade nem estado, nem a própria sociedade, nem contrato, nem paz, tal como não existem entre os animais. Os usos especiais da linguagem, atributos da espécie humana, segundo Hobbes (2009, p. 33), seriam,

> Em primeiro lugar, registrar aquilo que por cogitação descobrimos ser a causa de qualquer coisa, presente ou passada, e aquilo que achamos que as coisas presentes ou passadas podem produzir, ou causar, o que em suma é adquirir artes. Em segundo lugar, para mostrar aos outros aquele conhecimento que atingimos, ou seja, aconselhar e ensinar uns aos outros. Em terceiro lugar, para darmos a conhecer aos outros nossas vontades e objetivos, a fim de podermos obter sua ajuda. Em quarto lugar, para agradar e para nos deliciarmos, e aos outros, jogando com as palavras, por prazer e ornamento, de maneira inocente.

Essa faculdade inata do homem é também salientada por Locke (1632-1704), ao concebê-lo como um ser criado por Deus para viver em sociedade, sendo a linguagem um dos grandes instrumentos que os uniria. Embora alguns animais, tais como os papagaios e outros pássaros, ao serem ensinados, pudessem reproduzir e articular palavras muito semelhantes àquelas produzidas pelo homem, ainda assim não se trataria de uma linguagem. A diferença que reside entre o homem e os animais é a capacidade humana de transmitir concepções internas de sua mente, ou seja, as ideias, concretas ou abstratas

> Além de sons articulados, no entanto, foi ainda necessário que ele — o homem — fosse capaz de usar tais sons como sinais de concepções internas e assim torná-los marcas das ideias dentro de sua mente de sorte que estas se tornariam conhecidas e os pensamentos dos homens pudessem ser transmitidos entre si. (Locke, 1999, p. 387).

Para Locke (1999), o bem-estar e o avanço da sociedade só se dariam pela comunicação dos pensamentos e, para tal fim, o homem teve de desenvolver sinais — ou signos — externos e sensíveis, por meio dos quais aquelas ideias invisíveis em que consistem os seus pensamentos pudessem ser transmitidas aos outros. Sendo assim, as palavras representam "as marcas sensíveis das ideias e as ideias que elas representam têm os seus próprios significados" (Locke, 1999, p. 390).

Em um mundo em constante evolução, por meio das descobertas científicas e dos avanços tecnológicos que visavam ao progresso e ao bem-estar do homem, o domínio da palavra, fosse materna ou estrangeira, se fazia imprescindível não só para as amenidades e os prazeres do convívio familiar e comunitário, mas também — e principalmente — para a transmissão e recepção de novas ideias e de novos conhecimentos, como atestam Hobbes, Locke e Rousseau.

3.3 O advento da gramatização e o surgimento dos dicionários nacionais

Dentre as grandes revoluções tecnológicas ao longo da história da humanidade, saliente-se o fato da gramatização das línguas vernáculas, que teve origem na Europa a partir do período das grandes descobertas de outras partes do planeta até então desconhecidas do homem ocidental (América, África, Ásia) e suas respectivas línguas.

Tal revolução só pôde ser levada a termo como corolário do surgimento da escrita, considerada como o grande divisor de águas entre as civilizações de cultura oral e aquelas de cultura escrita. É a partir da produção de textos escritos — cuja transposição da oralidade ao texto Auroux (1998, p. 77) chama de suporte transposto — que se dará a passagem do conhecimento epilinguístico para o conhecimento metalinguístico, ou seja, quando se dá a reflexão sobre os fatos da língua e se utilizam termos linguísticos para entender e explicar termos linguísticos.

Na passagem do conhecimento epilinguístico ao metalinguístico dar-se-á o nascimento das ciências da linguagem. Segundo o autor francês, é às ciências da linguagem que devemos a primeira revolução científica do mundo:

> O novo modelo de cientificidade (o da física-matemática) tornar-se-á dominante de tal modo que se pensará em incluir aí as ciências humanas, que são, no entanto, largamente anteriores em sua constituição teórica e realizações tecnológicas. Mas, sem a segunda revolução técnico-linguística [gramatização], as ciências modernas da natureza não teriam sido possíveis, nem em sua origem, nem suas consequências sociais. (Auroux, 1992, p. 36).

Contemporâneos a essa revolução tecnológica serão o nascimento e o desenvolvimento da gramática especulativa medieval e da gramática clássica, evidenciando, dessa forma, a preocupação em dominar a língua e descrever o seu sistema e funcionamento — saber metalinguístico. Seguindo a mesma linha de raciocínio, Havelock (1988) afirma que a introdução do alfabeto fenício, adaptado pelos gregos, não servira apenas para uma adaptação do signo ao som, mas constituiu

> Um ato de abstração, na medida em que os gregos utilizaram o novo instrumento para simbolizar sons existentes analiticamente como objetos mentais, mas que não existiam empiricamente como os sons falados. O alfabeto grego trouxe, pelo menos, quatro efeitos: tornou fluente o reconhecimento das palavras; tirou a pressão sobre a memória, característica das culturas orais; substituiu o auditivo pelo visual; e tornou a linguagem um artefato, uma coisa, um objeto de estudo — a gramática pôde ser inventada a partir de então. (*apud* Galvão; Batista, 2006, p. 417-418).

Segundo Buescu (*apud* Fávero, 1996, p. 20), é no período da Idade Média monástica que a "Gramática torna-se arte por excelência, aquela cuja importância sobreleva as demais, a tal ponto que alguns letrados consideram excessivo o relevo que lhes era dado pelos mestres". Paralelamente a esse processo, haverá o surgimento, no século XVI, dos dicionários monolíngues (mas também bilíngues, principalmente latim-vernáculo; vernáculo-latim). A grande produção de gramáticas e dicionários coincide com o momento histórico pelo qual passavam as grandes nações europeias, em pleno processo de afirmação enquanto estados nacionais. Sobre esse aspecto histórico, Auroux (1992, p. 49) afirma que

> A constituição das nações europeias corresponde a uma profunda transformação das relações sociais (nascimento do capital mercantil, urbanização, mobilidade social, extensão das relações comerciais etc.), aí compreendidas em seus aspectos religiosos (Reforma (1517) e Contra-Reforma). A expansão das nações acarreta indiscutivelmente uma situação de luta entre elas, o que se traduz, ao final, por uma concorrência, reforçada porque institucionalizada, entre as línguas. A velha correspondência *uma língua, uma nação*, tomando valor não mais pelo passado mas pelo futuro, adquire um novo sentido: as nações transformadas, quando puderam, em Estados, estes vão fazer da aprendizagem e do uso de uma língua oficial uma obrigação para os cidadãos. (Grifos do original).

Esse processo, do ponto de vista linguístico, é o que o autor vai chamar de gramatização das línguas vernáculas, ou seja, em suas palavras, o processo que conduz a descrever e instrumentar uma língua na base de duas tecnologias, que são ainda hoje os pilares de nosso saber metalinguístico: a gramática e o dicionário. Ao discorrer sobre a importância dessas duas tecnologias, o autor acrescenta que

> A gramática não é uma simples descrição da linguagem natural, é preciso concebê-la também como um instrumento linguístico: do mesmo modo que um martelo prolonga o gesto da mão, transformando-o, uma gramática transforma a fala natural e dá acesso a um corpo de regras e de forma que não figuram junto na competência de um mesmo locutor. Isto é ainda mais verdadeiro acerca dos dicionários: qualquer que seja a minha competência linguística, não domino certamente a grande quantidade de palavras que figuram nos grandes dicionários monolíngues que serão produzidos a partir do final do Renascimento (o contrário tornaria estes dicionários inúteis a qualquer outro fim que não fosse o aprendizado de línguas estrangeiras). (Auroux, 1992, p. 44).

As expansões territoriais, as viagens e descobertas ultramarinas farão com que o homem europeu tenha a necessidade de produzir obras metalinguísticas — gramáticas e dicionários — que tratem dos seus próprios vernáculos de uma forma prática e objetiva. É justamente a partir desse período que um grande número de gramáticas e de dicionários monolíngues será produzido: trata-se agora da imposição das línguas vernáculas do conquistador sobre o conquistado, processo esse chamado por Auroux (1992) de exogramatização. Até então, todas as obras produzidas, tomando como base o fundo greco-latino para a produção de gramáticas e dicionários bilíngues (latim-vernáculo) serviram ao processo inverso, ou seja, o de endogramatização.

As gramáticas e os dicionários serão de fundamental importância, como veremos adiante, não só para as suas funções primeiras — linguísticas, pedagógicas e educativas —, mas também para as questões referentes à identidade nacional e da (re)invenção de uma tradição, tão desejadas já pelos gramáticos portugueses do século XVI, tais como João de Barros (1496-1570) e Pero de Magalhães Gândavo (?-1574). O século XVIII, no entanto, será um momento de grande efervescência cultural, social, política e econômica, período no qual Portugal passará por profundas transformações durante o reinado de D. José I (1714-1777), por intermédio de seu primeiro-ministro, Sebastião José de Carvalho e Mello, o futuro Marquês de Pombal (1699-1782). A Legislação desse período nos é bastante esclarecedora do momento pelo qual passava a nação lusitana e a consequente reforma educacional, a qual fomentou, dentre outras coisas, a produção de um grande número de compêndios educacionais que buscavam atender às necessidades mais imediatas do país e de seus domínios. Os dicionários monolíngues e bilíngues produzidos a partir desse período encontram-se nesse grupo de materiais escolares, importantes veículos do saber linguístico, mas também do patrimônio cultural e social, guardados em suas páginas e nos protocolos de leitura neles encontrados.

3.4 Dicionários: da Antiguidade à Modernidade em Portugal

A origem dos primeiros "dicionários" remete-nos a tempos bem mais longínquos do que o século XVI. Conforme nos diz Farias (2007, p. 89), embora tenha em seu nome a origem latina — *dictionarius* —, a tradição de colecionar e organizar palavras em forma de listas remonta à Idade Média, ao tempo dos acádios, habitantes da região central da Mesopotâmia no século VII a.C. Segundo a mesma autora, havia listas bilíngues nas quais cada termo sumério era apresentado com uma tradução em acadiano e essas teriam tido um papel cada vez mais importante para a compreensão de textos clássicos.

Essas listas apresentavam organização a partir de campos semânticos ligados principalmente às atividades mercantis da época. Percebe-se, assim, por meio dos estudos da paleolexicografia, que desde antes da Antiguidade há a produção de listas bilíngues, presentes nos babilônicos, sumérios e eblaítas. Auroux (1992, p. 22-23) nos informa acerca da existência de listas de palavras (ou de caracteres para os chineses), desde o terceiro século antes de nossa era, cuja utilidade talvez fosse a de memorização (mnemotécnica). Ainda segundo o mesmo autor, teriam existido, entre os babilônios, listas de palavras três milênios antes de Cristo; entre os gregos, Pitágoras de Abdère teria compilado, no quinto século antes de nossa era, um léxico de palavras difíceis que encontramos em Homero.

As listas de palavras, precursoras dos glossários, os quais darão origem aos dicionários, também tiveram, nas palavras do autor francês, um papel pedagógico importante para os povos da Antiguidade. Os meninos sumérios e acadianos faziam cópias das listas bilíngues, num processo de domínio da escrita. Segundo nos informa Auroux (1998, p. 79), as crianças "antes de copiar os versos de Homero copiavam listas".

Surge no século III d.C. o *Appendix probi*, uma compilação de 227 formas consideradas inapropriadas no latim, corrigidas para a forma culta. De acordo com Farias (2007, p. 90),

> As formas inapropriadas ali listadas eram de uso corrente por parte dos falantes e incluíam o diminutivo, a mudança no timbre das vogais, a diminuição no número de sílabas das palavras, a supressão de consoantes, e, principalmente, a elipse do "m" no final de algumas palavras. Seguindo a tradição da época, o *Appendix* apenas listava as palavras.

Para efeito de ilustração, a autora disponibiliza vários casos dos quais listamos apenas dez abaixo:

> 1) 'speculum non speclum'; 2) 'masculus non masclus'; 3) 'vitulus non viclus'; 4) 'barculus non varclus'; 5) 'Hercules non Herculens'; 6) 'aquadutus non aquiductus'; 7) 'cithara non citera'; 8) 'musium non mus(e)um'; 9) 'crista non crystal' e 10) 'formica non furmica'. (Farias, 2007, p. 90).

É possível perceber um fato interessante sobre esta obra: trata-se, desde longa data, da preocupação com a manutenção da pureza da língua latina contra o processo de "corrupção", o qual proporcionaria o nascimento das línguas neolatinas. Essa defesa da língua se repetirá, séculos depois, em Portugal — e em outras nações europeias —, com as obras renascentistas em "defesa e louvor" de suas línguas nacionais, como ocorrera com as gramáticas de Fernão de Oliveira (1536), que afirmara que era "melhor que ensinemos a Guine Ca que sejamos ensinados de Roma" e a de João de Barros (1540, p. 293), que dizia:

> Certo he que não há glória que se possa comparar a quando os meninos etíopes, persianos, índos, d'aquém e d'além Gange, em suas próprias terras [...] por esta nossa arte aprenderem a nossa linguagem, com que possam ser doutrinados em os preceitos da nossa fé que nela vão escritos.

De Língua Latina, do gramático romano Varrão (116-27 a.C.), também do mesmo período, apresentava, além das etimologias, alguns aspectos semânticos de certas palavras. Farais (2007, p. 90) cita dicionários gregos que datam de entre I a V da era cristã, os quais teriam sido predecessores do dicionário de Aristófano de Bizâncio (c.257-180 a.C.), diretor da Biblioteca de Alexandria e fundador de uma verdadeira escola de lexicografia.

Com a valorização das línguas vernáculas, vários trabalhos lexicográficos são desenvolvidos, especialmente glossários e enciclopédias. No processo natural de formação, as línguas vernáculas tornaram-se cada vez mais diferentes do latim, língua da administração, do direito, da Igreja e da disseminação do saber e da cultura. A elaboração de glosas organizadas por temas, que poderiam variar entre termos bélicos, plantas e instrumentos, nesse período, tornou-se fundamental para a compreensão de textos produzidos no latim clássico. Com o passar do tempo, os textos se tornavam antigos e de difícil compreensão, acumulando-se, por fim. O estudo do léxico e de seu significado far-se-ia indispensável para a compreensão de tais textos (Farias, 2007; Nunes, 2006).

Ao obterem organização alfabética ou por dominós temáticos, as "glosas" passaram a se chamar "glossários", precursores dos dicionários que seriam produzidos em maior escala a partir do século XVI. Segundo Anderson (2008), já há algum tempo marinheiros, missionários, mercadores e soldados portugueses, holandeses, espanhóis e ingleses tinham consigo listas de palavras não europeias que serviam como dicionários elementares ou, como poderíamos melhor qualificar, "glossários". Nessa época, a utilização de tais glosas ou glossários servia tão-somente para os fins a que se destinavam: a catequese de índios, o comércio, a guerra etc. Segundo afirma Nunes (2006, p. 46-47),

> Os glossários que se multiplicam a partir do século VI, se desenvolvem com a prática de decodificação e interpretação de textos gregos e latinos na escola. Numa primeira fase, eram editados à margem ou no meio do texto. Numa segunda fase, organizavam-se em ordem alfabética ou por domínios temáticos. A lexicografia, então, ligava-se a textos, que se comentavam e se interpretavam. Esse processo, levado adiante, resultará na autonomia do glossário. Este se desprenderá do texto e passará a ser usado no ensino de línguas. Os glossários serão a base para a produção dos dicionários.

Farias (2007) e Nunes (2006) noticiam a existência, desde o período medieval, de obras tais como *Etimologias*, de Santo Isidoro de Sevilha, o *Glossário de Récheneau* (século VIII), o *Glossário de Cassel*, do século IX, além do *Papias* e do *Catholicon*, de João Balbo de Genova, esse último publicado pelo próprio Gutemberg, no século XV. Segundo Nunes (2006, p. 46), as *Etimologias* de Isidoro de Sevilha (560-636) era uma obra composta de 20 volumes e abrangia desde as artes liberais, com destaque para a Lógica, a Retórica e a Gramática, até as artes utilitárias, tais como a jurídica, a teológica, as ciências da guerra, do mar, do tempo e do espaço cotidiano. Tais obras eram de difícil circulação escolar por conta de seu volume e complexidade textual, servindo assim para a consulta de eruditos e mestres. Somente com o aparecimento da imprensa, em meados do século XV, é que esses volumosos monumentos passarão a ter menor tamanho e, por conseguinte, facilitarão ao acesso do público em geral favorecendo, dessa maneira, o processo de escolarização.

A dicionarização das línguas vulgares, segundo indica Verdelho (2007, p. 12), deu-se a partir da emergência da escrita dos vernáculos europeus:

> [...] desde a recuada Idade Média, paralelamente a escolarização do latim, o que deu, naturalmente, origem a dicionarização das línguas vulgares. Gerou-se em primeiro lugar, uma espécie de lexicografia implícita que tecia os próprios textos e facilitava a compreensão do vocabulário característico da escrita, forçosamente mais amplo e menos quotidiano que a língua oral.

A afirmação de Verdelho (2007) está de acordo com o que afirma Auroux (1992) no respeitante à aprendizagem do latim por parte de um europeu da Idade Média, por exemplo:

> As crianças gregas ou latinas que frequentavam a escola do gramático, já sabiam sua língua, sendo a gramática só uma etapa do acesso à cultura escrita. Para um europeu do século IX o latim é antes de tudo uma segunda língua que ele deve aprender. (Auroux, 1992, p. 42).

Destarte, como podemos observar, os dicionários nasceram bilíngues por meio do confronto entre o latim e as línguas vulgares. Assim como as gramáticas tiveram papel fundamental, desde os tempos mais remotos, na fixação e estabilização das línguas nacionais, tomando como referência linguística do bem falar e do bem escrever os seus cânones literários, da mesma forma serviram os dicionários para o registro do patrimônio linguístico e da memória de um povo. Como nos diz Verdelho (2004, p. 413), "os dicionários são monumentos do mais valioso patrimônio de uma comunidade, são testemunho privilegiado da memória linguística e uma fonte inexaurível de leitura estudiosa e de reflexão metalinguística".

Curiosamente — e ao contrário do que pudéssemos imaginar — os dicionários não eram meros instrumentos de registro de palavras para uma rápida consulta posterior. O princípio de ordenação alfabética das palavras, o qual Verdelho (2004) chama de "hierarquização dos dicionários", teve papel importantíssimo, segundo o mesmo autor, no que concerne à indexação da informação e do conhecimento científico, atribuindo ao alfabeto, dessa maneira, "uma espécie de subsistência autônoma em relação à escrita e à própria língua":

> O alfabeto transformou-se no mais importante instrumento de indexação da informação e do conhecimento científico e técnico, podendo dizer-se que se apresenta actualmente como o grande organizador do mundo, uma espécie de chave de acesso a todo tipo de informação. Trata-se de um primeiro desvio da sua primeira função, que era simplesmente de servir de instrumento para o registo de actos de língua e este desvio foi paulatinamente aproveitado a partir da experiência dos dicionários. Foi a exercitação dos dicionários que levou à funcionalização do alfabeto como o mais eficaz instrumento para a ampliação, armazenamento e catalogação ou indexação do saber. Hoje a indexação alfabética executa-se fora dos dicionários e fora dos sistemas linguísticos verbais. O alfabeto é um instrumento translinguistico, que organiza quase toda a actividade humana para além do exercício verbal, apóia a elaboração científica e sustenta a acumulação do conhecimento. (Verdelho, 2004, p. 416).

A asserção do autor português, em nosso entender, vem reforçar o que afirma Auroux (1992, 1998) no respeitante à primogenitura das ciências da linguagem em relação aos outros campos do saber. Os dicionários serão instrumentos que prestarão um grande serviço às sociedades que dominam a cultura escrita, tanto no que concerne à aprendizagem de língua materna ou estrangeira quanto no processo de afirmação cultural sobre as nações conquistadas e colonizadas, como ocorrerá na América portuguesa com a vinda dos jesuítas em meados do século XVI.

Com os estudos filológicos no final do século XVIII e a descoberta da existência de línguas mais antigas do que as chamadas línguas sacras — grego, hebraico e latim —, houve um maior interesse no estudo das línguas vernáculas (Anderson, 2008). A língua latina perde paulatinamente a sua importância enquanto língua de transmissão do saber, cabendo aos vernáculos esse papel. Já em meados desse século, Verney, ao tratar do ensino nas outras nações europeias, criticava o modo de como esse era conduzido em Portugal, entregue até então aos clérigos da Companhia de Jesus, cuja transmissão do conhecimento ainda se dava em latim:

> Antigamente, entendiam os doutos que era necessário saber Latim para saber as Ciências, mas o século passado e neste presente, desenganou-se o mundo e se persuadiu que as ciências se podem tratar em todas as línguas [...]. Os Ingleses, os Franceses, Holandeses e Alemães etc. começaram a tratar todas as ciências em vulgar. Esta é a moda. Os melhores livros acham-se escritos em vulgar. (Verney, 1746, v. I, p. 272-273).

A crítica do autor do *Verdadeiro Methodo de Estudar* (1746) fundamenta-se no movimento de ilustração pelo qual a Europa passava e que chegava a Portugal por meio dos chamados estrangeirados, assim denominados por causa do aprendizado que muitos dos intelectuais portugueses obtiveram em seus intercâmbios nos salões das grandes Academias das nações mais polidas de então — Inglaterra, França, Itália e Alemanha —, centros irradiadores do Iluminismo, nas palavras de Falcon (1993, p. 116), para as chamadas nações periféricas, tais como Portugal, Espanha e Rússia, só para citarmos algumas. Verney era defensor do uso da língua vernácula nas salas de aula, ao invés do uso do latim, uma língua já morta, utilizada apenas por clérigos e eruditos, não servindo para uma formação prática dos jovens. Segundo Valjavec (*apud* Falcon, 1993, p. 117):

> Os ilustrados reconheciam o valor das línguas clássicas para a ilustração e a formação do espírito humano; todavia, dedicaram uma atenção muito intensa às línguas vivas e a um amplo emprego delas na educação da juventude, precisamente com o fim de fazê-lo totalmente útil para os fins de formação.

O mercado editorial terá papel fundamental no processo de equiparação das línguas vernáculas, ao produzir livros e tratados científicos nos idiomas nacionais, trazendo, dessa maneira, as línguas clássicas para o mesmo espaço das chamadas "línguas bárbaras" ou "plebeias", o que veio a complementar o desprestígio dessas línguas tidas como "divinas". Segundo nos afirma Anderson (2008, p. 111),

> As antigas línguas sagradas — o Latim, o Grego e o Hebreu — foram obrigadas a se misturar em pé de igualdade ontológica com uma variada multidão plebéia de vernáculos rivais, num movimento que complementava sua anterior depreciação por obra do capitalismo editorial.

3.5 A Língua e o mito da Nação

Uma vez que a hierarquização das línguas deixou de existir, e todas elas passaram a ter o mesmo valor, tornaram-se, consequentemente, dignas de estudo e investigação, os falantes de suas línguas passaram a valorizá-las: dicionários monolíngues e bilíngues começaram a ser produzidos, principalmente no fim do século XVIII e início do século XIX, em escala ainda maior do que a observada no século XVI, o que trouxe diferentes línguas para o mesmo patamar. Dentro das capas dos dicionários, as línguas encontravam-se em pé de igualdade, independentemente da situação econômica desta ou daquela nação. As questões de raça ou credo eram absolutamente inexistentes nessas obras. Nesse processo de valorização do vernáculo, de defesa da língua nacional, existia uma missão maior executada por aqueles que estavam envolvidos em larga escala com o manuseio das línguas: escritores, professores e advogados.

A redescoberta de poemas clássicos e épicos populares na Finlândia, por exemplo, acompanhou a publicação de dicionários e gramáticas que, por conseguinte, levaram ao surgimento de periódicos e jornais, estabilizando e padronizando a língua literária. Além disso, o resgate de mitos, lendas e folclores num passado imemorial serviu para a invenção da nação (Anderson, 2008, p. 110-111).

Deve-se salientar, contudo, que tal prática — a busca de um passado mítico fundador, tais como lendas e folclores num tempo longínquo — é, nas palavras de Geary (2005, p. 27, 29), um fato relativamente recente, tendo servido como argumento utilizado por historiadores do século XIX, imbuídos que estavam do espírito nacionalista europeu, para atender aos "esforços criativos dos intelectuais e políticos [daquele século] que transformaram antigas tradições românticas e nacionais em programas políticos". De fato, autores como Carter ilustram bem o que diz Geary (2005). Em seu livro *The Routledge History of English Literature — Britain and Ireland*, Carter (1997) afirma que já no século XII ou XIII, escritores e poetas da Inglaterra iam buscar os seus heróis em um passado distante a fim de justificar, ou melhor, "criar" as explicações necessárias à compreensão da "Inglesidade" Inglesa (*England's Englishness*).

A Inglaterra, que estaria ainda em formação nesse período e vivia sob forte influência normanda, buscava a todo o custo a sua independência não só cultural, mas principalmente identitária. Carter vai buscar épicos tais como *Brut*, escrito em inglês medieval (*Middle-English*) por Layamon, no final do século XII, a fim de exemplificar o que havia exposto. Nesse épico, segundo o mesmo autor, são mencionadas várias obras e de diferentes fontes para recontar histórias da Era das Trevas e do período de 200 anos entre a partida dos romanos da Ilha e os primeiros traços da cultura Bretã no século V. A obra, segundo o autor, conta a história da Bretanha até a chegada de Santo Agostinho, em 597, a história do Rei Artur e os Cavaleiros da Távola Redonda, a qual estaria continuamente presente na literatura inglesa na forma de História, Lenda, Mito e Mágica (Carter, 1997, p. 14-15).

Em outras palavras, Carter nos leva a crer que escritores medievais já se preocupavam com a sua identidade nacional, fato contestado por Geary (2005, p. 31), ao afirmar que

> Durante a Baixa Idade Média e o início da Renascença a "nação" — assim como a religião, a família, a propriedade e o estrato social — proporcionava um dos meios em comum pelos quais as elites politicamente ativas se identificavam e organizavam ações colaborativas. Entretanto, o sentimento de pertencer a uma nação não constituía o mais importante desses vínculos. Nem mesmo uma identidade nacional comum unia o abastado e o necessitado, o senhor e o camponês, em uma forte comunhão de interesses.

Geary (2005, p. 32) é ainda mais enfático ao dizer que nem os intelectuais e nem as elites sociais encontravam suas identidades nacionais em um passado remoto das invasões bárbaras. Quando se voltavam a um passado distante, essa identidade se dava, conscientemente, com a sociedade e cultura romanas. No caso da França renascentista, continua o autor, embora a consolidação do estado já fosse um fato consumado, isso não era garantia da existência de um povo unicamente francês. Na Alemanha do século IX havia a "alusão" de um povo alemão, por parte de alguns escritores, mas não a existência de um estado alemão. Na Polônia, o sentimento de "identidade nacional" restringia-se à aristocracia, não havendo praticamente nenhum vínculo com os camponeses que trabalhavam em suas terras.

No caso português, no entanto, Oliveira (2010a), ao fazer a análise das peças legislativas do período pombalino, percebe no discurso de seus textos uma busca no passado de elementos fundacionais da nação lusitana já em meados do século XVIII. Tendo como uma de suas missões aquela de alavancar a nação portuguesa ao status de nação-potência, igualando-a, assim, às outras nações europeias "polidas" da época — Inglaterra, França, Itália e Alemanha, centros irradiadores dos ideais iluministas (Falcon, 1993)

—, o então primeiro-ministro português, Sebastião de Carvalho e Mello, promoverá o resgate da autoestima lusa por meio de uma ampla reforma. Segundo nos diz o referido autor

> A maioria dos preâmbulos das peças legislativas pombalinas assume um caráter de "recuperação" — econômica, política, literária etc. — de um tempo perdido. O período eleito é o século XVI, época da formação dos Estados nacionais, da revolução científica, das reformas religiosas, da colonização, da ascensão dos vernáculos, da gramatização e da escolarização. (Oliveira, 2010a, p. 20-21).

Na análise que fizemos no capítulo anterior do Alvará de 28 de junho de 1759, uma das peças legislativas mais importantes no conjunto de leis instituídas na gestão pombalina, Oliveira elenca diversos pontos no discurso dessa lei que são ilustrativos da preocupação portuguesa no respeitante ao resgate de sua imagem perante a Europa, bem como de sua autoconfiança e bem-estar psicológico. O ponto atacado pelo legislador e observado pelo autor nesse Alvará concerne ao atraso intelectual e a uma suposta interrupção do progresso natural pelo qual Portugal passava com a chegada dos clérigos da Companhia de Jesus. No texto da referida Lei, Oliveira (2010a, p. 23) salienta que o projeto pombalino de resgate da autoimagem lusitana perpassava pela

> Consciência histórica do estado de atraso ou defasagem de Portugal em relação às "Nações Civilizadas", causada pela ação malévola dos jesuítas, depois de terem tirado os estudos das mãos do humanista Diogo de Teive, diretor do Colégio das Artes no século XVI; a ideia de recuperação de um tempo perdido, expressa na invenção de uma tradição de auge das "Letras Humanas", que haviam tornado os portugueses conhecidos na República das Letras.

O pequeno fragmento da dita lei que reproduzimos a seguir ilustra a observação feita anteriormente:

> Tendo em consideração outro sim a que sendo o estudo das Letras Humanas a base de todas as Sciencias, se vê nestes Reinos extraordinariamente decahido daquelle auge, em que se achavão, quando as Aulas se confiarão aos Religiosos Jesuitas, em razão de que estes com o escuro, e fastidioso Methodo, que introduzirão nas Escolas destes Reinos, e seus Domínios [...], que, depois de serem por elle conduzidos os Estudantes pelo longo espaço de oito, nove, e mais annos,

> se achavão no fim delles tão illaqueados nas miudezas da Grammatica, como destituidos das verdadeiras noções das Linguas Latina, e Grega, para nellas fallarem; e escreverem sem hum tão extraordinario desperdicio de tempo, com a mesma facilidade, e pureza, que se tem feito familiares a todas as outras Nações da Europa, que abolirão aquelle pernicioso Methodo; dando assim os mesmos Religiosos causa necessaria á quase total decadencia das referidas duas Linguas; sem nunca já mais cederem, nem á invencivel força do exemplo dos maiores Homens de todas as Nações civilisadas; nem ao louvavel, e fervoroso zelo dos muitos Varões de eximia erudição, que [...] clamarão amplamente nestes Reinos contra o Methodo; contra o máo gosto; e contra a ruina dos Estudos [...]. (Portugal, 1830, p. 673-674).

A questão da necessidade de afirmação linguística enquanto patrimônio nacional é outra questão central bastante discutida desde o século XVI. Nos prólogos das duas primeiras edições de *Os Lusíadas*, acadêmicos e poetas castelhanos classificaram a língua portuguesa de "áspera", "ignorada", o que "contrastava para la perfeccion del verso" (*apud* Hue, 2007, p. 9). Vários poetas e escritores, e, surpreendentemente, portugueses, inclusive, afirmavam que uma obra de tal magnitude e importância não deveria ter sido escrita em uma língua "bárbara", mas sim em uma língua de civilização, ou seja, a língua latina ou a língua castelhana, a qual, por volta do final do século XVI, já tinha atingido status de língua de cultura.

O castelhano é adotado em Roma, por volta de 1536, como língua da diplomacia, o que promoveu a sua "internacionalização". Vários autores portugueses no século XVI tinham de escrever em espanhol para que as suas obras fossem aceitas e lidas, uma vez que essa língua era, na época, a mais difundida e continha o maior número de leitores. A respeito da problemática portuguesa, Teyssier (1984, p. 32) explica que

> Entre meados do século XV e fins do século XVII o espanhol serviu como segunda língua para todos os portugueses cultos. Os casamentos de soberanos portugueses com princesas espanholas tiveram como efeito certo 'castelhanização' da corte. Os sessenta anos de dominação espanhola (1580-1640), que se situam no período mais brilhante do 'Século de Ouro', acentuaram esta [impregnação] linguística. E somente depois de 1640, com a Restauração e a subida ao trono de D. João IV, que se produz certa reação anti-espanhola. O

bilinguismo, todavia, perdurara até o desaparecimento dos últimos representantes da geração formada antes de 1640. (Grifos do original).

Assim, segundo nos afirma o autor francês anteriormente referido, durante aproximadamente dois séculos e meio o espanhol foi em Portugal uma segunda língua de cultura. A maior parte dos escritores portugueses escrevia também em espanhol. Serve-nos de exemplo, para elencarmos os mais importantes, Gil Vicente (1465-1536?), Sá de Miranda (1481-1558), Luis de Camões (1524-1580), Francisco Manuel de Melo (1608-1666). Alguns, como Jorge de Montemor (1520-1561), o autor de *Diana* (1559?), que hispaniza o seu nome em Montemayor, abandonam completamente a sua língua. Os partidários desse bilinguismo, segundo Teyssier (1984), frisavam que não viam nisso nenhuma traição, nenhuma infidelidade para com o seu país. Porém, um pequeno número de escritores contaminados do sentimento humanista, como Antonio Ferreira (1528-1569), manifesta certa forma de patriotismo linguístico, recusando-se a escrever em espanhol.

Além da concorrência com a língua espanhola, que, conforme visto na exposição anterior de Teyssier, tem origens não só políticas e históricas, mas também de ordem dinástica — se levarmos em consideração a outra acepção da palavra "impregnação" como "prenhes", ou "inseminação", por conta da manutenção do reino por meio de relações sexuais entre a nobreza das duas nações (Anderson, 2008) —, a língua portuguesa tinha de enfrentar o latim, língua de cultura e da religião que dominava o mundo ocidental na época. O processo de elevação da língua portuguesa ao status de língua cultivada se deu da mesma forma como acontecera com o espanhol, o francês e o italiano.

Esse processo, que na verdade foi um projeto de ilustração dos vernáculos vulgares, se deu pela imitação do modelo latino, o qual, por sua vez, tinha se refinado a partir do grego e de suas obras clássicas. Em cada um dos países mencionados, autores produziram obras intituladas *Defesa da Língua(gem)*. Foi assim na Itália, na França, na Espanha e, obviamente, em Portugal.

Em 1540 é publicada a obra *Diálogo em louvor da nossa linguagem*, de João de Barros (1496-1570), e em 1574 *Diálogo em defesa da Língua Portuguesa*, de Pero de Magalhães de Gândavo (?-1579). A partir desse período, há o surgimento de diversas gramáticas e dicionários que visam normatizar e estabilizar a língua. A língua portuguesa está nesse momento a serviço da coroa e de seu projeto expansionista. Não se trata apenas da conquista de territórios e povos considerados "bárbaros", mas sim da divulgação da fé cristã (católica) como pretexto para a realização do sonho lusitano: a internacionalização da língua, quase que nos mesmos moldes do império romano, e que fariam de Portugal uma nação com prestigio global:

> Em 1515, cerca de duas mil cartilhas portuguesas foram enviadas para a Abissínia. As cartilhas portuguesas, na África, no Oriente e na América, ensinam português com textos religiosos, com os mandamentos da 'madre Igreja', como diz o título da cartinha de João de Barros. A alfabetização operaria também uma conversão dos povos colonizados. O Império pretendia se solidificar não apenas comercialmente, ou na conquista bélica dos territórios, mas também com a expansão da língua, com alfabetização em português, e com a conversão dos povos ao catolicismo. (Hue, 2007, p. 17).

Não por acaso, nesse período vários compêndios que tinham como objetivo registrar, normatizar, cultivar e "lavrar" o idioma para que esse fosse ensinado e aprendido com a correção que uma língua de cultura deve ser estavam sendo produzidos em Portugal. De acordo com o que nos informa Teyssier (1984, p. 33-34), a gramática nasce em Portugal da cultura humanista, cabendo o pioneirismo do seu ensino a Fernão de Oliveira, o qual foi o autor de uma *Grammatica da Lingoagem Portuguesa* (1536). Após essa surge a *Grammatica da Língua Portuguesa* (1539-1540), de João de Barros. Desde então até ao século XIX, um número considerável de gramáticas normativas e de tratados de ortografia aparecerá, como os de Duarte Nunes de Leão (*Orthographia*, 1576; *Origem da Lingua Portuguesa*, 1606), Bento Pereira (*Ars Grammaticae Pro Lingua Lusitana*, 1672), de D. Jeronimo Contador de Argote (*Regras da Lingua Portuguesa*, 1721), João de Morais Madureira Feijó (*Orthographia*, 1734), D. Luis Caetano de Lima (*Orthographia*, 1736), e Luis Monte Carmelo (*Compendio de Orthographia*, 1767). Essas obras, ainda segundo o mesmo autor, fornecem-nos informações preciosas sobre a história da língua portuguesa.

No que concerne à lexicografia portuguesa, ela também é oriunda do humanismo. O primeiro lexicógrafo, Jerônimo Cardoso, redige diversos dicionários de português-latim e latim-português (1551; 1562; 1562-1563; 1569-1570). Surgem mais tarde o dicionário de português-latim de Agostinho Barbosa (1611), os dicionários de Bento Pereira (latim-português em 1634, português-latim em 1647), o *Vocabulário Portuguez e Latino* de D. Rafael Bluteau (8 volumes, de 1712 a 1721, e 2 volumes de suplemento, de 1727-1728) e, finalmente, o *Dicionario da Lingua Portuguesa* de Antonio de

Morais Silva (1789), várias vezes reeditado e aumentado (entre 1949-1959 foi publicada a 10ª edição, em 12 volumes), o qual pode ser considerado o antepassado de todos os dicionários modernos da língua (Teyssier, 1984, p. 33-34).

Como se pode observar, apesar do grande número de obras iniciadas no século XVI, foi no século XVIII que houve uma maior produção de compêndios, especialmente gramáticas e dicionários da língua portuguesa, as quais viriam suprir a necessidade tanto educacional, em Portugal e suas colônias, quanto no projeto de ascensão de Portugal como uma nação importante na nova ordem europeia que se estabelecia.

A lexicografia lusitana, conforme nos diz Verdelho (1994), é relativamente recente quando comparada às obras produzidas na Itália, França e Espanha. Nos itens a seguir traçaremos um percurso dessa produção dicionarística linguística, não especializada, além de dados importantes sobre seus autores. Especial ênfase será dada às produções do início do século XVIII, momento histórico no qual nasce a dicionarização moderna por meio das obras de Rafael Bluteau (1638-1734) e do lexicógrafo brasileiro Antônio de Moraes Silva (1755-1824). Essa última, como já indicamos, será tratada no capítulo IV, por fazer parte das produções dicionarísticas do chamado "Período Pombalino".

3.6 Jerônimo Cardoso: primeiro lexicógrafo português

Os primeiros dicionários bilíngues produzidos no final do século XV são o castelhano-latim *Universal Vocabulário,* de Alonso Palencia (1490); o *Lexicon Latino-Hispanico* e o *Vocabulário Hispânico-Latino,* ambos de Antônio Nebrija (1492 e 1495); o *Dictionarium seu Linguae Latinae Thesaurus,* do francês Robert Estienne em 1531; o *Lexicon Latinum, Variarum Linguarum interpretatione adjecta,* de Ambrósio Calepino (1438-1511) em 1502, os quais serão os marcos iniciais da produção lexicográfica na Europa da Idade Moderna (Nunes, 2006, p. 48).

Em Portugal, esse marco dar-se-á mais tardiamente, com a obra de Jerônimo Cardoso (c.1510-c.1569), o *Dictionarium ex Lusitanico in Latinum Sermonem,* publicado em 1562. A obra de Cardoso, segundo nos afirma Nunes (2006, p. 50) e Verdelho (2007, p. 14), consistia de três volumes, sendo eles um vocabulário latim-português organizado tematicamente; um dicionário alfabético português-latim (1562-1563) e um latim-português (1569-1570).

Cardoso tomou como base para a sua produção dicionarística a obra de Ambrósio Calepino (1502) — embora o autor não o tenha citado diretamente, aparecendo seu nome [Calepino] somente numa *Lista & Catalogo de Authores Selectos que compuzeram Diccionarios, & outros muito illustres na Língua Latina & em Noticias estudiosas* — e do humanista espanhol Antonio Nebrija. O *Dictionarium ex Lusitanico* (1495) é uma obra importante para os estudos lexicográficos e para a história do ensino das línguas por ter sido o primeiro a fazer um levantamento do corpus linguístico português — cerca de 12.100 verbetes distribuídos em cerca de 12.000 entradas — e ordená-lo alfabeticamente. Serviu como obra de referência para as produções subsequentes, pela técnica de recolha adotada, bem como por ser evidência das primeiras tentativas em se fixar a ortografia da língua portuguesa.

Embora fosse bilíngue (português-latim e latim-português), trazia explicações abundantes em vernáculo para os verbetes coligidos. Foi reeditado várias vezes até o início do século XVIII, com o acréscimo de cerca de 12.000 verbetes ao corpus inicial, tendo servido nas escolas para a compreensão e tradução do latim, como para orientar a escrita portuguesa.

Teria havido algumas tentativas de produção lexicográfica anteriores ao de Cardoso, conforme atestam Messner (1994) e Verdelho (2007), com as obras *Lusitanus In Dioscoridis Anazarbei de medica materia libros quinque enarrationes eruditissimae Doctoris Amati Lusitani Medici ac Philosophi celeberrimi, quibus non solum Officinarum Seplasiariis, sed bonarum etiam literarum studiosis utilitas adfertur, quum passim simplicia Graece, Latine, Italice, Hispanice, Germanice & Gallice proponantur, Argentorati: Wendelius Ribelius*, de 1554, um dicionário plurilíngue cuja autoria nos é desconhecida; e o *Dictionarium Lusitanum et Latinum*, que segundo Verdelho (2007), teria sido produzido por Francisco Sanches de Castilho e estaria pronto para impressão à data de seu falecimento, em 1558. Por não se ter sido possível o acesso a essas obras, o dicionário de Cardoso (1569) ficou sendo o marco inicial da produção dicionarística portuguesa.

Cardoso nos é especialmente importante, pois não fora apenas um lexicógrafo, mas também — e principalmente —, nas palavras de Verdelho (1999, p. 427), "um cultor da escrita novilatina, e foi sobretudo um típico mestre humanista, professor de latim durante longos anos, apreciado e louvado pelos mais ilustres dos seus discípulos, e autor de manuais escolares". Tal informação não deixa sombra de dúvida sobre o que já afirmaram Hebrard (2000), Julia (2001), Vincent, Lahire e Thin (2001) e Oliveira (2010b), no que tange à invenção da forma escolar no século XVI e seus precursores. Jerônimo Cardoso publicou, além de seus dicionários e manuais escolares, obras tais como *Hieronymi Cardosi Lusitani Libellus De terraemotu. De vario amore aegloga. De disciplinarum omnium laudibus Oratio* (Lisboa, João de Barreira, 1550), um pequeno livro em que inclui a descrição do arrasador terremoto de Lisboa de 1531; uma égloga dedicada ao amor inconstante, outra ao vinho que alegra até os deuses; e, finalmente, a *Oratio pro rostris*, o que mostra a erudição e versatilidade do autor humanista.

3.7 Agostinho Barbosa e Amaro de Roboredo

No século seguinte (XVII), surge a obra do religioso Agostinho Barbosa (1590-1649), nascido em Aldão, Guimarães, em 1590. Em 1611, com apenas 21 anos, publicou o *Dictionarium lusitanico-latinum*, tornando-se assim o segundo estudioso a ocupar-se da língua vernácula em Portugal — o primeiro foi Cardoso. Estudou leis e cânones na Universidade de Coimbra, onde se licenciou em 1616. Frequentou as principais universidades europeias e veio obter seu título de doutor em Roma em 1621. Foi autor de uma vasta obra de direito canônico, além de ter sido um dos maiores especialistas da época nesse domínio. A sua obra continua a ser citada até hoje, sobretudo em estudos editados na Itália e na Alemanha. Após quase 30 anos como sacerdote, foi nomeado, em 1649, bispo de Ugento, no reino de Nápoles, onde faleceu no mesmo ano. O *Dictionarium Lusitanico-latinum* — cujo título completo era *Dictionarium Lusitanico-latinum iuxta seriem alphabeticam optimis, probatisque doctissimorum Auctorum testimonijs perutili quadam expositione locupletam, cum copiosissimo Latini Sermonis Indice, necnon libello uno aliquarum Regionum, Civitatum, Oppidorum, Fluviorum, Montium & Locorum, quibus veteres uti solebant. Omnia in studiosae iuventutis gratiam,& usum collecta Per Agustinum Barbosam Lusitanum. Bracharae: Typis,& expensis Fructuosi Laurentij de Basto* — teve apenas uma edição e trouxe como item inovador um anexo de 15 páginas, nas quais constava a primeira alfabetação toponímica em português, com cerca de mil entradas. A relevância dessa obra, tanto para a história da lexicografia quanto para a escolarização, reside no fato de ela ser a primeira a tratar de assuntos não só linguísticos, mas também especializados, ao fazer o levantamento dos topônimos em Portugal.

Cerca de 10 anos mais tarde — mais precisamente, em 1621 — é publicada a obra de Amaro Roboredo, o *Raízes da Língua Latina Mostradas em hum tratado e diccionario: Isto he, um compendio do Calepino. Lisboa, Pedro Craesbeek*. O dicionário de Reboredo está associado às origens do processo de dicionarização em Portugal por ter sido muito útil na escolarização do latim no país luso, além de ser a primeira obra plurilíngue, trazendo o português ao mesmo nível do castelhano. Como o próprio título indica, a obra de Amaro de Reboredo é resultado da tendência observada desde meados do século XVI em tornar o *Calepino* "poliglota". Esse poliglotismo teve o seu início em 1545, com uma edição da Antuérpia que obedece a seguinte ordem esquematizada por Verdelho (2000, p. 126):

> 1545 – Antuérpia: Lat. Greg. Alem. Flam. Fran.
>
> 1545/6 – Veneza: Lat. Greg. Ita.
>
> 1559 – Lião: Lat. Ita. Esp.
>
> 1565 – Lião: Lat. Greg. Esp. Fran.
>
> 1568 – Basiléia: Lat. Greg. Ital. Fran. Alem.
>
> 1570 – Lião: Lat. Greg. Ita. Esp. Fran. Alem. Hebr.
>
> 1570 – Basiléia: Lat. Greg. Ita. Fran. Alem. Flam.
>
> 1584 – Basiléia: Lat. Greg. Ita. Esp. Fran. Alem. Hebr. Flam.
>
> 1585 – Lião: Lat. Greg. Ita. Esp. Fran. Alem. Hebr. Ingl. Pol. Hung.
>
> 1590 – Basiléia: Lat. Greg. Ital. Esp. Fran. Alem. Hebr. Flam. Ingl. Pol. Hung.
>
> 1595 – Amacusa: Lat. Port. Jap.
>
> 1621 – Lisboa: Lat. Port. Esp.

Essa ordenação nos traz algumas evidências. A primeira concerne ao processo de elevação e valorização das línguas vernáculas no século XVI, em confronto com as línguas tidas como *sacras* ou *clássicas*, tais como o grego, o latim e o hebraico. A segunda refere-se ao lento — mas depois contínuo — processo de afirmação da língua portuguesa frente às outras línguas — estando atrás de línguas que atualmente possuem status inferior à portuguesa por conta do número de falantes, tais como o flamengo, o húngaro, o polonês e o japonês.

3.8 A *Prosódia* e o *Thesouro* de Bento Pereira

Digna de uma apresentação mais alongada é a contribuição do padre jesuíta Bento Pereira (1605-1681) com a sua *Prosódia* (1634), reeditada diversas vezes até a sua proibição pelo Marquês de Pombal (1759), por conta das reformas da instrução pública implantadas em Portugal e seus domínios. A *Prosódia* era na verdade um conjunto de dicionários que apoiavam a escolarização do latim e da língua portuguesa (latim-português e português-latim), além de um pequeno livro — *florilégio* — que continha frases portuguesas e seus equivalentes em latim. A obra trazia também em seu conjunto os melhores adágios da língua portuguesa com a versão em latim e uma "antologia de lugares selectos de autores latinos" (Verdelho, 2007, p. 17). Percebe-se aqui também a língua portuguesa mais uma vez colocada em pé de igualdade com a castelhana, uma vez que as primeiras edições foram trilíngues — latim-português-castelhano — e mantidas assim até os idos de 1683. Em 1697 a *Prosódia* é totalmente revisada pelo Padre Matias Germano, passando a ser bilíngue e vindo a substituir o dicionário de Jerônimo Cardoso.

Em 1647, Bento Pereira publica o *Thesouro da Língua Portugueza*, um dicionário português-latim que começou sendo editado em separado. A partir de 1661, passa a ser publicado com o *Prosodia* com diferente paginação. Só em 1741, no entanto, passa a ser paginado como parte integral da obra inicial. Essa obra, nas palavras de Verdelho (1982, p. 7), serviu como um grande manual escolar, um verdadeiro *"Vade mecum"* para estudantes e professores, "indispensável para o municiamento cultural das gerações política e culturalmente predominantes, durante a segunda e a primeira metade dos séculos XVII e XVIII respectivamente".

O *Thesouro*, considerado na história da lexicografia portuguesa como o terceiro na linhagem de dicionários portugueses, só perde para os dez volumosos tomos do *Vocabulario da Língua Portuguesa* (1712-1728), do também padre — teatino — Rafael Bluteau (1638-1734). O grande valor da obra de Bento Pereira para a nação portuguesa do século XVII e início do XVIII, em termos culturais e ideológicos, reside no fato de seu autor ter lançado mão do que havia de melhor em termos de produção literária genuinamente portuguesa no sentido de inculcar nas gerações presentes e seguintes valores morais, além dos objetivos das atividades didáticas dos jesuítas. Para atingir tal objetivo, Pereira coligiu milhares de palavras e frases portuguesas concernentes à situação psicológica do país, então em intermitentes conflitos com a Espanha, para as quais o autor oferece equivalentes em latim, extraídos "de Marco Túlio e de outros de primeira classe" (Verdelho, 1982, p. 9).

É nítida a influência e importância escolar que a *Prosodia* e o *Thesouro*, combinados em uma só obra, tiveram na educação e escolarização em Portugal pelo grande número de reedições, tendo o seu início em 1634 e término somente a partir da gestão pombalina. Entretanto, a razão para a descontinuidade e a consequente proibição da obra de Bento Pereira não fora somente por conta do embate entre os interesses do estado, na pessoa do Marquês de Pombal, e os jesuítas, mas também porque as concepções filosóficas por trás das *Frases portuguezas* e respectivas equivalências latinas já não se coadunavam com os ventos "iluminados" que sopravam de outras paragens europeias. Os métodos jesuíticos de ensino adotados em Portugal estavam defasados. Segundo nos diz Verdelho (1982, p. 11),

> Aos jovens escolares esperava-os naturalmente a actividade eclesiástica, as funções da administração e a aplicação da justiça e da atividade das armas e defesa da terra [...]. Nesse tempo a escola era já um instrumento de reprodução social, ainda que, por parte dos jesuítas, se houvesse perdido certa racionalidade, faltava o sentido prático na adequação dos métodos e programas às exigências da vida futura e das funções profissionais dos alunos. A escola dos discípulos de Santo Inácio já não reproduzia rigorosamente a sociedade do seu tempo, mas reflectia ainda uma ideologia ou um imaginário social que vinha do século XVII (século em que foi feita a obra de Bento Pereira).

No que concerne à motivação de Bento Pereira para seleção e coleta das palavras e frases portuguesas, Verdelho (1982, p. 13) diz que

> O vocabulário da guerra e da incomodidade existencial foi certamente influenciado pelo sobressalto das guerras com Castela na emergência da Restauração. O autor assistiu a esse transe histórico e foi intensamente marcado por ele. Para além da Restauração, este vocabulário cruel e violento, que era privilegiado como um lugar retórico repercute também, por um lado, as agruras de um povo sacrificado pelos esforços da colonização e da manutenção do império, no Brasil e em outras partes, e por outro, reflecte os rigores da Inquisição, que vigiava o país como uma alavanca e um chicote ao serviço do poder.

Sobre a educação jesuítica, refletida nessa obra, o mesmo autor nos afirma que o texto didático de Bento Pereira tinha envelhecido e mantinha no espaço educacional português uma mensagem ultrapassada. Deve reconhecer-se, no entanto, que os jesuítas se comprometeram vital e honestamente com um ideal missionário e imperial que não era realmente compatível com os interesses e com a prática política que o século XVIII impôs. O Marques de Pombal, apoiado por D. José I e ladeado por seus pares letrados, "não teria dificuldade em desarmar e arredar os adversários de 'moinho de vento' que faziam da educação uma arte e uma ficção que repercutiam no espaço escolar todo um universo barroco para o qual já não havia mais tempo" (Verdelho, 1982, p. 15).

Não tardaria o fim da hegemonia da ordem jesuítica à frente da educação em Portugal e seus domínios cedendo espaço para que outras ordens se incumbissem do ensino. Na nova configuração filosófica e intelectual no raiar do século XVIII, os compêndios voltados à educação em geral deveriam estar de acordo com as mudanças que a época exigia. Isso não significa que os religiosos católicos deixariam de estar presentes nesse processo, produzindo obras acadêmicas que visavam à implementação de novos métodos de ensino-aprendizagem — como seria o caso dos Oratorianos, por exemplo. Para tanto, agremiações científicas e literárias irão surgir no sentido de se normatizar e autorizar tais compêndios. Diferentes ordens eclesiásticas abraçarão a causa pedagógica em Portugal e seus domínios, sendo a própria coroa uma importante instituição patrocinadora da erudição e do saber, como foi no caso do rei D. João V e do Padre Rafael Bluteau, autor da maior obra dicionarística que já existira no país.

3.9 *Vocabulário Portuguez e Latino* do Pe. D. Rafael Bluteau

A historiografia lexicográfica portuguesa nos apresenta o *Vocabulário Portuguez e Latino* como sendo um "monumento" dentro do espólio lexicográfico português comparável aos muitos monumentos mandados erigir pelo rei D. João V. Ao tratarmos dessa grandiosa obra, estaremos inevitavelmente nos referindo de forma direta ao seu autor, devido à sua importância enquanto intelectual, homem culto e viajado, com formação multilíngue, responsável pelo início da lexicografia moderna em Portugal, cuja obra serviu de referência e base para a compilação e produção de várias outras que a seguiram, destacadamente o *Diccionario da Língua Portugueza* (1789), do lexicógrafo brasileiro Antônio de Moraes Silva.

O *Vocabulario Portuguez e Latino* (1712-1728) se confunde com a imagem de seu autor por serem ambos promotores das mudanças dicionarísticas que floresceriam a partir do século XVIII em Portugal. Estender-nos-emos um pouco mais ao tratarmos da obra de Bluteau, não porque as publicações anteriores tenham sido indignas de respeito e valor histórico, mas sim por conta da grandiosa contribuição que Bluteau trouxe tanto para a lexicografia quanto para o patrimônio linguístico e educacional português.

Sobre Rafael Bluteau (1638-1734), sabemos que ele nasceu em Londres de família francesa, cujo verdadeiro sobrenome era Chevalier. Recebera o sobrenome "Bluteau" de um nobre inglês, Milord Blutow, concedido a Rafael enquanto criança durante o refúgio de sua família na Inglaterra, devido a um delito cometido por seu pai. Com a declaração de guerra contra a França pelo rei Carlos I, a família de Bluteau se vê forçada a voltar a Paris em 1644. Na França, frequenta a escola de La Flèche, Reims e Clemont, entrando para a ordem dos teatinos na década de 50 do mesmo século (Silvestre, 2008, p. 21).

Nas escolas jesuíticas que frequentou na França estudou Humanidades com o Padre Daroy, aperfeiçoando-se por intermédio desse mestre em Retórica, e Lógica com o Padre Herault, em Clemont. Dominava, já a essa altura, o latim e o grego, o que facilitou bastante a sua compreensão dos textos clássicos dos grandes escritores latinos, tais como Ovídio (43 a.C.-17 ou 18 d.C.), Cícero (106 a.C.-43 a.C.), Quintiliano (35-96), Virgílio (70 a.C.-19 a.C.) e Esopo (620 a.C.-560 a.C.). Em 1661 opta pela vida religiosa, após rejeitar a possibilidade de obter um cargo na corte de Carlos II, da Inglaterra. No período entre os anos de 1660 e 1664, continua os seus estudos nos centros culturais mais importantes da Europa de então — Verona, Roma e Paris — centros esses justamente onde se encontravam os teatinos. Essa ordem havia se destacado ao longo do século XVII pelo seu caráter formador, recebendo os noviços oriundos de famílias nobres e preparando os padres que atuariam junto às cortes de seus respectivos países. A complementação de sua formação teológica e filosófica dar-se-á pelo contato com os clérigos dessa ordem.

Segundo nos diz Silvestre (2008, p. 23), o *Vocabulário* é prova incontestee da influência que a ordem dos teatinos exerceu sobre Bluteau no que tange à volumosa produção literária e científica, servindo as suas casas e mosteiros como verdadeiros nichos de produção do saber. As diversas casas e colégios dos teatinos certamente terão sido um ponto de encontro de notáveis eruditos, como se constata pelo prestígio que o Convento da Divina Providência alcançou em Portugal no início do século XVIII.

A passagem de Bluteau por Roma, nas palavras de Silvestre (2008, p. 23-24), teria sido importante para a aquisição de aspectos estéticos advindos da efervescência artística pela qual a cidade passava. As reformas e as construções arquitetônicas implementadas pelo Papa Urbano VII (1623-1644), juntamente aos rituais litúrgicos de primeira grandeza, teriam sido modelares do estilo barroco para as cortes francesas e ibéricas. Seguindo a tradição da ordem dos teatinos, Bluteau estava assim excepcionalmente preparado para exercer a missão de organizar a casa de Lisboa e manter o prestígio de sua ordem junto à coroa.

Em 1668, Bluteau chega a Portugal apresentando-se na corte do então príncipe regente, D. Pedro II. Rapidamente inicia contatos com as figuras mais ilustres da sociedade lusitana da época, tais como os Condes da Ericeira, D. Luis e D. Francisco Xavier de Meneses, esse último responsável pelo reinício das atividades da *Academia dos Generosos* (1696), fundada anteriormente por D. Antônio Álvares da Cunha em 1647, cujas atividades foram interrompidas em 1677 após sua morte. Houve, porém, a tentativa de reabertura da Academia entre 1684 e 1687, pelos filhos de D. Antônio Álvares, D. Pedro e D. Luís da Cunha (Silvestre, 2006).

Em 1696, a *Academia dos Generosos* passará a se chamar Conferências Discretas e Eruditas, em cujas reuniões Bluteau terá assento permanente. Sua participação nessas reuniões será de grande importância não só para as reflexões sobre questões linguísticas, as quais dariam luz no início do século XVIII ao seu *Vocabulário*, mas também para a introdução de inovações técnicas e correntes de pensamentos, precursores, talvez, do ideal iluminista que ainda não havia chegado a Portugal até então. De acordo com Gonçalves (2005, p. 619-620),

> Não raro se afirma que em Casa do Ericeira teriam despontado os alvores do iluminismo [...] devido às novidades literárias, filosóficas e científicas ali apresentadas. Para tão culto e esclarecido ambiente, não terá contribuído pouco Rafael Bluteau [...].

Silvestre (2001a, p. 3), por sua vez, afirma que

> [Bluteau] destaca-se pela introdução de notícias acerca de correntes de pensamento e progressos técnicos, que contrastavam com o conservadorismo do Portugal de seiscentos. Nos seus discursos — e também no *Vocabulário* — transparecem leituras, experiências, e contactos decorrentes da formação e posteriores estadias nos centros de irradiação do saber

que eram Roma, e Paris. Sob a forma barroca de seus textos, encontram-se referências não só aos mais ilustres nomes das academias de Paris e Londres, mas também prova de um conhecimento dos progressos científicos e do pensamento filosófico.

O intuito de Bluteau em sua participação nas *Conferencias Discretas e Eruditas*, na *Academia Portugueza* (1717) e na *Academia de História* (1720) era o de congregar os letrados e doutos de sua época para promover discussões e debates concernentes à recolha e à aplicação das palavras do patrimônio textual português produzido por escritores renomados e com obras publicadas. Segundo Gonçalves (2005, p. 619), as reuniões ocorriam aos domingos na Biblioteca do 4º Conde de Ericeira, nas quais se discutiam, dentre outros assuntos relacionados aos avanços científicos, questões referentes à significação de certas palavras "antigas" ou "antiquadas" ou "peregrinas", candidatas à normalização e à naturalização portuguesa. É importante salientar que Bluteau, na verdade, estaria retomando um interesse no alargamento lexical português anterior a ele. Já haviam demonstrado tal interesse, no século XVI, Manuel Severim de Faria (1583-1655), Bento Pereira (1606-1681) e João Franco Barreto (1600-1674?). Antes desses, Fernão de Oliveira, João de Barros e Pero de Magalhães Gândavo também demonstravam em suas obras a necessidade de ampliação lexical.

Em *As Origens da lingoa Portugueza*, Nunes de Leão (1530?-1608) já tratava da questão da utilização ou não de certas palavras ao analisar "a lingoa de que tomaraõ os Portuguezes os vacabulos de que tiuerem falta ou lhe forem necessário pera ornamento do que fallaõ ou escrevem" (*apud* Gonçalves, 2005, p. 621). Com a evolução científica, muitos novos vocábulos iam surgindo em latim, para os quais os dicionários de até então não tinham equivalentes em vernáculo. A pressão tecnológica sobre a língua exigia uma obra que oferecesse ao consulente uma tradução abalizada e autorizada. As decisões eram tomadas em assembleias e elencadas quais palavras fariam parte da recolha após explicação da razão e subsequente votação entre os membros (Silvestre, 2001a).

Diferentemente dos dicionários bilíngues anteriores ao *Vocabulário*, a obra do teatino tem como objetivo diminuir a relação comparativa ao latim, alargando o seu léxico à exaustividade, transformando-o em um "quase-monolíngue" universal. Pelo que nos dizem Silvestre (2001b) e Gonçalves (2005), não foram muitos os letrados que demonstraram interesse no trabalho metalinguístico de Bluteau, partindo a colaboração, no entanto, de seu amigo, colega e secretário da Academia, D. Francisco Xavier de Menezes, o 4º Conde de Ericeira, bem como dos seus companheiros de religião, José Barbosa, Luís Caetano de Lima, Jerônimo Contador de Argote e Manoel Caetano de Sousa.

Tal comportamento pode ser explicado pelo fato de Portugal não ter tido problemas dialetais, ou seja, não ter havido a necessidade de uma prática institucional — política linguística régia — no sentido de se adotar uma língua padrão ou oficial. Embora tenha Bluteau se baseado nos *Vocabulário della Crusca* (1691), da Academia Italiana de mesmo nome, e do *Diccionnaire de l'Académie Françoise* (1694), no tocante à forma de recolha e compilação de sua obra, a diferença entre esta e aquelas reside no fato de que ambas foram resultados de políticas linguísticas que visavam à regulamentação e à normatização vernacular. Bluteau, ao contrário, por não ter obtido autorização dos letrados — há o registro de apenas 12 debates linguísticos entre os acadêmicos, desde que Bluteau iniciara a recolha lexical em 1680 — ofereceu sua obra ao rei D. João V em busca de autorização régia e de um "mecenato indireto", o que de fato aconteceu (Silvestre, 2006, p. 4-5).

O fato de o *Vocabulario Portuguez e Latino* não ter sido fruto de determinação de uma instância superior autorizadora talvez justifique a sua robustez. Bluteau tornou-se versado em diversas línguas por meio do contato com dicionários de vários países, o que contribuiu para que o teatino se familiarizasse com essa tecnologia linguística. Desejou então o Bluteau, calcado no aprendizado que obteve dentro de sua ordem religiosa, produzir uma obra que servisse ao letrado, ao homem da corte, ao homem palaciano, ao orador das Academias e do púlpito no Senado. Rejeitou o título de "Universal" ao seu *Vocabulário*, alegando ser esse ainda incompleto e atribuindo a outras obras tal denominação. Mas, ao que parece, trata-se de um dicionário universal, por não se limitar apenas às questões linguísticas, mas também a uma variedade de áreas, tais como a filosofia, a teologia, a codificação literária e a retórica. A própria imensidão de seu título denuncia a amplitude temática e tipológica cobertas pelo *Vocabulário*. Preocupou-se também, com Jerônimo Contador de Argote, João Madureira Feijó e Luiz Caetano de Lima, com a questão ortográfica, problema antigo e recorrente, causado em boa parte pela falta de padronização entre os tipógrafos. Segundo Silvestre (2007, p. 4),

> Sem dicionários, a falta de instrumentos de apoio à normalização da ortografia era uma necessidade comumente reclamada, inclusive em assembléias de eruditos como as Conferências Discretas e Eruditas (1696), a Academia Portuguesa (1717) e

a Academia Real de História (1720). Os gramáticos, lexicógrafos e pedagogos que deixam obras sobre ortografia eram simultaneamente homens públicos, com direito à palavra na corte, nos púlpitos importantes e nas academias literárias e científicas: os textos que publicavam e a língua em que se exprimiam reflectiam simultaneamente a sua erudição. A língua, que veicula o pensamento e o conhecimento não podia sofrer de uma desregulação que a tornasse ineficaz enquanto garantia da perenidade da mensagem veiculada Da mesma forma que estes literatos desconfiavam da qualidade de escrita de autores do século anterior, a sua escrita irregular podia ser descredibilizada pelos vindouros.

Bluteau procurou lançar mão de uma grande amplitude textual no sentido de poder não só autorizar o seu dicionário, mas também buscar uma regularidade ortográfica que pudesse servir como padrão aos consulentes. A preocupação com o nível autoral diminui à medida que o autor se angustia em seu trabalho solitário de recolha: "Não pertendo, que os dittos Autores sejam todos igualmente de boa nota; só digo que as palavras que delles tirei, me pareceram dignas de alguma Noticia"(*apud* Silvestre, 2007, p. 6). Como não era falante nativo do português, não se sentia autorizado a tomar para si a responsabilidade de autoria. Esse trabalho será feito, mais tarde, por seu amigo Madureira Feijó (1688-1741) ao publicar, em 1741, a sua *Orthografia* e a *Breve Instrucçam para os Mestres das Escholas de Ler e Escrever*, de 1739.

No que respeita ao confronto com a língua espanhola, a obra de Bluteau foi de fundamental importância para o nivelamento entre os dois idiomas. No entender do teatino, ambas tinham a sua própria beleza e valor cultural e histórico, derivadas da língua latina, mas independentes, donas de uma "senhoril fidalguia". Para Bluteau, independentemente do processo histórico que deu à luz a língua portuguesa e castelhana, eram essas igualmente belas e dignas de valorização. Transcrevemos a seguir, em português atual, o sentimento de Bluteau frente a essa querela histórica, expresso em seu Prólogo na Advertência ao Leitor Estrangeiro:

> Podereis dizer, LEITOR ESTRANGEIRO, que com o Castelhano tem o Português muita analogia e grande cadencia, mas a semelhança não é corrupção. As línguas Castelhana e Portuguesa são duas irmãs que têm alguma semelhança entre si, como filhas da língua latina, mas uma e outra logra a sua própria independência e nobreza, porque nem o Português se deriva do Castelhano e nem do Castelhano descendo o Português. Primeiro (Antes) que imperassem nas Espanhas

133

> os Romanos, é certo que as duas nações, as que chamamos Castelhana e Portuguesa falavam alguma língua, se a língua Fenícia ou Carraginesa, se outra composta destas duas, ou misturadas com idiomas de Gregos, Gallos ou outros povos [...], não o examino nem tenho notícias suficientes para decidir questão tão intrincada como esta. Só digo que depois de estarem os Romanos em Espanha, Castelhanos e Portugueses misturaram a linguagem de seus novos Dominados com a que então falavam, e assim cada uma destas duas nações pelo seu modo alterou, e corrompeu a língua Romana, ou latina, porém com tão senhoril fidalguia, que nas palavras derivadas do latim, nem o Castelhano ao Português, nem o Português ao Castelhano deve a nova forma de sua locução. (Bluteau, 1728, v. I, p. 36-37).

É notável o papel da obra de Rafael Bluteau no tocante à defesa da língua pátria e da consequente identidade nacional. Ao longo de todo o texto contido em seu Prólogo, uma nação se faz presente por meio de uma língua cuja história se funde com a própria história de seu povo. O *Vocabulário* do padre teatino viria preencher não somente lacunas referentes às questões linguísticas, mas também à autoestima lusitana, cuja língua, até então, era tida como "tosca", mera corruptela do castelhano. Tendo sido completamente coligido em 1680, como já mencionamos anteriormente — ou seja, passados apenas 40 anos da restauração da coroa portuguesa após 60 anos de dominação espanhola —, a obra de Bluteau traz também um valor simbólico muito importante para o seu povo: a liberdade plena, materializada em sua língua.

Para se ter uma ideia do valor da obra de Bluteau no tocante à identidade nacional por intermédio da língua, da massa lexical de três milhões de palavras presentes em seus quase 72.000 artigos, divididos em oito tomos e dois suplementos, 75% está escrito em português, ou seja, cerca de dois milhões e duzentas e cinquenta mil palavras que ajudaram a resgatar a memória e o patrimônio linguístico e cultural, silenciados em 60 anos de dominação espanhola (Silvestre, 2007, p. 121-123). Nunca o dito de Nebrija — *siempre la léngua fui compañera del império* — aplicou-se tão bem a Portugal. Caberia aos dicionaristas do século XVIII e seguintes tornarem essa máxima verdadeira de sorte que a "República das Letras" retomasse o seu vigor. A Língua e as Armas: o maior orgulho da nação lusa, cuja memória e história estariam preservadas nas páginas e tomos de seus grandes repositórios — os dicionários.

CAPÍTULO IV

DICIONÁRIOS DO PERÍODO POMBALINO

4.1 O chamado Período Pombalino

As Reformas Pombalinas da Instrução Pública, iniciadas no reinado de D. José I (1750-1777), foram tratadas pelos historiadores ora como um período obscuro da educação em Portugal e seus domínios, quando todo um sólido e bem estruturado sistema já existente fora totalmente desmantelado, trazendo o caos e o atraso para o ensino, ora como um processo que, apesar de todas as suas vicissitudes, serviu para retirar a nação lusa e suas possessões ultramarinas do descompasso intelectual, cultural e social presente em Portugal, descompasso esse magnificado pela "lupa iluminada" dos filósofos setecentistas, estrangeirados ou não. Como aponta Carvalho (1978, p. 100), seria um absurdo negar o papel da Companhia de Jesus enquanto disseminadora da cultura lusitana, por meio de seu trabalho catequético e educacional, de instrução do gentio analfabeto. A própria "pressa" em preencher a lacuna deixada com a expulsão dos jesuítas é, segundo indica o autor, prova inconteste do refúgio benfazejo encontrado pelos filhos da população metropolitana ou de além-mar nas escolas da Companhia; porém, essa "pressa" tinha como grande motivação não somente o fato da expulsão dos clérigos da Companhia de Jesus e a necessária substituição por um novo modelo de ensino, mas também a situação econômica que, como entendiam Pombal e seus seguidores, precisava urgentemente de revitalização.

Os 27 anos do "Período Pombalino", ou seja, o período durante o qual D. José I esteve no poder, não se encerraram em 1777, como nos mostra a historiografia — e já evidenciado neste livro —, mas vão bem além de sua "deposição". No que tange à sua reforma pedagógica, os reflexos de tamanha empreitada se fizeram sentir bem além de seu período e área de atuação. Desde a chamada "Viradeira", com a ascensão ao trono português de D. Maria I, em 1777, passando por seu filho D. João VI e seu neto D. Pedro I (no Brasil), é possível sentir a continuidade da obra do Marquês de Pombal ao longo de tais reinados. Ao contrário dos revisionistas modernos da historiografia, os quais, segundo nos diz Falcon (1993, p. 224-225), procuram sempre atrelar os atos de Sebastião José de Carvalho e Mello aos acontecimentos que o precederam, o "período pombalino solda-se historicamente não com aquilo que o precede, mas com o que vem depois". Mesmo a já citada "Viradeira" não teria sido, segundo o autor, mais do que vinganças de seus desafetos, que nada contribuíram para uma total descontinuidade do ideário iluminista português iniciado por Carvalho e Mello.

Com efeito, acontecimentos tais como a fundação da Academia Real de Ciências, em 1779, e o início da compilação do *Diccionario da Língua Portugueza*, em 1793, pelos seus membros eruditos, mostram a continuidade da obra pombalina. No período mariano-pombalino foi criada, em 1779, a Academia Real da Marinha para formar oficiais e pilotos; em 1790 a Academia Real de Fortificação, Artilharia e Desenho; em 1796, uma Escola de Engenheiros Construtores Navais e, em 1803, a Academia Real de Marinha e Comércio da Cidade do Porto (Magalhães, 2010, p. 119). O germe de todos esses acontecimentos e avanços científicos e literários tem a sua origem nas Reformas Pombalinas da Instrução Pública. Como nos diz Falcon (1993, p. 226),

> Isso não seria possível sem a ruptura com o poder eclesiástico, com a ideologia desse poder. Isso significa que, sem o choque com o poder jesuítico e sem a eliminação da autonomia da Inquisição, sem a abertura para a transformação das mentalidades, implícita nestes conflitos, o reformismo ilustrado teria sido impossível. Por sua vez, é por ter assim rompido com uma tradição de mais de mais de dois séculos que a governação inova, transforma, moderniza.

A fundação do Real Colégio dos Nobres e, antes desse, a inauguração da Aula do Comércio, segundo nos informa Magalhães (2010, p. 118-119), "concretizaram a estatalização da formação técnica especializada e estavam insertas no primado pombalino de modernização de administração estatal e corporativa". Dando continuidade ao ideário pombalino, Diogo Inácio de Pina Manique (1733-1805) teve autorização régia em 20 de maio de 1780, portanto, já durante o reinado de D. Maria I, para a fundação da Casa Pia, um Internato cujo objetivo era recolher das ruas as crianças e jovens desvalidos para dar-lhes uma formação científica e técnica, tornando-os, dessa forma, úteis para os setores especializados de produção material. Atingia-se, assim, um duplo objetivo: limpar-se-ia a cidade e formar-se-iam técnicos para os setores produtivos mais inovadores. Tempos depois, segundo o mesmo autor,

Pina Manique inovará ao desenvolver um plano pedagógico que visava ao envio de "bolseiros" (bolsistas) casapianos ao exterior, tendo como objetivo a constituição de uma "força de renovação técnica nos principais setores da produção e da administração pública".

Sente-se a longevidade da obra pombalina também na universalização da Instrução Pública em Portugal e seus domínios. Em Portugal, haverá a homologação de escolas de Primeiras Letras para o sexo feminino, com a entrada, em 1791, das Ursulinas, "vocacionadas para a educação da mulher, pelo ensino e pela prática da leitura e da escrita". As primeiras Escolas de Meninas entrarão em funcionamento, por iniciativa pública, em 1815 (Magalhães, 2010, p. 112). É importante não nos esquecermos que Luiz Antônio Verney, já em 1746, defendia a instrução feminina e essa se encontra disposta no Alvará de 1759, o qual trata do ensino de Primeiras Letras para meninos e meninas. Em solo brasileiro, como já abordado no segundo capítulo desta obra, será a Lei Geral de 15 de outubro de 1827, durante o reinado de D. Pedro I, que dará a devida atenção à essa temática.

Em 10 de novembro de 1772 é decretada, pelo Alvará régio, a cobrança de um imposto sobre alguns gêneros alimentícios, o chamado "Subsídio Literário", cujo objetivo era cobrir as despesas com a Instrução Pública. Esse imposto, em que pesem as denúncias de malversação e corrupção envolvendo os gestores dessa receita (Cardoso, 2002, p. 145-147), serviu para financiar a Instrução Pública, tanto no Brasil quanto em Portugal. Ao falar sobre o processo de estatização do ensino e o uso da receita advindas do Subsídio Literário, Magalhães (2010, p. 112) nos diz que "a estatalização fomentou a multiplicação de mestres laicos, mas não impediu a escola confessional, tendo as Ursulinas e os Oratorianos recebido compensações pelo ensino, pagas através dos reditos do Subsídio Literário".

No Brasil de D. João VI, o monarca irá lançar mão do mesmo imposto, por meio de Decreto de 5 de março de 1809, ao criar uma Cadeira de Teologia Dogmática e Moral no Bispado De São Paulo:

> Conformando-me com a Mesa da Consciência e Ordens, em consulta de 25 de janeiro do presente anno, sob a representação do Bispo de São Paulo de 2 de junho de 1806, em que expõe a necessidade que há de se erigir naquelle Bispado uma Cadeira de Theologia Dogmática e Moral, onde o Clero possa adquirir os necessários conhecimentos das importantes verdades da Nossa Santa Religião: por estes tão attendiveis e ponderosos motivos, sou servido eregir e crear no Bis-

pado de São Paulo, uma Cadeira de Theoplogia Dogmática e Moral, com o ordenado de 250$000 por anno, pagos com os rendimentos do subsidio litterario [...]. (Brazil, 1891, p. 27).

Oliveira (2006, p. 54) nos informa acerca de uma outra ocasião, durante a permanência de D. João VI no Brasil quando esse mandou criar, pela Carta Régia de 28 de janeiro de 1817, uma Cadeira de Química para a "Cidade da Bahia", tendo nomeado o lente Dr. Sebastião Navarro de Almeida, cujo ordenado era de 600$000 réis, pagos "a quartéis como os mais professores pelos rendimentos do subsídio literário".

Diversos são, portanto, os exemplos da continuidade das Reformas Pombalinas presentes nos decretos e alvarás após 1777. Um dos mais importantes de todos, a nosso ver, relaciona-se à Reforma da Universidade de Coimbra, em 1772, e aos egressos brasileiros que, retornando ao Brasil — mesmo servindo à Coroa portuguesa — ajudaram na construção de uma elite "nacional" que viria a governar o país após sua independência. Gauer (2007, p. 66-67) nos diz que a Universidade de Coimbra já reformada criou todo um corpo técnico que englobava juristas e magistrados, os quais tiveram papel fundamental na organização do estado, assim como na elaboração das leis brasileiras após 1822. Segundo a mesma autora, vários egressos brasileiros assumiram postos dentro do quadro docente, atuando como os primeiros professores e inspetores do ensino colegial e superior após a chegada da corte portuguesa, em 1808. Teriam sido esses ex-alunos da Universidade de Coimbra, ainda segundo Gauer, os únicos brasileiros com curso superior à época.

Acompanhando o desenvolvimento intelectual e científico do reino português e seus domínios, iniciado com as Reformas Pombalinas, haverá o surgimento de compêndios voltados a servir tal propósito. Dentre as diversas obras, encontram-se os dicionários — monolíngues e bilíngues —, cujo surgimento na Antiguidade e desenvolvimento em Portugal já foram abordados no capítulo anterior. Vimos no capítulo II, por meio da leitura e análise das peças legislativas do período pombalino, a recomendação do ensino de línguas vivas, mesmo em um caráter instrumental, visando ao acesso dos Estudos Maiores da Universidade de Coimbra, o que necessariamente fomentou a produção, em grande quantidade, de tais instrumentos metalinguísticos.

4.2 O *Diccionario Portuguez e Latino* — 1755

À exceção do monumental dicionário do padre Rafael Bluteau, a grande maioria dos dicionários que o precederam e sucederam teve vocação escolar. Em 1755, o Pe. Carlos Folqman traz ao público a sua obra *Diccionario Portuguez, e Latino no qual as Dicções, Frases da Lingua Portugueza, e as suas variantes significações, genuínas e methaforicas, se achão clara e distinctamente vertidas na Latina, e authoizadas com exemplos dos Authores clássicos, Compilado do Vocabulario do Reverendo Padre D. Rafael Bluteau, e dos melhores diccionarios de varias línguas, à todos que estudam a lingua Latina, não só utilíssimo mas summamente necessário*. Essa obra, uma das primeiras recopilações do *Vocabulario Portuguez e Latino*, foi oferecida ao rei D. José I e vinha somar-se às obras voltadas ao ensino do latim por meio da língua portuguesa. Trata-se de uma obra de síntese na qual os vocábulos e expressões portuguesas são contrapostos aos seus equivalentes em latim. Há em alguns casos a classificação gramatical dos verbetes, mas isso não parece ter sido o enfoque principal do autor. Ao que nos parece, a obra tem como objetivo principal facilitar aos estudantes a consulta rápida aos equivalentes em latim:

Figura 1 – Verbete de ABAIXAR

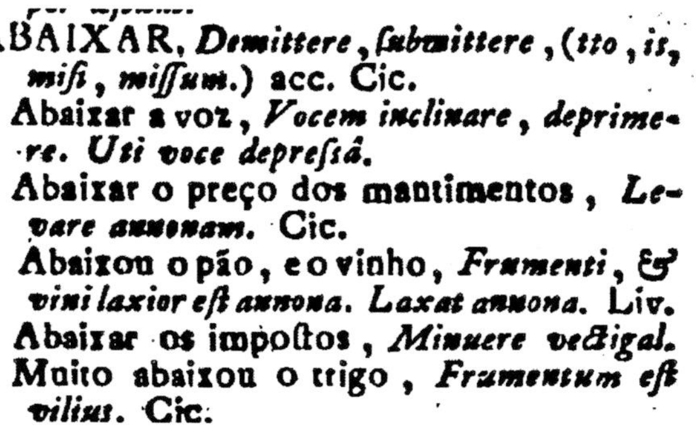

ABAIXAR, *Demittere, Submittere,* (*tto, is, misi, missum.*) acc. Cic.
Abaixar a voz, *Vocem inclinare, deprimere. Uti voce depressâ.*
Abaixar o preço dos mantimentos, *Levare annonam.* Cic.
Abaixou o pão, e o vinho, *Frumenti, & vini laxior est annona. Laxat annona.* Liv.
Abaixar os impostos, *Minuere vectigal.*
Muito abaixou o trigo, *Frumentum est vilius.* Cic.

Fonte: Diccionario Portuguez e Latino –1755

Já para a entrada "ABAIXO", o autor traz a classificação gramatical e algumas frases em que procura definir suas diferentes acepções por meio de seu contexto:

Figura 2 – Verbete de ABAIXO

> ABAIXO, adv. *Infra*, *infernè*, *inferiùs*.
> Para baixo, *Deorsum versùs. Deorsum ver-*
> *sùm.*
> Abaixo das sobrancelhas estão os olhos,
> *Superciliis subjacent oculi.* Plin.
> Abaixo de Cicero he o Principe dos Ora-
> dores, *A' Cicerone Oratorum est facilè*
> *Princeps.* Cic.
> Abaixo delle não tenho maior amigo do
> que vosso irmão, *Secundùm illum nemo*
> *mihi est fratre tuo amicitior.* Cic.

Fonte: Diccionario Portuguez e Latino –1755

O mesmo acontece com o verbete "ABALADO", no qual o autor, além de classificá-lo gramaticalmente, acrescenta expressões com sentido figurado (metafórico), alargando, dessa forma, a amplitude semântica de cada verbete:

Figura 3 – Verbete de ABALADO

> ABALADO, a, (levemente, e sem for-
> ça) *Motus*, ou *commotus*, *a*, *um*.
> ABALADO, (com força) *Concussus*, *a*, *um*.
> Dente abalado, *Dens mobilis. Dentes la-*
> *bantes.* Plin. H.
> *Metaph.* Estive abalado para ir a Roma,
> *In procinctu steti proficiscendi Romam.* Sen.
> Elle está abalado (quasi persuadido, re-
> solvido,) *Labascit.* Ter.
> Abalado de hum mal, de huma doença,
> *Morbo tentatus*, *a*, *um*. Cic.

Fonte: Diccionario Portuguez e Latino – 1755

O autor atentou também para a definição dos termos utilizados em áreas técnicas, como podemos observar na sequência que selecionamos a seguir — "ZIRBO", "ZODIACO" e "ZONA":

Figura 4 – Verbetes de ZIRCO, ZODÍACO e ZONA

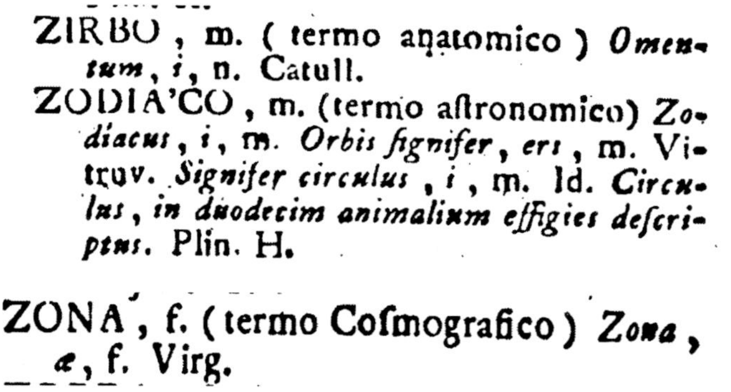

> ZIRBO, m. (termo anatomico) *Omentum, i,* n. Catull.
> ZODIA'CO, m. (termo aftronomico) *Zodiacus, i,* m. *Orbis fignifer, eri,* m. Vitruv. *Signifer circulus, i,* m. Id. *Circulus, in duodecim animalium effigies defcriptus.* Plin. H.
>
> ZONA, f. (termo Cofmografico) *Zona, æ,* f. Virg.

Fonte: Diccionario Portuguez e Latino – 1755

Tais observações nos são interessantes por demonstrarem o resultado dos estudos desenvolvidos nas Academias — no caso português, a Academia Real de História, fundada em 1720 por D. João V — e pelos intercâmbios intelectuais, como o próprio título da obra indica e por nós já apontado ao longo deste livro.

As reclamações de Luiz Antonio Verney acerca da pouca ou quase nenhuma utilidade do grandioso dicionário de Bluteau encontraram eco em vários dicionaristas do século XVIII. O dicionário de Folqman (1755, p. 1) veio tentar emendar essa falha como cita o próprio autor em seu Prólogo:

> Como o grande Vocabulario, Portuguez e Latino do reverendo Padre D. Rafael Bluteau pela sua multidão de tomos ficou só servindo de ornato de livrarias, e não para o bem público dos que estudão a Lingua Latina, faço com este Diccionario compedioso à República Litteraria deste reino participante do que nelle, e em outros Diccionarios de varias línguas achei mais útil para o estudo de verter huma oração Portugueza na Latina. Pequeno parecerá o volume, mas assim ser conveniente ao bem commum para ser folheado dos estudantes, e para isso busquei a letra mais miúda, e mandei encher a página o mais que pudesse ser.

Com relação ao critério adotado para a seleção dos verbetes, Folqman, assim como faria Moraes e Silva 34 anos mais tarde, excluiu palavras em desuso, como "mal português" ou etimologicamente incorretas, demonstrando sua preocupação com questões relacionadas ao uso corrente e à correta ortografia:

> Muitas palavras exclui por serem de pouca importância e não terem os latins certos como são: *Alféloa, Alfenim, Alhada, Amortecer, Bispar, Encarapitar-se, Encaramonado,* e outra semelhantes. Outras refuguei por ser de má linguagem Portugueza, como são: *Acabellado, Acaçapar, Afundar, Emmarar-se,* etc. Muitas acrescentei, como são: *Affundir, Apreço, Atido, Amofinação,* etc. A muitas que estavão escritas por má ortografia, como: *Abaxo, Baxa, Baxeza, Baxo, Comprir, Cubrir, Enquerir, Enqueridor, Encubrir, Enveja, Jugar.* As mudei para seu genuíno modo de escrever, como se vê em: *Abaixo, Baixa, Baixeza, Baixo, Cumprir, Cobrir, Inquirir, Inquiridor, Encobrir, Inveja, Jogar.* (Folqman, 1755, p. 2).

É possível perceber que, embora em seu discurso a obra se destinasse ao ensino do latim, o autor contribuiu muito para a estabilização da língua portuguesa, ao atentar-se para as questões ortográficas e de uso correto, elencando frases e locuções em que os verbetes em língua portuguesa se inseriam.

Como já apontado por Verdelho em vários de seus textos, a lexicografia portuguesa iniciou-se relativamente tarde em relação às outras nações europeias. O uso de dicionários em ambiente escolar nas outras nações já era uma prática, de certa maneira comum, como podemos inferir da fala do autor. Sendo assim, para se "renovar o antigo esplendor da República das Letras", o uso do dicionário, nas palavras de Folqman, era uma necessidade da qual não se podia prescindir — especialmente para se aprender o latim, conhecimento essencial a toda erudição. Em sua breve Dedicatória a D. José I, assim se dirige o autor:

> A proteção das bellas letras, em que muito se signalou o Augustissimo Rei D. João V. e em a qual V.MAGESTADE o imita com universal utilidade de toda Monarquia Portugueza tem animado a muitos, para que com seus estudos, e fadigas litterarias se atrevão a concorrer, para que se renove em nós aquelle antigo esplendor, com que ellas algum dia florescião em Portugal. Entre estes pretendo eu ser contado, senão pela litteratura, ao menos pelo desejo de concorrer para o bem commum da minha pátria; pelo que tendo eu advertido que na facilidade, e propriedade da locução Latina se continha um grande subsidio para toda a outra erudição; e observando que as nações estranhas, entre as quaes aprendi a lingua Latina, se valião principalmente de Diccionarios, de que entre ellas há grande copia, e entre nós grande falta, me resolvi a ordenar este que offereço a VOSSA MAGESTADE, pequeno sim para

failitar aos principiantes o tello, e folhealo, mas com bem fundada esperança de o compreenderem. (Folqman, 1755, Dedicatória, p. 1-2).

O *Diccionario Português, e Latino* (1755), embora não tivesse sido incluído na relação de obras destinado ao ensino de latim nas Instruções que acompanharam o Alvará de 28 de junho de 1759 (Verdelho, 1982, p. 365), nos é claramente um dicionário voltado à escolarização do latim e da língua portuguesa, trazendo em si a simplicidade — talvez simples demais, como pudemos observar nas definições de seus verbetes — desejada para a nova pedagogia da época. A intencionalidade do autor em trazer ao público uma obra de síntese, livre da erudição presente na obra enciclopédica de Rafael Bluteau, é evidência da preocupação existente entre aqueles que estavam envolvidos com a educação em Portugal e seus domínios. O trecho anteriormente citado nos é bastante revelador do interesse e preocupação com a mocidade lusitana, responsável que seria de reerguer o país à condição de nação polida.

Figura 5 – Folha de Rosto do Diccionario Portuguez e Latino – 1755

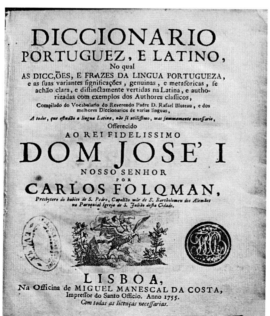

Fonte: https://books.google.com.br/books?id=kWdwzkG6miYC&pg=PP5&hl=p-t-BR&source=gbs_selected_pages&cad=1#v=onepage&q&f=false

4.3 O *Novo Diccionario das Línguas Portugueza e Franceza* — 1764

Como vimos no capítulo II, é com a Carta de Lei de 7 de março de 1761 que se funda o Real Colégio dos Nobres e, em seus Estatutos, determina-se, dentre outras coisas, o ensino de línguas vivas — francês, italiano e inglês. É dada, assim, a condição necessária para a produção de dicionários bilíngues (vernáculo-vernáculo) a serem utilizados pelos "Discípulos". Em 1764, é publicado o *Novo Diccionario das Línguas Portugueza e Franceza, com os Termos Latinos*, pelo Pe. Joseph Marques. Essa obra, conforme pudemos averiguar, foi composta em pleno período joanino, anterior ao reinado de D. José I. A primeira Licença data de 23 de agosto de 1748, consentida pelo Santo Ofício; a segunda, ainda no mesmo ano, é concedida pelo Ordinário, em 23 de outubro; a terceira, também de 1748, tem sua autorização em 5 de dezembro. A quarta e última Licença é somente concedida em 24 de fevereiro de 1764, ano que consta na folha de rosto como sendo a de sua primeira edição. Desconhecemos o motivo de tão grande lapso de tempo — cerca de 16 anos — entre a data da primeira Licença e a sua publicação. Tais dados, no entanto, nos servem como evidência dos trabalhos lexicográficos do tipo vernáculo-vernáculo, já durante o reinado de D. João V, o que prova que as ideias iluministas em Portugal, ao contrário do que se insinua, faziam-se presentes, desde cedo — como vimos no capítulo III, a respeito dos Ericeiras — nos salões das Academias e bibliotecas dos eruditos lusitanos.

Sendo a língua francesa a língua franca de então, a língua das belas artes, da literatura e das ciências, não poderia Portugal prescindir de aprendê-la, como afirma o editor do *Novo Diccionario Portuguez e Francez*. As outras nações de cultura já haviam se curvado a esse fato. No brevíssimo texto do "AVISO DO EDITOR", o editor da obra de Joseph Marques — o mesmo apenas assina com as iniciais "LI" — justifica a sua publicação:

> [...] offereço agora o segundo Tomo, Portuguez, e Francez, com os termos Latinos; com cuja offerta me parece lisongearey o gosto daquelles Portuguezes, que verdadeiramente amão as lettras, e como taes cultivão a Língua Franceza, em que se achão escriptas, as obras mais selectas, e que todos deverão aprender para chegarem a possuir o mais delicado gosto nas matérias scientificas [...]. Sendo tão grande a curiosidade, com que de annos a esta parte, tem florescido entre os Portuguezes o uso da Língua Franceza, tão vulgar hoje em Portugal, havendo-o já para os Inglezes, Hespanhoes, Italianos, Alemaes, Flamengos, etc. A esta falta occoreo o

infatigável Author do presente Diccionario, cujo zelo pelo bem da Pátria, e summa inclinação que sempre teve à Língua Franceza, o fizerão empreender esta laboriosa obra, empregando nella as horas vagas, que lhe restavão das obrigações da Igreja. (Marques, 1764, v. II, p. 10).

Por meio de nossas pesquisas pudemos notar que, embora o autor utilize o termo "Novo", o dicionário de Joseph Marques deve ter sido mesmo o primeiro bilíngue português-francês, francês-português — encontramos uma obra, além da de Marques, que data de 1794, o *Diccionario Portuguez, Francez e Latino*, de Joaquim José da Costa e Sá (1740-1803), e uma outra de 1796, o *Novo dicionario francez-portuguez: composto segundo os mais célebres diccionarios e enriquecido de muitos termos de Medecina, de Anatomia, de Cirurgia, de Farmacia, de Quimica, de Historia Natural, de Botânica, de Mathematica, de Marinha e de todas às outras Artes e Sciencias: notavelmente corrigido, emendado e addicionado com hum sem números de termos, e de locuções, e algumas phrases em ambos os idiomas*, já em sua 5ª edição e de autoria desconhecida. Pelo título dessa obra —– não tivemos acesso a ela — deduzimos que deve ter características enciclopédicas semelhantes às do *Vocabulário* do teatino, Rafael Bluteau.

Tomando como parâmetro o *Vocabulário Portuguez e Latino* do Pe. Rafael Bluteau, podemos perceber várias semelhanças, tanto no que se refere à disposição dos verbetes em cada folha quanto na forma de explicação dos mesmos. As palavras, tanto em um dicionário quanto em outro, encontram-se alinhadas em colunas duplas, sem definição de classe ou função gramatical. Em ambos os dicionários as definições são dadas em forma de glosa. No *Vocabulário* há o equivalente em latim depois de cada glosa; no *Novo Diccionario* de Joseph Marques há, além das equivalências em latim, a versão em francês, como podemos ver no quadro seguinte para a palavra "abalo" e algumas poucas acepções que escolhemos aleatoriamente:

Rafael Bluteau	Joseph Marques
Abalo, Abâlo: Movimento leve ou impulso com que qualquer couza se move do seo logar <> *Motus Levis alicujus rei.* **Abalo de doença**: Ameaço della. **Abalo de febre**: *Febris tentatio, onis* **Sente grande abalo nos Rins**: *Reus morbo tentatur acuto.* **Abalo vide Terramoto ou Tremor da Terra**: *Terra motus ou terra Tremor*	**Abalo, Movimento leve**: <> *mouvement; agitation légere et petit (Motus Levis alicujus rei.)* **Abalo de doença**: Ameaço della, abalo de febre <> *Attaque de maladie (Febris tentatio, onis; morbi commotiuncula, ae).* **Abalo vide Terramoto.**

Percebe-se, pelas definições, que o corpus lexical utilizado por Joseph Marques se encontra na obra do teatino Rafael Bluteau, como o próprio subtítulo do dicionário denuncia — *Tirado dos melhores Authores e do Vocabulário e Latino do Padre D. Rafael Bluteau*. A fonte francesa veio da "Academia Franceza, Universal de Trevoux, de Furetiere, de Tachard, de Richelet, de Danet, de Boyer, etc.". Na extensão das explicações, porém, podemos notar que Joseph Marques busca definições mais breves e objetivas. Vejamos a definição para a palavra "aba":

Rafael Bluteau	Joseph Marques
Aba: Diz-se da extremidade ou de algum acrescentamento de couzas naturaes, ou artificiaes, como em obras de marcenaria, carpintaria & outras, & como serve de as aperfeiçoar-lhe poderás chamar geralmente <> *Operis alicujus complementium, i, Neut.*	**Aba**: Diz-se da extremidade ou de algum acrescentamento, como em obras de marcenaria, carpintaria e outros. <> *Compliment, ce qui sur pour achever lors qu'il manque quelque chose (Operis alicujus complementum,i).*

Embora se tratassem de dois clérigos, podemos notar a tendência à simplificação e à objetividade na definição dos verbetes em Joseph Marques, ainda que não se tenham levado em consideração, em ambas as obras, as questões referentes à classificação e função gramatical, como já salientamos anteriormente. Para se ter uma ideia do que afirmamos — no tocante a recolha, seleção lexical e definição dos verbetes —, a obra de Joseph Marques tem 763 páginas que cobrem de A-Z — o último verbete é "zurzir". O tomo I de Bluteau, porém, tem 698 páginas e o último verbete é "azurracha". Além da palavra "azurracha", palavras tais como "azoth", "azinhoso", "azincurt", "azimuth", "azibo", só para citarmos algumas poucas e evitarmos a monotonia, foram deixadas de fora por Joseph Marques, o que evidencia sua intenção de torná-la aprazível aos seus leitores e despojada dos excessos etimológicos e enciclopédicos da obra barroca de Bluteau. No que concerne à questão ortográfica, percebemos na obra de Joseph Marques uma maior padronização em sua escrita. Vejamos no exemplo seguinte a definição da palavra "azorrague":

Rafael Bluteau	Joseph Marques
Azorrague, Azorrágue: Hu~a correa solta, ou mais correas enlaçadas, pegadas por huma parte em hu páo, & por outra parte cõ hum nó no cabo, cõ q~ se castigão as bestas.	**Azorrague:** Huma Correa solta, ou mais correas enlaçadas, pegadas em huma parte em hum pão, e por outra parte com hum nó no cabo, com que se castigaõ as bestas.

Como já havíamos salientado no capítulo anterior, o próprio Bluteau reclamava da inconstância ortográfica dos textos em língua portuguesa, atribuindo aos editores a responsabilidade, em muitos casos, pela não estandardização ortográfica em Portugal. Percebemos na obra de Marques, no entanto, uma maior tentativa de padronização ortográfica. Em Bluteau há três formas diferentes para a palavra "uma" — "hu~a", com o til sobre o "u", "hu" em "hu páo" e "huma" em "huma parte". Em Marques, como podemos observar, tal não ocorre. Notamos, porém, que a flutuação ortográfica continua ainda no período pombalino — lembremo-nos que a obra de Marques veio à luz em 1764 — ao observarmos as duas formas diferentes de grafar "castigam": "castigão", em Bluteau, e "castigaõ", em Marques.

Por fim, a não existência de reedições da obra de Joseph Marques — temos o conhecimento de apenas uma edição de seus dois tomos no ano de 1764 — indica que, embora essa tenha sido publicada no período pombalino e ter tido o mérito de simplificar o conteúdo presente na grandiosa obra de Rafael Bluteau, seu *Novo Diccionario das Línguas Portugueza e Franceza* trazia ainda características do período barroco, no qual o *Vocabulário Portuguez e Latino* (1712-1728) fora compilado.

Um outro aspecto observado em nossa análise do Tomo II da obra do Pe. Joseph Marques refere-se ao seu caráter "monolíngue". Como pudemos notar, o autor não traz os equivalentes dos verbetes em francês, mas sim a versão da definição portuguesa naquela língua. Da mesma maneira anotou Verdelho (1991, p. 253):

> O *Novo Diccionario das Línguas Portugueza e Franceza, com os termos latinos*, do P. José Marques, deve ter sido mesmo concebido para ser usado essencialmente como um dicionário

monolíngue do português. Os artigos, para além da forma portuguesa correspondente à entrada, são compostos por uma glosa em português, com a definição ou explicação ou equivalentes sinonímicos, seguida de uma breve anotação francesa e latina.

Figura 6 – Folha de Rosto do Novo Diccionario das Línguas Portugueza, e Franceza — 1764

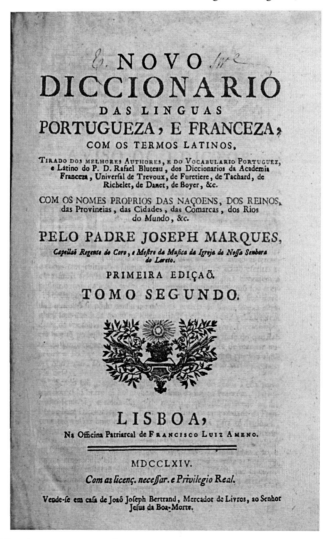

Fonte: https://books.google.com.br/books?id=Fwsk_oraZC4C&printsec=frontcover&hl=pt-BR#v=onepage&q&f=false

4.4 O *Dizionario Italiano, e Portoghese* — 1773-1774

Também intitulado *Diccionario Italiano, e Portuguez, extrahido dos melhores lexicógrafos, como De Antonini, De Veroni, De Facciolati, De Franciosini, Do Diccionario da Crusca e do Da Universidade de Turim*. Trata-se de um dicionário bilíngue (italiano-português), dividido em dois tomos — Tomo I de A-L, 828 páginas, em 1773; Tomo II de M-Z, 804 páginas, em 1774 —, compilado pelo professor régio Joaquim José da Costa e Sá (1740-1803). A diferença entre a obra do Pe. Joseph Marques — *Novo Diccionario das Línguas Portugueza e Franceza* — e a de Costa e Sá são visíveis, a começar pelo seu Prefácio, o qual já apresenta ao leitor todo o plano da obra no que se refere à seleção, organização e disposição dos verbetes ao longo do texto dicionarístico. Nas definições das palavras italianas, o autor procurou explicá-las "de maneira fácil, distinta e natural", dando-lhes o maior número de acepções possíveis no idioma português. Com relação às classes gramaticais, distinta e claramente apresentadas, o autor diz ter tido o trabalho de "evitar as inumeráveis irregularidades que se acham nos dicionários" ao misturarem, por exemplo, o superlativo dos adjetivos "em lugar dos adjetivos positivos de que se compõem". Tratou também o autor não só dos sentidos literais de cada termo, mas também do sentido figurado, utilizando provérbios e pequenas citações do cotidiano para ilustrar o uso mais adequado (Costa e Sá, 1773, p. 7):

> ABBLAGIARE. v. a. Cegar, fazer escurecer; causar nevoa à vista; tirar, privar alguém da vista. Propriamente, significa o efeito, que produzem os raios do Sol, ou de outro corpo luminoso, que ferindo-nos os olhos, não podemos ver.
>
> *Abblagiare gli occhi dell' intelleto.* No Fig. Encher de trevas o entendimento, Escurecer os olhos do entendimento. (Costa e Sá, 1773, p. 2).

No tocante às variantes linguísticas, o autor se preocupou em mostrar os três diferentes dialetos falados na Itália: o Romano, o Florentino e o Toscano. Para cada vocábulo usado o autor diz fazer para o consulente a distinção regional, ou seja, se é oriunda de Roma, de Florença ou do Sena. Atentou também para as questões fonéticas e para o modo como essas estavam ligadas ao significado das palavras. Para cada verbete que pudesse trazer confusão ao consulente, tratou de grafá-las devidamente, de sorte que o leitor pudesse reconhecer o seu sentido correto:

> Accentuei perfeictamente as palavras para sua correcta pronunciação, e verdadeira intelligencia, em todas aquellas syllabas em que deve-se fazer mayor pausa com a voz, pois muitas vezes uma palavra tem differentes significações, as quaes só se indicam pelo o accento; por exemplo *Ancora* significa Ancora do Navio, *Ancòra* é um Advérbio e significa Também. (Costa e Sá, 1773, p. 10).

Para ilustrar o que diz o autor temos:

> ÀGATA. S.f. Pedra preciosa de várias cores, transparente, estimada pela sua dureza.

> AGÀTA. S.f. Linha, fio de agulha. (Costa e Sá, 1773, v. I, p. 39).

> MANNA. S.f. Manná, orvalho ou licor de doce sabor, que cahe do Ceo. Suco ou licor que se destilla das folhas de alguma arvores; gênero de orvalho, que miraculosamente cahia dos Ceos aos no deserto aos Hebreos. Alimento, a comida, a mais delicada e esquisita.

> MANNÀ. S.f. Feixe, molho, mão cheia, punhado de palha, de herva, etc. (Costa e Sá, 1774, v. II, p. 18).

Para a questão da tonicidade e articulação das vogais pré e pós-tônicas, "E" e "O", o autor alerta que essas também poderiam trazer problemas aos iniciantes. Cita como exemplo o caso da palavra "Torre": "Quando se pronuncia com o 'O' fechado, he nome Substantivo, e significa huma *Torre*; e com o 'O' aberto he Verbo e significa *Tirar*". Com relação ao gênero dos substantivos, o autor também afirma ter dedicado especial atenção, uma vez que muitos "gêneros de nomes substantivos em Italiano que são masculinos, são femininos em Portuguez, o que fiz também sobre os adjetivos, assim de duas como de huma forma".

O uso das preposições e forma adequada de colocação, bem como a declinação — ou não — de alguns substantivos dentro da oração também são devidamente tratados pelo autor:

> Em cada palavra se observou abbreviadamente a parte da Oração que tem no discurso; e muitos Substantivos que se não declinão, segundo a regra geral, no numero plural, e que mudão de gênero, vão notados como *Braccio*, que se declina *Braccij* e *Braccia* [...]. A mesma observação se praticou a respeito das Preposições, indicando-se nos seus logares próprios, os diversos casos que continuam a reger. (Costa e Sá, 1773, p. 10-12).

Quanto aos verbos e suas irregularidades — um total de 193 —, o autor teve o grande cuidado de listá-los alfabeticamente em forma de apêndice — o autor o classifica como "Catalogo". O único inconveniente, a nosso ver, é que o dito "Catalogo" encontra-se apenas no Tomo II, iniciado à página 801, e não dividido alfabeticamente por tomo, como seria mais adequado. O mesmo acontece com a "TABOA em que se explicão as Notas e os Breves", também relegada para o fim do segundo tomo. Na referida lista dos verbos, Costa e Sá, além de ordená-los alfabeticamente, apresenta uma breve declinação dos mesmos nos diferentes tempos verbais, anotando, inclusive, os casos onde não se conjugam — defectivos — em todos os tempos ou pronomes, bem como as fontes que o orientaram — em geral, o *Diccionario da Crusca*.

Embora o dicionário de Joaquim José da Costa e Sá seja um bilíngue italiano-português, ou seja, pela sua ordenação vernacular, esse sendo dirigido ao público português para o aprendizado da língua romana, o que se percebe é que, na realidade, tratava-se também da dicionarização da língua portuguesa e do consequente uso e aprendizagem por parte dos italianos e dos próprios portugueses do nosso idioma. Isso fica bastante evidente na explicação que o autor oferece acerca das expressões e frases utilizadas entre as duas línguas:

> [...] fui movido [...] a exprimir em termos precisos, e equivalentes a verdadeira expressão Portugueza, que correspondia naturalmente a todas as Frases e Locuções Italianas; o que as vezes repito de dous modos differentes; mas ambos naturaes, e próprios; pois assim falaráõ puramente no Portuguez, o que se acha tratado com elegância, e beleza no Italiano; e o mesmo fiz a respeito dos Provérbios, e dos Termos especiais das Sciencias; no que julgo ter empregado summa diligencia e feito igual beneficio, não só aos Nacionaes, mas também aos Italianos [...]. (Costa e Sá, 1773, p. 11).

Há inúmeros exemplos nas páginas do dicionário em estudo que comprovam nossa assertiva, senão vejamos:

> AMULETO. S.m. Remédio contra todo o mal, particularmente contra os feitiços, huns deste gênero de remédio são supersticiosos, outros mysteriosos; Amuleto. (Costa e Sá, p. 72).

O aparente "enciclopedismo" na definição do verbete "AMULETO" trata-se, na verdade, da definição do mesmo direcionada não só ao leitor italiano, mas também ao português, obedecendo à tendência de clareza e objetividade, características do século das Luzes. As definições do verbete em discussão, tanto em Rafael Bluteau quanto em Joseph Marques, são demasiadamente longas, ocupando, em ambos os casos, toda ou quase toda a coluna em que se encontram. No entanto, nem sempre o nosso ilustre professor usou os termos "que correspondiam a todas as frases e locuções italianas", como o mesmo afirmava. Vejamos o exemplo que selecionamos:

> ABBAJARE. V.n. Ladrar os cães, latir, ganir os cães, dar latidos, esganiçar-se. Fallar inconsideradamente, gritar muito, vociferar, dar vozes. Importunar, pedir com veemência, com instancia; perseguir vivamente: No Fig. *Abbajiare incontro a uno*: injuriar alguém com palavras; dizer-lhe injurias.
>
> ABBAJATO. Adj.m. Perseguido com os latidos dos cães. No Fig. Injuriado com palavras. (Costa e Sá, 1773, p. 2-3).

Evidente está a má escolha para a definição do adjetivo "ABBAJATO" como "perseguido pelo latido dos cães". O verbo "Abbajare", conforme apresentado pelo próprio autor, tem outras acepções além de "latir" ou "ladrar", podendo significar também "vociferar" ou, até mesmo, "injuriar", "ofender". O autor colocou "injuriado" com o sentido figurado, quando na verdade tem também o sentido literal de "insultar", como vimos nas outras definições oferecidas para aquele verbo. Encontramos diversas "falhas" desse tipo ao longo de seu dicionário, mas como não é a nossa intenção fazer uma varredura dos defeitos em sua obra — defeitos esses que ele mesmo antecipa estar certo de existir —, preferimos apontar o aspecto moderno e o seu alinhamento com as novidades pedagógicas de sua época.

Como vimos, era uma obra para servir às duas nações ao mesmo tempo. No entanto, ao longo de seu Prefácio, Costa e Sá, imbuído do espírito europeu da época, de defesa do vernáculo nacional, não perdeu a oportunidade de elevar a língua portuguesa aos níveis mais altos que uma língua de cultura deveria se encontrar. Mais uma vez, o dito "uma língua, uma nação" se faz sentir na fala do ilustre lexicógrafo e professor régio português. Sua obra tem, além do caráter educativo e de formação intelectual, aquele da defesa da nação lusa frente às nações polidas da época, não deixando Portugal nada a dever em termos de erudição e sabedoria, dignamente representado pelos homens de letras lusitanos — veremos adiante o que Alain Choppin (2004) tem a dizer a esse respeito. Com o bom uso do dicionário italiano-português que então era trazido à luz os italianos,

> Evitar[i]ão o transtornar e desfigurar, com suas inversões viciosas as traducções dos melhores Escriptos, que se publi-

> cam no nosso Idioma, ficando nesta parte, prejudicada a reputação, e merecimento de seus Authores, como também deslustrada a Nação: como sucedeo com a tradução, que os Venezianos fizerão da Primeira Parte da *Tentativa Theologica* do meu doutissimo Mestre, o Senhor Antonio Pereira de Figueiredo, Deputado Ordinário da Real Meza Censoria, &, que pela sua profunda e vasta erudição, nas Letras Divinas, e Humanas, por sincera e unânime confissão de todos os Sábios das Nações cultas, tem illustrado com Glória a Nação Portugueza. (Costa e Sá, 1773, p. 11).

Assim como já acontecia, desde o século XVI, quando João de Barros e Pero de Magalhães Gândavo defendiam a pureza e a beleza da língua portuguesa pela sua proximidade com o latim, o mesmo aconteceria — como não poderia deixar de ser — com Joaquim José da Costa e Sá. A comparação com a língua italiana, a qual era considerada pelo autor uma língua "irmã", era inevitável, sobressaindo-se a língua portuguesa à italiana. De maneira bastante escrupulosa e comedida, o autor deixa implícita a impureza da língua italiana por ter sido essa, dentre as quatro latinas — português, francês, espanhol e italiano — a que mais sofreu com as invasões bárbaras e, por conseguinte, a que menos manteve da língua mãe a beleza e a pureza:

> He certo que tem havido muitas contestações sobre qual das quatro Línguas, a saber, a Portugueza, a Hespanhola, a Franceza e a Italiana, sigão mais o gênio da Latina, mai de todas ellas. Eu por não querer ser condenado de parcial, deixo à ponderação dos juízos críticos este ponto; [...] digo porem, que nenhuma Nação padeceo maiores irrupções dos Bárbaros, como a República Romana, e por consequência nenhuma tem a sua linguagem mais viciada, e cheia de barbarismos; ruína que se originou do commercio, e comunicação dos ditos Bárbaros, de modo que hoje a Lingua Italiana não he mais que huma pura mistura do fallar barbaro, e vulgar, e das pessoas menos cultas com proprio Latino, e com o das mesmas Nações Bárbaras. (Costa e Sá, 1773, p. 12).

A "imparcialidade" do autor torna-se claramente difícil de sustentar, na medida em que ele afirma ser a língua italiana "viciada e cheia de barbarismos", uma verdadeira "mistura de fallar bárbaro e vulgar" e de "pessoas menos cultas". Ou seja, se o dito "uma língua, uma nação" fosse realmente tomado ao pé da letra, poder-se-ia inferir que a Itália estava muito aquém da nação portuguesa. Não era — e não é — realmente o caso. Sabemos que tudo se tratava apenas de discursos em defesa da integridade nacional. A língua, sendo um de seus maiores patrimônios, era sempre colocada sob a tutela daqueles que seriam, ou se autointitulavam ser, os guardiões desse patrimônio. Nada melhor que os dicionários para bem guardá-lo.

Contrariamente ao que afirmara Costa e Sá, foi no contato com a língua italiana que a portuguesa teve a oportunidade de alargar o seu léxico enquanto o eminente professor fazia sua compilação. Muitas vezes, por não encontrar equivalentes em português para dar a definição dos "abundantes" verbetes abstratos italianos, o autor confessa ter tido de "inovar alguns vocábulos" para poder dar a terminação portuguesa. Não seguro do resultado de tal inovação em termos de clareza, sentiu-se obrigado a dar mais detalhes sobre o termo italiano, cujo resultado, a nosso ver, não deve ter sido muito aprazível para os pouco letrados:

> Muitas vezes me vi obrigado, especialmente nos Nomes abstractos, de que tanto abunda a Língua Italiana, a dar-lhes terminação Portugueza; não deixando com tudo de definir a sua significação por um circunlóquio mais estenso. Eu me imagino que as pessoas razoáveis, e doutas, me desculparão a temeridade de inovar alguns Vocábulos; o que so pertence aos sogeitos de mais fundamental conhecimento de nossa Língua. (Costa e Sá, 1773, p. 11).

Por fim, o autor trata em seu Prefácio das questões ortográficas, questões essas bastante discutidas por autores do século XVI, XVII e do próprio século XVIII, tais como Duarte Nunes de Leão (*Orthographia*, 1576; *Origem da Lingua Portuguesa*, 1606), Bento Pereira (*Ars Grammaticae Pro Lingua Lusitana*, 1672), D. Jeronimo Contador de Argote (*Regras da Lingua Portuguesa*, 1721), João de Morais Madureira Feijó (*Orthographia*, 1734), D. Luis Caetano de Lima (*Orthographia*, 1736), e Luis Monte Carmelo (*Compendio de Orthographia*, 1767) — todos já apresentados no capítulo II. Joaquim da Costa e Sá preferiu seguir o que havia de mais usual à época, adotando como padrão de correção "os Escriptos Academicos e o que se usa em nosso Augusto Ministério" (Costa e Sá, 1773, p. 12-13).

Brevemente foi tratada, no capítulo II, a questão do mecenato aos escritores, poetas e artistas em geral, já durante o reinado de D. João V em Portugal. Durante a governação pombalina, essa característica vai se intensificar mais ainda, sendo que, dessa feita, as produções literárias servirão à propaganda pessoal do Marquês de Pombal. Em busca de apoio político e social, Sebastião José de Carvalho e Mello trabalhou arduamente para a expansão de sua rede de relações, a qual envolvia altos funcionários da máquina administrativa, diversos segmentos da nobreza, magistrados e integrantes do exército. A confiança de D. José já havia sido plenamente conquistada desde o fatídico terremoto de Lisboa, em 1755, por conta de sua rápida e eficaz atitude de trazer para si a responsabilidade de restaurar a cidade enquanto os outros ministros fugiam da presença do monarca. Em 1756, presidiu a fundação da Arcádia Lusitana, momento no qual se deu o início de seu mecenato aos escritores e poetas luso-brasileiros (Teixeira, 1999, p. 47-48).

Vários foram os poetas luso-brasileiros financiados por Pombal que participaram da propagação do ideário pombalino, tais como José Basílio da Gama (1741-1795) (*Uraguay*, 1769), Manuel Inácio da Silva Alvarenga (1749-1814) (*O Desertor*, 1774) e Francisco de Melo Franco (1757-1823) (*Reino da Estupidez*, 1818). Além das obras literárias, há um complexo de produções artísticas que, segundo Teixeira (1999, p. 56-58), seria a evidência do mecenato pombalino. Tais obras seriam um busto de Pombal, gravado por João Silvério Carpinetti, para a *Arte Poética de Horacio*, traduzida por Francisco José Freire, em 1758; um busto anônimo de Pombal com o cabelo curto e inscrições em língua francesa; uma alegoria de Pombal rodeado pelo símbolo da Sabedoria, pela Virtude, pela Fama e pelo Tempo, do brasileiro Antonio Fernandes Rodrigues e apresentada ao público francês por volta de 1762; uma gravura esférica anônima aludindo a expulsão dos jesuítas em 1759; um quadro a óleo de Louis Michael van Loo, trazendo Pombal sentado ao lado da Estátua Equestre de D. José I e mostrando ao fundo, saindo pelo Tejo, os jesuítas; um retrato de corpo inteiro de Pombal com papel e pena nas mãos, ladeado por uma estante de livros e uma janela, de Joana do Salitre; desenho de Pombal em pé, ao lado de uma pilha de livros; retrato de corpo inteiro de Pombal abraçado aos irmãos, Francisco Xavier de Mendonça Furtado e Pedro de Carvalho de Mendonça, o chamado *Concordia Fratrum*, também de Joana do Salitre; retrato de corpo inteiro de Pombal, com papel e pena nas mãos e espada à cintura, de João Glama Stroebel.

A obra de Joaquim José da Costa e Sá certamente teve pronta acolhida no mecenato pombalino por essa coadunar-se com a nova filosofia de ensino implantada em Portugal e materializada na Reforma da Universidade de Coimbra, em 1772. Pela Folha de Rosto do segundo tomo do dicionário em estudo, sabemos que Joaquim José da Costa e Sá foi professor régio de Gramática Latina no antigo Real Colégio dos Nobres — onde se estabeleceu o ensino de inglês, francês e italiano em seus Estatutos, como vimos no primeiro capítulo desta obra. Segundo nos informa Teixeira (1999, p. 44), o novo reitor da Universidade de Coimbra, o brasileiro Francisco de Lemos, defendia que os professores da reformada Universidade não fossem meros mestres, mas sim mestres e inventores. O mesmo se aplicaria, obviamente, aos professores das línguas vivas — e mortas — no tocante à produção de compêndios voltados ao ensino-aprendizagem tanto de línguas estrangeiras quanto da língua materna. Ainda segundo o mesmo autor, com a reabertura da Universidade de Coimbra, vários foram os professores estrangeiros a ocupar as Cadeiras das novas disciplinas, sendo que muitos deles eram oriundos da Itália.

No tocante à proteção e ao incentivo financeiro por parte de Pombal às produções dicionarísticas, encontramos tal evidência no Elogio que Joaquim da Costa e Sá destina ao "ILLUSTRISSIMO, EXCELLENTISSIMO SENHOR" Marquês de Pombal. Não transcreveremos todo o Elogio por não ser necessário; selecionamos, contudo, apenas algumas partes que deixam clara a participação de Sebastião José como mecenas das Artes e Ciências — e também da lexicografia — em Portugal.

Logo na abertura de seu Elogio ao Marquês de Pombal, assim se dirige o autor do *Diccionario Italiano, e Portuguez*:

> A immortal gloria com que VOSSA EXCELLENCIA tem illustrado, e promovido a solida e verdadeira cultura das Sciencias; e a incomparavel honra, com que sempre distingue, e preza os Litteratos, são os bem justificados motivos; porque os Sábios, e Estudiosos se vem na precisa dependência de procurarem o poderoso patrocínio de V. EXCELLENCIA. (Costa e Sá, 1773, p. 5-6).

Com as Reformas da Instrução Pública em Portugal e seus domínios e a consequente expulsão dos clérigos da Companhia de Jesus, houve a necessidade de não só "apagar" da história e da memória toda a ruína causada pelos religiosos jesuítas durante os mais de 200 anos de permanência em solo lusitano, mas também de demonstrar que as Reformas conduzidas por Pombal e seus homens representavam, na verdade, uma continuidade de um período áureo da história portuguesa. A partir de Pombal, Portugal retomaria o caminho do crescimento. Funda-se, então, um novo "mito": o soerguimento da nação levado a termo por um homem e seus pares estrangeirados. Era necessário propagandear tais feitos. Esse trabalho não foi privilégio somente dos jovens escritores e poetas luso-brasileiros do século XVIII:

> Olhemos a vasta grandeza de nosso Paiz, e suas Conquistas; será possível haver monumento de eterna memória, que a V. EXCELLENCIA não pertença? As Sciencias, a Disciplina Militar, a Navegação, o Commercio, a quem devem a sua restauração, o seu adiantamento, a sua conservação? Não he a V. EXCELLENCIA? Quem pôz naquelles seguros pólos a defensa do Estado, o crédito da Nação, o respeito do nome Lusitano? Não foi V. EXCELLENCIA? Porem, não são estas ainda as únicas provas, com que a Pátria, a Nação Portugueza mostra ter experimentado, no sábio Ministeriode V. EXCELLENCIA aquellas felicidades, de que tanto se jactão os Corpos Políticos, e Civilizados. (Costa e Sá, 1773, p. 6-7).

Para se atingir a felicidade da nação, regalismo e absolutismo são condições indispensáveis para tal fito. O enfraquecimento do poder eclesiástico e a consequente secularização da Educação só foram possíveis com a ascensão de Pombal ao Ministério: nascia o "Pai da Pátria", Lugar-Tenente de D. José:

> Quem fez pois reconhecer, e inspirar nos espíritos dos vassalos a suprema, a independente, a absoluta, e a legitima authoridade Regia da Megestade, senão V. EXCELLENCIA? Com que affouteza de animo, com que intrepidez, com que desembaraço, com que valentia, e actividade rompeo V. EXCELLENCIA pelos mais ásperos, e mais precipitados caminhos, para por em segurança o decoro da Magestade? Quaes foram os meios que V. EXCELLENCIA applicou para esta grande obra? Não foram as saudáveis Leis, a severidade das penas, a força do próprio exemplo, e a da mais rara obediência tributada a mesma Soberania? [...] V. EXCELLENCIA he aquelle valoroso espírito que nascera para arrancar abusos, cortar vícios, extirpar superstições, e fazer dominar uma Religião, sincera e Santa na justa harmonia e intelligencia, que inviolavelmente deve haver e observa-se entre o Sacerdócio e o Império. (Costa e Sá, 1773, p. 7).

Fé e Império. Essa era a síntese do Iluminismo português conduzido pelo Marquês de Pombal e já contada e recontada pelo cronista-mor de D. Manuel I, o grande João de Barros.

Figura 7 – Folha de Rosto do Diccionario Italiano, e Portuguez. Tomo I (1773)

DICCIONARIO
ITALIANO, E PORTUGUEZ,
EXTRAHIDO DOS MELHORES LEXICÓGRAFOS,
COMO
DE ANTONINI, DE VENERONI, DE FACCIOLATI,
DE FRANCIOSINI, DO DICCIONARIO DA CRUSCA,
E DO DA UNIVERSIDADE DE TURIM,
E DIVIDIDO EM DUAS PARTES:

Na Primeira Parte se comprehendem as Palavras, as Frases mais elegantes, e difficeis, os Modos de fallar, os Proverbios, e os Termos facultativos de todas as Artes, e Sciencias:

Na Segunda Parte se contém os Nomes proprios dos Homens Illustres, das principaes Cidades, Villas, Castellos, Montes, Rios, &c.

QUE O DEDICA, E CONSAGRA
AO ILLUSTRISSIMO, E EXCELLENTISSIMO
SENHOR

SEBASTIÃO JOSÉ
DE CARVALHO E MELLO,
CONDE DE OEYRAS, MARQUEZ DE POMBAL,
DO CONSELHO DE ESTADO DE SUA MAGESTADE FIDELISSIMA,
SEU PLENIPOTENCIARIO, E LUGAR-TENENTE
NA FUNDAÇÃO DA UNIVERSIDADE DE COIMBRA;
E SEU MINISTRO, E SECRETARIO DE ESTADO DOS NEGOCIOS DO REINO,
ALCAIDE MOR DE LAMEGO, E COMMENDADOR DAS TRES MINAS,
&c. &c. &c.

JOAQUIM JOSÉ DA COSTA E SÁ,
LISBONENSE.
TOMO PRIMEIRO.

LISBOA
NA REGIA OFFICINA TYPOGRAFICA.
ANNO DE CIƆ IƆCCLXXIII.
Com licença da Real Meza Censoria.
Vende-se na loge de João José Bertrand, ao pé da Igreja dos Martyres ás portas de Santa Catharina.

Fonte: https://books.google.com.br/books?id=3ENAAAAcAAJ&pg=PP5&hl=p-t-BR&source=gbs_selected_pages&cad=1#v=onepage&q&f=false

Figura 8 – Folha de Rosto do Diccionario Italiano, e Portuguez. Tomo II (1774)

DICCIONARIO
ITALIANO, e PORTUGUEZ,
EXTRAHIDO DOS MELHORES LEXICÓGRAFOS,
COMO
DE ANTONINI, DE VENERONI, DE FACCIOLATI,
DE FRANCIOSINI, DO DICCIONARIO DA CRUSCA,
E DO DA UNIVERSIDADE DE TURIM,
E DIVIDIDO EM DUAS PARTES:

Na Primeira Parte se comprehendem as Palavras, as Frases mais elegantes, e difficeis, os Modos de fallar, os Proverbios, e os Termos facultativos de todas as Artes, e Sciencias:

Na Segunda Parte se contém os Nomes proprios dos Homens Illustres, das principaes Cidades, Villas, Castellos, Montes, Rios, &c.

QUE O DEDICA, E CONSAGRA
AO ILLUSTRISSIMO, E EXCELLENTISSIMO
SENHOR

SEBASTIÃO JOSÉ
DE CARVALHO E MELLO,
CONDE DE OEYRAS, MARQUEZ DE POMBAL,
DO CONSELHO DE ESTADO DE SUA MAGESTADE FIDELISSIMA,
SEU PLENIPOTENCIARIO, E LUGAR-TENENTE
NA FUNDAÇÃO DA UNIVERSIDADE DE COIMBRA;
E SEU MINISTRO, E SECRETARIO DE ESTADO DOS NEGOCIOS DO REINO,
ALCAIDE MOR DE LAMEGO, E COMMENDADOR DAS TRES MINAS,
&c. &c. &c.

JOAQUIM JOSÉ DA COSTA E SÁ,
Professor Regio de Grammatica Latina do Real Collegio dos Nobres.

TOMO SEGUNDO.

LISBOA
NA REGIA OFFICINA TYPOGRAFICA.
ANNO DE CIƆ IƆ CCLXXIV.
Com licença da Real Meza Censoria.

Vende-se na loge de João José Bertrand, ao pé da Igreja dos Martyres ás portas de Santa Catharina.

Fonte: https://books.google.com.br/books?id=AkRAAAAAcAAJ&newbks=0&pg=PP3&hl=pt-BR&source=gbs_selected_pages&cad=1#v=onepage&q&f=false

4.5 O *Diccionario Portuguez, Francez e Latino* — 1794

Compilado pelo mesmo autor do *Diccionario Italiano e Portuguez*, Joaquim José da Costa e Sá, o *Diccionario Portuguez, Francez e Latino*, foi editado em volume único, dividido em duas partes, sendo que a primeira vai de A-F, com 674 páginas e a segunda de G-Z, com 555 páginas. Do ponto de vista estrutural, percebe-se já uma boa diferença entre a sua obra de 1773-1774 e a de 1794, quais sejam, a presença da "Taboa de Abbreviaturas." à página viii, logo após o "Aviso dos Editores", diferentemente do dicionário italiano-português que, conforme já apresentamos, trazia essa listagem em sua última página; melhor distribuição dos verbetes por coluna, constância na classificação gramatical dos termos, não frequente em seu dicionário italiano-português, além de definições mais sucintas, porém técnicas, sem com isso comprometer a clara compreensão das palavras.

Segundo o próprio autor, essa obra destinava-se, prioritariamente, ao ensino da língua portuguesa por meio das línguas francesa e latina, como podemos verificar pelo trecho retirado de seu Prefácio, no qual dedica a produção desse dicionário a D. Carlota Joaquina, então com 19 anos, mulher do príncipe regente D. João VI, a "Princesa do Brasil":

> [...] Como este livro que desejo publicar sob os felicíssimos auspícios de V. ALTEZA REAL, se dirige ao fim de ensinar por meio das Línguas Franceza e Latina o Idioma Portuguez, em que os sábios da Nação ora aos acordes, e harmônicos sons de suas Poeticas Lyras, ora em eruditos, e eloquentes discursos, e em facundas Orações começo já muito de antemão a consagrar á memória immortal da posteridade [...]. (Costa e Sá, 1794, p. 5-6).

Como já afirmara Verdelho (1991), o *Diccionario Portuguez, Francez e Latino* (1764) do Pe. Joseph Marques tinha características muito mais próximas de um monolíngue do que de um bilíngue. Pudemos confirmar tal fato ao lermos as longas definições dos verbetes em português com a equivalente versão em francês e uma brevíssima tradução latina. A obra de Joaquim José da Costa e Sá, trazida a público nessa nova edição, veio, segundo os seus editores, suprir a ausência daquela obra, já esgotada e defasada em relação ao momento histórico no qual a sociedade portuguesa se encontrava. Vinte e dois anos depois da Reforma da Universidade de Coimbra já haviam passado e nesse decurso de tempo certamente em muito se avançaram as ciências e as letras. O *Diccionario Portuguez, Francez e Latino* não pode, dessa forma, ser considerado um trilíngue, mas sim um bilíngue com fortes características monolíngues, utilizado por portugueses e franceses que precisassem ou quisessem lançar mão da língua latina como meio de compreensão dos clássicos produzidos por Plauto, Terencio, Cícero, César, Nepote, Lívio, Virgilio, Horacio e Ovídio. O *Diccionario Portuguez e Francez* de Costa e Sá foi, segundo se lê no "Aviso", uma solicitação dos editores para que o autor, agora sócio da Academia Real de Ciências (1779), fundada durante o reinado de D. Maria I, compilasse uma obra que tivesse uma característica tanto geral quanto escolar, ou seja, que englobasse todas as áreas do conhecimento — letras, artes, ciências — e que servisse para os iniciantes (estudantes) e os versados em línguas.

É interessante notar a força do mercado editorial nesse período, ao determinar "o que", "para que", "para quem" e "como" uma determinada obra deveria vir ao público. Claro está, pelo trecho do "Aviso" que transcrevemos a seguir, que os autores não dependiam mais somente do patrocínio régio, mas também dos "Planos" — e do dinheiro — da indústria tipográfica:

> Havendo-se consumido a primeira Edição que produzimos com bastante despeza do *Diccionario da Língua Portugueza e Franceza*, composto pelo benemérito Padre José Marques, e procurando-se todos os dias com empenho esta útil, e necessária obra, indispensável certamente para todos os que professão os bellos, e amenos estudos das Sciencias, e boas Artes, e reconhecendo nós que a mesma Obra precisava para a sua melhor perfeição de outra ordem mais methodica, e que requeria que se enriquessesse de maior numero de Termos e de Frases, pertencentes a todas as Artes e Sciencias, e até mesmo para o uso commum e familiar de ambos os Idiomas, os quaes fossem expendidos com clareza filológica, julgamos fazer couza útil, e proveitosa, se commetessemos este trabalho a hum Escritor sábio e instruído no estudo das Humanidades, e Bellas Letras, o qual, conspirando com os nossos intentos desempenhasse, quanto lhe fosse possível, esta árdua empreza em beneficio commum não só dos Portuguezes, mas também dos sábios das Nações estranhas [...]. Encarregou-se, pois desta empreza o Professor Régio de Lingua Latina, Joaquim José da Costa e Sá [...] o qual se desvelou em desempenhar o Plano que tínhamos formado para fazermos [...] esta nova Edição. (Costa e Sá, 1794, p. 6).

Apesar da inevitável "ingerência" dos editores no processo de compilação dos compêndios, uma vez que eram eles os financiadores de tais obras, podemos observar que havia a preocupação em produzir obras que fossem, obviamente lucrativas, mas que também servissem à escolarização da juventude portuguesa. O trecho transcrito a seguir é bastante ilustrativo do que afirmamos e defendemos, desde o início de nosso estudo, no respeitante à dicionarização da língua portuguesa e ao processo de escolarização das crianças e jovens:

> Em beneficio porem dos principiantes, e para a lição cómmoda, e trivial, pedimos ao mesmo sábio Author nos quisesse fazer o Compendio deste seu grande Diccionario, tecendo um Lexikon Manual, e so das Línguas Portugueza e Franceza; e confiamos que nas horas vagas de outras applicações igualmente serias, em que se occupa, faça sem perda de tempo este útil, e necessário serviço, pois nos comprazemos muito de concorrer, quanto permittem as tênues forças de huns Particulares, para o adiantamento, e cultura dos bons Estudos de huma Nação tão respeitável assim nas Letras Divinas, e Humanas, como nas Armas. Taes são, pois em fim, os ardentes, e sinceros desejos de quem se quer mostrar reconhecido, e grato aos benéficos favores, e graças de seus Príncipes, e Senhores, e ao acolhimento, que tem sempre encontrado entre os Cidadãos, e Sábios de huma Nação tão esclarecida! (Costa e Sá, 1794, p. 7).

Fica bem evidente para nós que o papel da indústria editorial estava para além da simples publicação de obras. Ela era atuante, crítica e seletiva, passando a desenvolver um outro papel: o da "edição didática". O "pedido" ao professor-lexicógrafo de compilar um "Lexikon Manual" somente das línguas portuguesa e francesa está de acordo com o que já se defendia durante a governação pombalina, ou seja, o ensino-aprendizagem das línguas vernáculas antes de se aprender o latim. Nota-se também no discurso do(s) editor(es) o enraizamento da ideologia pombalina, ao preocupar(em)-se com o "adiantamento e cultura dos bons estudos de uma nação, tão respeitável nas Letras Divinas, Humanas e nas Armas". A conciliação entre "fé" e "império" só seria possível em uma "Nação esclarecida". Essa ideologia também se transferirá para o dicionário, agora convertido em "livro didático" pela indústria editorial, a qual passava a exercer outras funções na sociedade em que esse se encontrava.

Numa análise comparativa que fizemos do presente dicionário com o *Diccionario Italiano, e Portuguez* (1773-1774), do próprio Joaquim José da Costa e Sá, pudemos perceber na definição do verbete "AMULETO" um deslocamento para uma linguagem mais científica e menos "supersticiosa" ou "popular":

Italiano-Portuguez

AMULETO. f. m. Remedio contra todo o mal, particularmente contra os feitiços ; huns defte genero de remedio são fuperfticiofos, outros myfteriofos; Amuleto.

Portuguez-Francez e Latino

AMULETO, f. m. (T. de Medicina.) Medicamento de simplices, que fe prendia ao pefcoço, e que, dizião, curava, ou prefervava de diverfos males, Amulette. (T. de Méd.) Médicament compojé de fimples, qtton attachoit au col, O* qui, difoit-on, gué' rijfoit, o prèfervoit de divers matix. (Amuletum. i. f. m.) Amuletos myfteriofos eráo os que confiftião em characteres, e em palavras. Amulettes mijjlérieux, qui conjijlêient en caraãeres . en paroles.

Observamos, assim, que a palavra "feitiço" foi suprimida pelo autor no dicionário *Portuguez-Francez* e a palavra "supersticiosos" foi substituída por "mysteriosos". Tanto "feitiço" quanto "superstição" estão ligados a um mesmo campo semântico: o do sobrenatural, o do irreal ou irracional. "Mistério" por sua vez, apesar de também ter em uma de suas acepções a sua ligação à religião — "cada um dos dogmas da religião cristã impenetráveis na razão humana" — teve como escolha definidora subjacente um conjunto de conhecimentos que permitem o domínio de uma arte, técnica ou ciência (Borba; Longo, 1996). Tiramos essa conclusão pela taxonomia técnico-científica adotada pelo autor, ao utilizar uma terminologia técnica--médica para definir a categoria do verbete em análise (Termo de Medicina), tanto na definição em língua portuguesa quanto na francesa. Como nos diz Biderman (2001, p. 14-15),

> À medida que as comunidades humanas desenvolveram progressivamente seu conhecimento da realidade e tomaram posse do mundo circundante, o homem criou as técnicas e depois a ciência. Assim, as comunidades que atingiram tal estágio de civilização precisaram ampliar sempre mais o seu repertório de signos lexicais para designar a realidade da qual tomavam consciência ao mesmo tempo que preci-

savam rotular as invenções e noções novas desenvolvidas por essas ciências e técnicas. Eis porque o léxico das línguas vivas usadas pelas sociedades civilizadas vive um processo de expansão permanente.

Outra característica que torna a obra de 1794 mais técnica e, portanto, mais impessoal é o recurso linguístico da forma indireta de explicitar o termo ao afirmar que "[...] *diziam* preservava de diversos males [...]", no qual o sujeito lexicográfico desobriga-se de uma definição não científica. Em ambos os casos, porém, percebe-se, como já havíamos apontado na outra correlação que fizemos com o *Diccionario de Portuguez, Francez e Latino* (1764), de Joseph Marques, a presença de classificação gramatical "(s.m.)", o que denota a função léxico-gramatical dos dicionários mais modernos, e não a de um mero instrumento de coleta e listagem de verbetes. Os dicionários, como "guardiões" do patrimônio linguístico de uma determinada sociedade, registram em suas páginas as verdades, crenças e ideologias de uma época. Gostaríamos de lembrar que a obra de Joseph Marques recebeu a sua primeira licença para publicação em 1748, durante o reinado de D. João V, tendo como fonte principal para sua compilação o monumental dicionário do Pe. D. Rafael Bluteau, o *Vocabulário Latino e Portuguez* (172-1728). Trata-se, portanto, de momentos históricos distintos, mas que não implicam total ruptura com o passado e descontinuidade para com o presente. Como defende Biderman (2001, p. 15), "cada comunidade humana que forja o seu instrumental linguístico para designar conceitos novos utiliza o modelo linguístico herdado por seu grupo social".

A definição do mesmo verbete em Joseph Marques — "AMULETO" — nos mostra uma clara diferença entre essas obras do ponto de vista discursivo. Em Joseph Marques nota-se a fala de um religioso — como deveria ser, já que J. Marques era padre — ao passo que Costa e Sá procurava distanciar-se, como vimos, da linguagem mais popular e utiliza um jargão mais acadêmico. A "mistura" entre termo técnico e popular é evidente na definição desse verbete em Marques, como podemos comprovar a seguir:

Figura 9 – Verbete de AMULETO

> Amuleto, (termo de Medico) ha duas castas de amuletos, huma de caracteres, figuras, e palavras, ridiculas, superfticiofas, e como tal abominada dos bons Medicos : outra louvavel, e maravilhofa, naõ fó por remedio, mas tambem para prefervativo de muitas doenças, que fe curaõ com virtudes occultas, que os proprios Medicos naõ alcançaõ. Defta qualidade faõ os que fe feguem. Hum dente de caõ macho, arrancado eftando vivo, furando-o, e trazendo-o ao pefcoço, que toque na carne, dizem que preferva de dores de dentes. As bifnagas trazidas nas aljibeiras por tempo de feis mezes, fecaõ, e definchaõ as almorreimas. (Amuletum, i.)
> Amuleto he tambem hum remedio fuperfticiofo, ou huma efpecie de medicamento compofto de fimples, ou de pedras preciofas, que os antigos traziaõ ao pefcoço, por meyo do qual entendiaõ prefervarfe, ou curarfe de varias doenças. *Amulette, c'étoit un remede fuperftitieux, ou un efpéce de médicament compofé de fimples, ou de pierres précieufes que les anciens s'attachoient au col, par le moyen du quel ils prétendoient fe préferver, ou fe guerir de diverfes maladies.* (Amuletum, i.)

Fonte: Diccionario Portuguez, Francez e Latino – 1794

Há uma contradição na definição do verbete em estudo no dicionário de Joseph Marques. Embora o autor use uma nomenclatura técnica para a categorização naquela entrada, nota-se que, ao longo de sua glosa, há a desconstrução daquela mesma terminologia — "termo Medico". Senão vejamos. O autor afirma haver "duas castas de amuletos, uma de caracteres, figuras e palavras ridículas, supersticiosas e, como tal, abominável dos bons médicos", ou seja, feitiçaria, bruxaria ou as chamadas "simpatias". Porém, segundo afirma o autor, há uma outra que é "louvável e maravilhosa, não só por remédio, mas por preservativo de muitas doenças que se curam com virtudes ocultas que os próprios médicos não alcançam", ou seja, é a crença pessoal do sujeito lexicográfico em práticas de curandeirismo, desconhecidas dos próprios médicos e que, por conseguinte, não poderiam ser consideradas como "médicas".

A incoerência terminológica continua quando o lexicógrafo diz que "amuleto é também um remédio supersticioso ou uma espécie de medicamento de simples — flores e folhas — ou de pedras preciosas que os antigos traziam ao pescoço [...]". Mais adiante, o autor descreve o que seria — com perdão do anacronismo por nós aqui cometido — uma "simpatia" para a preservar ou evitar problemas com os dentes: "Hum dente de cão macho arrancado, estando vivo, furando-o e trazendo-o ao pescoço, que toque na carne, dizem que preserva de dores de dentes".

O *Novo Diccionario Portuguez, Francez e Latino* (1794), de Costa e Sá, apresentava todas as características de um dicionário moderno, como pudemos observar, desejáveis para o ensino das línguas em ambientes diversos — eruditos, especializados, escolares —, características essas que estarão presentes no primeiro dicionário monolíngue da língua portuguesa, a grandiosa obra de Antônio de Moraes Silva, o famoso lexicógrafo brasileiro.

Figura 10 – Folha de Rosto do Diccionario Portuguez, Francez e Latino — 1794

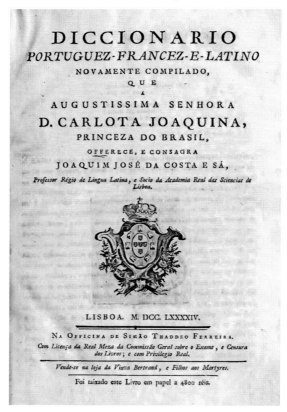

Fonte: https://archive.org/details/diccionarioportu00sjuoft/page/n3/mode/2up

4.6 O *Diccionario da Língua Portugueza* de Antonio de Moraes Silva (1789-1813- 1823)

O *Diccionario* de Antônio de Moraes Silva, já em sua primeira edição, de 1789, é considerado um marco na lexicografia moderna portuguesa por ter sido o primeiro dicionário totalmente monolíngue e trazer as inovações estruturais na apresentação de seus verbetes — tais como as classes gramaticais, revisões ortográficas e exemplificação simples e objetiva — características essas que serviram de modelo para os dicionários subsequentes e presentes até hoje.

A obra de Moraes Silva, reeditada várias vezes, passou a ser referência tanto no Brasil quanto em Portugal. Embora considerada pelo próprio autor como uma mera "recopilação" da grandiosa obra do padre teatino D. Rafael Bluteau, foi realmente uma produção dicionarística original, uma vez que o lexicógrafo brasileiro eliminou toda a parte ilustrada e barroca da obra de Bluteau, retirando cerca de um quarto do original e acrescentando aproximadamente 22.000 verbetes inteiramente novos, "recolhidos em autores portugueses castiços e de bom século pela maior parte" (Silva, 1813, p. 9-10), autorizando, dessa forma, a sua obra e servindo como modelo para as produções dicionarísticas futuras.

As alterações feitas na obra original de Bluteau coadunam-se com a objetividade e racionalidade das ideias iluministas do século XVIII, já reclamadas por Verney, por exemplo, crítico mordaz do estado em que se encontrava a educação em Portugal, estendendo sua crítica para além da metodologia escolástica religiosa. Ao falar do dicionário de Rafael Bluteau, Verney afirmava:

> Avulta também muito a obra [de Raphael Bluteau], porque as explicações são
>
> longas e o carácter é muito grande. O que tudo se podia reduzir a menor extensão, bastando um exemplo de um bom autor, e deitando fora a tantos latins e citações supérfluas. E, assim, todo aquele grande Vocabulário se pode
>
> reduzir, nas segundas impressões, a três ou quatro volumes [...] Mas, ainda depois de tudo isso, seria necessário fazer um compêndio para uso dos rapazes [...] Mas, neste Dicionário, se deveria acautelar outra coisa, em que caiu o P. Bluteau, que foi não distinguir as palavras boas, de algumas plebeias

e antigas. Ele ajuntou tudo; e ainda muitas palavras latinas, que muitos Portugueses modernos afectadamente aportuguesaram. (Verney, 1949, p. 128-134).

A data da primeira edição do *Dicionário* (1789) é especialmente interessante por coincidir com o início do processo de independência do Brasil e com a Revolução Francesa, movimentos resultantes do pensamento iluminista, cujo ideário far-se-á também presente em sua obra. Temendo, talvez, uma não aceitação de seu trabalho por parte das autoridades, por conta das perseguições religiosas que sofrera, Moraes Silva não assume a autoria de seu *Diccionario*, atribuindo a esse o nome do Pe. teatino, Rafael Bluteau. O fato é que sua produção, a qual teve como base o monumental *Vocabulário*, difere grandemente desse último em vários aspectos. Primeiramente, o dicionário de Moraes Silva consiste de apenas dois tomos, resultado da reciclagem lexical por ele conduzida. Cerca de 16.000 verbetes do corpus enciclopédico são totalmente retirados, além da completa eliminação das equivalências em latim. A título de exemplo temos:

Rafael Bluteau (1712-1728)	Moraes Silva (1789)
Maldição: Praga que se roga a alguém; *Exsecratio, onis. Fem. CIC. Imprecatio, onis. Fem. Sene, Phil.* Tomo V, p. 265.	**Maldição:** S.f. Imprecação de males contra alguém. Tomo II, p. 44. *Vieira*.

Em segundo lugar, Moraes se preocupa com questões concernentes à ortografia e ao léxico contemporâneo, "ressignificando" em seu *Diccionario* as chamadas palavras antigas, antiquadas ou peregrinas. Ao contrário de Bluteau, que buscara alargar a massa lexical da língua portuguesa por meio de uma tentativa de "ressuscitar" tais palavras, Moraes está atento às novidades lexicais, tendo se utilizado de uma larga bibliografia — de livros e textos técnicos, inclusive. O verbo "Maldiçoar" ("amaldiçoar", em português atual), por exemplo, não está presente em Bluteau. Após o verbete "maldição" seguem "maldita" e "maldito". Em Moraes Silva, no entanto, o verbo citado é um dos diversos exemplos de sua renovação lexicográfica.

Segundo afirma verdelho (2003, p. 473), o dicionário de Antônio de Moraes Silva fora concebido no momento em que a história da língua, no final do século XVIII e início do XIX, defrontava-se com decisivas condicionantes externas, as quais teriam sido quatro.

A primeira delas refere-se ao desenvolvimento da escolarização da língua e da democratização da escrita e leitura da língua portuguesa, com a consequente generalização da escolarização da gramática vernacular. A segunda condicionante refere-se à mudança dos paradigmas e dos cânones literários — a escrita ornamentada da tradição latina é substituída pela ordenação direta e pela coloquialidade romântica. A terceira refere-se ao espaço de circulação da palavra e intensificação do discurso público, por conta da proliferação jornalística, do parlamentarismo e da frequência ao teatro. Finalmente, a intensificação da autonomia da língua no Brasil, acrescentando, dessa maneira, o status de língua internacional. Todos esses fatores, segundo argumenta o mesmo autor, teriam proporcionado o contexto no qual estava inserido o autor do *Diccionario da Língua Portugueza*, não se contestando, portanto, o caráter moderno e inaugural de uma lexicografia monolíngue voltada para a solidificação da língua nacional por meio da educação. A obra de Moraes Silva foi um marco tanto para a produção dicionarística monolíngue quanto para a escolarização da língua vernácula, conforme nos diz Verdelho (2003, p. 479):

> No final do século XVIII, sobretudo a partir da edição do *Diccionario* de Antônio de Moraes Silva, verifica-se um súbito e progrediente florescimento da lexicografia portuguesa, com relevo para a lexicografia monolíngue. O dicionário começa a emparceirar com o uso e o ensino da língua de maneira imprescindível.

Um dado muito interessante e pouco discutido acerca da escolarização da língua portuguesa na obra de Moraes Silva refere-se à inclusão do seu *Epítome da Grammatica Portugueza* na segunda edição de 1813. Esse opúsculo, que fora impresso primeiramente como um compêndio à parte da obra principal, em 1806, traz as reflexões e preocupações do autor com relação à união entre léxico e gramática. O autor faz observações acerca das regras ortográficas e gramaticais, confrontando, dessa maneira, as práticas de então. Defensor de uma simplicidade e objetividade para o aprendizado da língua materna, Moraes Silva oferece em seu *Epítome* várias sugestões de simplificação ortográfica — eliminação de letras redundantes como o *h* na palavra *inhabil*, ou das consoantes dobradas como em *abbadia* —; trata de questões sobre a acentuação, a fonética, a classificação verbal e a separação de verbetes homófonos e homógrafos, levando-se em conta as suas origens etimológicas. O trecho a seguir que retiramos de seu Prefácio nos é bastante ilustrativo:

> Não busques vocábulos com "ç" em princípio de Artigo, que todos reduzi a letra "S". O que não achares com "ph" busca

> com "f", e vice versa: ás vezes se escreve com "g" antes de "e", "i", o que outras vezes se achará com "j": a tudo obriga a incoerência da actual Ortografia.
>
> Notei com "y" todas as vogais precedidas de uma consoante, a que os Francezes chamam de "y" molhado: v. g. *ide-ya, assembé-ya,* como já os nossos bons Authores o fizerão em *feyo, veyo, receyo, faya, praya, etc.* a pronuncia assim o pede, e seria absurdamente escrever, v. g. *veo* de vir, e *veo* de velum, e por *veyo* de roda; *seo* (suus), e por *seyo*; *meo* (meus) e por *meyo, etc.* (Silva, 1813, p. 8).

É interessante notar a presença do discurso de Verney na obra de Moraes Silva no concernente à questão ortográfica. O autor lusitano, mais de 50 anos antes, defendia a simplificação entre o falar e o escrever, alegando que as letras deveriam ter um só som e esse deveria ser grafado da mesma maneira que pronunciado. Seguindo essa lógica, não faria sentido, segundo o mesmo autor, a dobra de consoantes tais como *SS*, ou *LL*, por exemplo:

> [...] digo que os portugueses devem pronunciar como pronunciam os homens de melhor doutrina da Província de Estremadura[61]. E, posto isto, devem escrever a sua língua da mesma sorte que a pronunciam. Esta é uma singularidade da língua portuguesa, que só se acha nela, na italiana e na castelhana, ainda que esta tenha sua variedade. Ponho de parte a latina, que é morta. Daqui fica claro que devem desterrar-se da língua portuguesa aquelas letras dobradas, que de nada servem, os dois *ss*, dois *ll*, dois *pp*, etc. Na pronúncia da língua não se ouve coisa alguma que faça dobrar as ditas consoantes. Que se escreva *Terra, Perra,* com dois *rr*, entendo eu a razão, e o ouvido me avisa que a pronúncia é fortíssima no r, pois quando não é forte, como em *Pera, Caracol,* escreve-se um só r. Mas *Elle, Essa*, é coisa supérflua, porque ou tenha um ou dois *ss*, sempre se há de pronunciar da mesma sorte. Nas línguas mortas, faço escrúpulo de mudar uma letra, mas nas vivas, em que nós temos todo o poder e uso, quando a boa pronúncia não ensina o contrário, são supérfluas as repetições. (Verney, 1746, v. 1, p. 14).

O interesse em produzir uma obra de referência que fosse para o consulente não só uma listagem de verbetes, mas também um ambiente para a reflexão gramatical — diferentemente da obra de Rafael Bluteau que se restringiu a apresentar os equivalentes latinos para cada verbete em vernáculo — resume-se num trecho de Condillac (1715-1780), na epígrafe de seu *Epíteto*:

> Complicamos nossa gramática porque fizemos segundo as gramáticas latinas. Nós só a simplificaremos enquanto recorremos às expressões elementares dos discursos. Condillac, Gramm. p. 2. chap. 21 note(1) p.205. édit. de 1780. à Geneve. (Silva, 1813, v. 1, p. 1).

Segundo nos aponta Murakawa (2006, p. 59-62), Antônio de Moraes Silva apresentou em seu *Epíteto* concepções linguísticas modernas acerca da gramática portuguesa, concepções essas que já vinham circulando na Europa ocidental, desde o século XVII, mormente com o surgimento da Gramática de Port-Royal, em 1660, representando um novo marco nos estudos linguísticos. Também conhecida como Gramática Geral e Razoada de Arnauld e Lancelot, sua influência nos estudos linguísticos do francês estendeu-se por mais de 200 anos, impactando gramáticos de outras línguas, inclusive do português. Segundo Arnauld e Lancelot (2001, p. 3), "A Gramática é a arte de falar. Falar é explicar seus pensamentos por meio de signos que os homens inventaram para este fim".

Nota-se que a semelhança conceitual de Moraes com relação a Port-Royal não é de se surpreender, uma vez que a influência dos padres jansenistas estendeu-se, como já aludido, para muito além do século XVII, arrebatando gerações de gramáticos do século XVIII e a maior parte dos do século XIX (Souza, 2022). Com Moraes e Silva não foi diferente. Essa influência pode-se ver quando ele define gramática em seu *Epítome*:

> 1. A Grammatica é arte, que ensina a declarar bem os nossos pensamentos, por meyo de palavras.
>
> 2. A Grammatica Universal ensina os methodos, e principios de falar communs a todas as linguas.
>
> 3. A grammatica particular de qualquer lingua, v.g. da Portugueza, applica os principios communs de todos os idiomas ao nosso, seguindo os usos, adoptados pelos que melhor falam.
>
> 4. Trata, pois a Grammatica das Sentenças, (isto é, ensina a fazer proposições, ou sentidos perfeitos) e das diversas partes, de que ellas se compõem.
>
> 5. As sentenças constão de Palavras: as palavras de Sillabas; as Sillabas de Sons elementares, e suas modificações, e estes representão se aos olhos com Lettras. (Silva, 1813, p. 3-10).

Figura 11 – Epítome da Gramática Portugueza — 1813 (2ª edição)

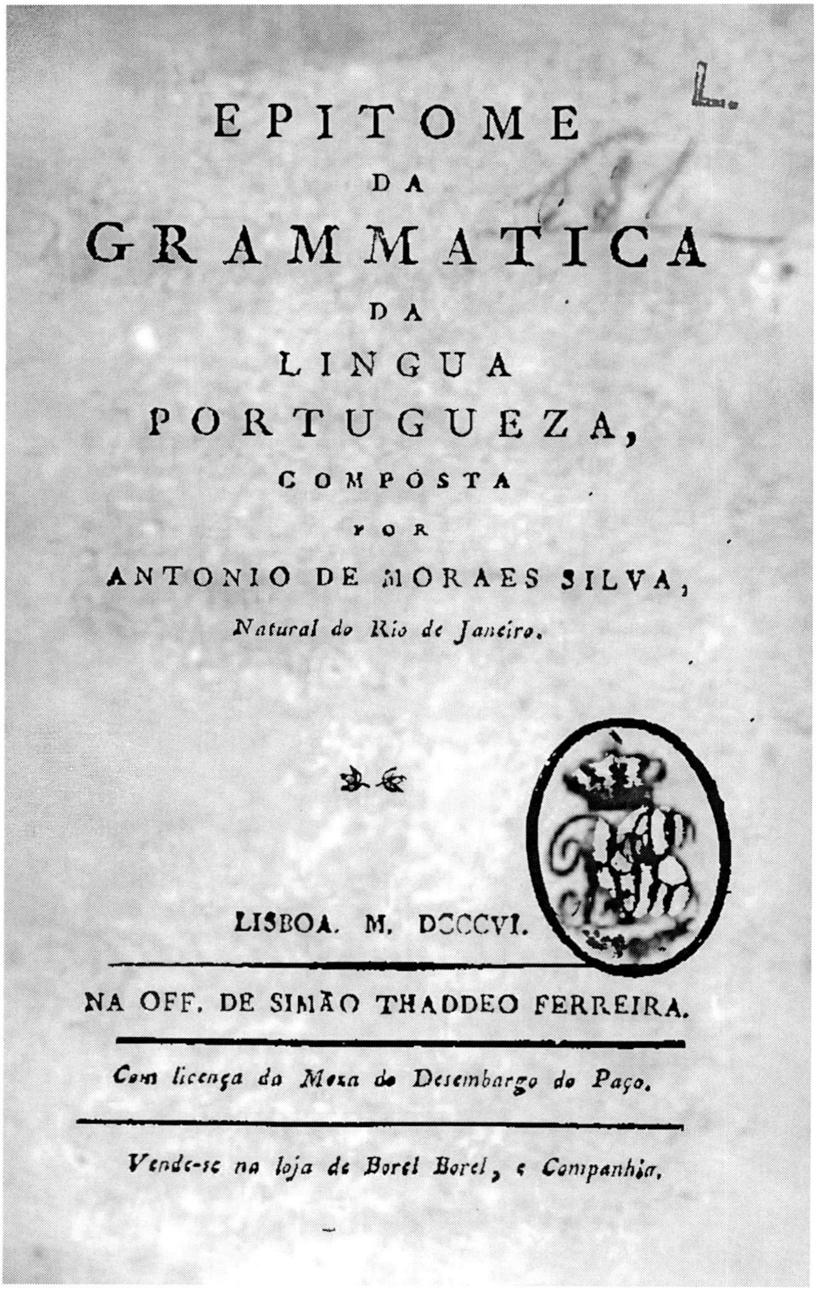

EPITOME
DA
GRAMMATICA
DA
LINGUA
PORTUGUEZA,
COMPÓSTA
POR
ANTONIO DE MORAES SILVA,
Natural do Rio de Janeiro.

LISBOA. M. DCCCVI.

NA OFF. DE SIMÃO THADDEO FERREIRA.

Com licença da Meza do Desembargo do Paço.

Vende-se na loja de Borel Borel, e Companhia.

Fonte: https://purl.pt/34462/2/

A obra de Moraes Silva, no entanto, não olhou apenas "para frente", ao eliminar ou ressignificar verbetes em desuso ou *antiquados*, ou propor mudanças lexicais e gramaticais à língua. Seguindo a tradição de autores que deram à luz a pré-lexicografia lusitana, tais como Jerônimo Cardoso, Agostinho Barbosa, Amaro de Roboredo e Bento Pereira, o *Diccionario* coloca-se como uma obra de "síntese e de superação", trazendo em seu bojo toda uma memória textual herdada de seu repositório lexicográfico, anterior a Bluteau:

> Mas não é só o Bluteau que nele [Moraes] se encontra repercutido, como se de herança única se tratasse. No percurso de elaboração do Moraes podemos distinguir alguns vectores de influência que, de modo preponderante, determinaram a sua configuração [...]. Entre eles devem salientar-se: a tradição lexicográfica portuguesa; a influência da lexicografia estrangeira; e ainda a importante memória textual da língua portuguesa, literária e não literária acumulada até o final do século XVIII. (Verdelho, 2003, p. 480-481).

Apesar disso, não deixou de fazer críticas a certos empregos gramaticais prescritos. A Duarte Nunes de Leão (1530?-1608), por exemplo, criticou o uso do *h* no numeral *hum*. Além de considerar o *h* desnecessário, chama a atenção para o fato de que, em sua origem etimológica, o numeral latino *unus -a -um* não possui *h* (Murakawa, 2006, p. 65).

Na querela entre os doutos lusitanos acerca da "pureza linguística", na busca de autores que formassem um cânone para assim autorizá-la, além do alargamento e inovação lexical, Moraes Silva irá registrar os verbetes da língua então em uso, levando em conta em seu trabalho os termos inovadores nas artes e ciências, tais como "os de Mecânica, traduzidos pelo doutíssimo Pe. José Monteiro da Rocha, professor da Universidade de Coimbra, e os que lá, na dita Universidade correm na História Natural, Química, etc." (Silva, 1789, p. 10).

Moraes preocupou-se em manter um equilíbrio entre a utilização de fontes textuais fidedignas, ligadas ao governo, tais como a *Dedução Cronológica* e os papéis da Mesa Censória, produzidas durante a gestão pombalina, servindo para validar sua produção lexicográfica como um "selo" e a recolha lexical proveniente de autores contemporâneos, além das ideias renovadas e renovadoras em ebulição no final do século XVIII e início do XIX:

> Sobre a necessidade de formar novos vocábulos, eu os coligi dos melhores autores de nossos dias, grandes engenhos, bem cultivados em toda doutrina, erudição e poesia grega e romana e nas das nações modernas mais ricas de produções dignas dos séculos mais polidos da Antiguidade, os quais têm tanto saber e gosto para enriquecer a língua, como os nossos melhores mestres. Estes não caíram na pedanteria de se subjugarem a uma idade clássica, o que seria absurdo em uma língua viva, e mais agora que nos vamos enriquecendo de ideias filosóficas, e de noções relativas ao comércio, artes, manufaturas, à ciência política e econômica, e a um sem-número de ramos de saber e erudição, cada um dos quais faz algum vulto em Dicionários peculiares de qualquer deles. (Silva, 1789, p. 10-11).

No Prólogo do *Dicionário* (1813), Antonio de Moraes e Silva, ao comparar essa edição com a de 1789, diz que essa [obra] foi "alimpada" dos erros e defeitos presentes na primeira edição (1789). A esse leitor "compreensivo e tolerante", o autor apresenta as modificações que introduziu na nova edição, tais como explicações de palavras que só se achavam em manuscritos e que seriam úteis aos interessados em antiguidades ou os textos "Inéditos da Historia Portugueza, Historiadores, Poetas e das Ordenações do Sr. D. Afonso V não impressos" (Silva, 1813, p. 7). Neste trabalho de acréscimo ao corpus lexical da língua portuguesa, Moraes tanto atualiza o seu dicionário, ao introduzir verbetes que circulavam somente em impresso quanto o torna um repositório da memória linguística portuguesa, ao revolver textos da Dinastia de Avis. É importante que se enalteça o seu trabalho de investigação no processo de recolha em fontes documentais manuscritas, as quais eram de conhecimento de um grupo restrito de pessoas. Como resultado do processo de recolha de tais verbetes para o seu dicionário não há somente um alargamento lexical, mas também uma "democratização" da escrita e da leitura:

> Notarão alguns, que eu dei explicações de palavras, que só se achão em Documentos manuscritos, mas estes podem cada dia reproduzir-se em autos, por certidão, e talvez imprimir-se, e não há razão, por que não tenha algum auxilio para os entender, quem tiver essa curiosidade: e o meu trabalho poderá auxiliar aos estudiosos de antiguidades, que quizerem rever os Cartórios, e ter num só volume o que se acha impresso á cerca da Lingua Portugueza em modo de Vocabulário. (Silva, 1813, p. 7).

Ainda que timidamente, Antônio de Moraes Silva deixa pistas da originalidade de seu trabalho, bastante diferente daquele produzido pelo Pe. Rafael Bluteau, no prólogo da segunda edição de 1813 — texto direcionado ao "Leitor Benévolo" —, essa de caráter simbólico muito importante para o Brasil, pois fora produzida também em nosso país pela Imprensa Real, instituída em 1808 após a chegada da corte portuguesa.

Como pudemos ver, por meio dos Prefácios, Avisos, Advertências, Dedicatórias etc. presentes nas obras anteriormente analisadas, o mercado editorial também exercia um papel importante ao trazer a lume obras lexicográficas: a de mantenedor de uma tradição [lusitana]. Essa tradição se renovava na medida em que o dicionário, ao ser oferecido a El Rei (D. João VI) e ter recebido a sua "proteção divina", tornava-se não só um instrumento metalinguístico para o aprendizado da língua materna, mas também um símbolo da competência dos homens letrados de Portugal, os quais, assim como já afirmara Ribeiro Sanches acerca do "guerreiro letrado", teriam papel tão importante quanto aqueles que alargaram os limites da nação por meio das armas. As Dedicatórias ao monarca tinham, assim, o claro objetivo de inculcar no público leitor um sentimento de pertença, de identidade nacional:

> [...] O fácil acesso e benigno acolhimento, que em sua Real Presença encontrarão sempre os que se distinguião na profissão das Letras, e que era senão maior, pelo menos igual ao que experimentavão os que se assignalavão no exercício das Armas, dando assim a entender , que por muito que uma Nação deva aos que á custa de laboriosas fadigas, e de innumeraveis perigos, procurão estender seus limites, não fica menos devedora aos que á custa de assídua applicação e aturado estudo a procurão instruir e illustrar [...]. (Silva, 1813, p. 3).

A defesa da língua nacional continua sendo tema recorrente no século XIX. O dicionário de Moraes Silva será um dos maiores representantes da pureza e grandeza da língua e literatura lusitana, trazendo-a ao mesmo patamar das outras línguas europeias e corrigindo, dessa maneira, uma "injustiça histórica" que há muito incomodava os portugueses. Às "Nações estanhas", os editores portugueses mandavam o seu recado por meio "do Moraes":

> [...] quanto á obra [o dicionário de 1813] bastava ser ella por principal objecto a Publica Instrucção, que tanto occupa os Paternaes desvellos de V. A. R para levar como certa sua Real

> Aceitação, ainda quando não tivesse o outro fim de convencer, pello modo mais victorioso, de injusta, e só nascida da ignorância a accusação, que contra a Lingua Portugueza formão os que nunca a estudarão, taixando-a por isso de pobre, rude e áspera, quando se bem a conhecessem acharião que em riqueza e magestade, e harmonia, nada tem que invejar as mais cultas da Europa: E quanto a occasião, quando os Portuguezes que seguem as Armas, estão mostrando por seus assignalados, e mais que ordinários feitos, que em nada tem degenerado, mas antes fielmente imitado, senão excedido, o valor d'aquelles de que procedem, parece ser sem duvida a mais opportuna, para offerecer aos que seguem as Letras meios, com que fazendo reviver os bons tempos da Litteratura Portugueza, convenção as Nações Estranhas de que os Portuguezes que hoje vivem, nada tem perdido do que seus maiores merecerão (e na verdade merecerão muito) por Armas e Letras. (Silva, 1813, p. 4).

A partir da terceira edição (1823), segundo nos afirma Verdelho (2003, p. 489), as obras lexicográficas de Moraes Silva passam a ter um caráter de sucessivas coautorias que preenchem uma galeria de lexicógrafos pouco conhecidos, tais como Pedro José Figueiredo (1762-1826), na 3ª edição; Theotonio José de Oliveira Velho (1776?-1837?), na 4ª; Damaso Joaquim Luis de Sousa Monteiro (1807-1842) e P. Antônio de Castro (1762-1849), na 5ª; Agostinho de Mendonça Falcão de Sampaio e Povoas (1783-1854), na 6ª e, finalmente, Augusto Moreno (1870-1955), Francisco José Cardoso Junior (1884-1969) e José Pedro Machado (1914), na 10ª edição.

A edição de 1823 teve um acréscimo de cinco a seis mil novos verbetes, dizendo-se "mais correcta e acrescentada, extrahidos de Authores Clássicos Portuguezes, com disvello e curiosidade, por Pedro José de Figueiredo". Pudemos notar, no entanto, que não foi somente Pedro José de Figueiredo quem colaborou na coprodução dessa terceira edição. No trecho da "Advertência ao Leitor" que transcrevemos a seguir, torna-se clara a participação dos editores Borel, Borel & Cia. na confecção final do dicionário de Antônio de Moraes Silva, o que evidencia, como já notamos anteriormente, a editoração acadêmica das obras de caráter escolar, por parte da indústria tipográfica:

> [...] conhecendo que a perfeição de um Diccionario provem da abundancia e copia larga dos termos e frazes que constituem o fundo e capital do idioma, alem do riquíssimo Diccionario da Academia Real das Sciencias, e do elucidário do Reverendís-

> simo Fr. Joaquim de Santa Roza de Viterbo, Sócio da mesma Academia, que já na segunda edição delle havia colligido o seu infatigável, o eruditisimo Author Antonio de Moraes e Silva, lançamos mão de todos os que posteriormente se tem publicado, valendo-nos em particular entre outros da nova edição do Portuguez e Francez do douto Professor Régio Joaquim José da Costa e Sá, pela muita aceitação que mereceo de todos os inteligentes. Assim consistiu o nosso trabalho em recolher muitas palavras, que ainda faltavão não so das Sciencias, e Artes, Commercio, Navegação, Agricultura, Fabricas, Economia, Política, &c. senão ainda das comuns, usadas dos escriptores clássicos, e frequentes na pratica e uso familiar [...]. (Silva, 1823, p. 7).

A menção ao *Diccionario Portuguez, Francez e Latino*, de Joaquim José da Costa e Sá, não fora sem propósito. Os mesmos editores — Borel, Borel — também detinham os direitos autorais sobre essa obra, tendo sido feitas duas reedições, em 1809 e 1811 (Verdelho, 2003, p. 478). Por essa razão, serviu o dicionário de Costa e Sá como mais uma fonte bibliográfica para a terceira edição do *Diccionario*. Essa informação só nos foi possível após a leitura da dita "Advertência", uma vez que a obra de Costa e Sá não se encontra na lista bibliográfica que o autor utilizou para autorizá-la.

Sobre o seu papel coautoral, os editores procuraram esclarecer que sua participação, embora importante, foi mínima, pois "nos artigos do Author somente juntamos alguns exemplos que o leitor achará entre estes sinais [ ], sem a mais leve mudança de alguma couza nem definições das palavras" (Silva, 1823, p. 8). De resto, foi mantido todo o trabalho inicial de compilação de Moraes Silva, tendo cada novo verbete, acrescido de uma edição para a outra (2ª para 3ª), recebido o símbolo "*", como ilustrado a seguir:

> *ANA, s. f. Medida para toda a sorte de tecidos,
>
> usada em algumas terras do Norte com diferença
>
> segundo os territórios. Leão Orig-. do
>
> Francez Aune. Blut. Vocab. Traz a correspondência
>
> com a vara Portugueza.
>
> *ANALAPTÍSTA,s.m. Hereje do século dezesseis,
>
> assim chamados por afirmarem ser necessário

rebaptizar os meninos quando chegassem
ao uso de razão, hucen. Vid. f. 14.

*ANACORÍTA, s. m. ant. O mesmo que Anacoreta.
Fr. Marc.

*ANADÍPLOSE , s. f. Figura de Rhetorica ,
repitição no principio da oração da mesma palavra
do fim da clausula antecedente. (Silva, 1823, p. 134-135).

Para o Brasil, que acabara de ser elevado da condição de colônia à sede do reino lusitano, a obra de Moraes Silva, principalmente em sua segunda edição, de 1813, publicada simultaneamente na Europa e em solo brasileiro, ainda que não tivesse trazido nada de "abrasileiramento" ou de sentimento de identidade nacional brasileira, serviu, de forma incontestável, nas palavras de Martins (2000, p. 520), para "indicar que um brasileiro já se sentia legitimamente autorizado a se pronunciar em matéria linguística, que é o ponto mais sensível da suscetibilidade nacional". O *Diccionario* de Moraes Silva viria, ainda segundo esse mesmo autor, a desafiar os preconceitos mentais existentes por parte dos portugueses metropolitanos contra a maneira de falar dos colonos brasileiros.

Fruto dos ideais iluministas, a obra de Moraes Silva vem contemplar as necessidades que o mundo moderno em geral exigia no tocante à educação, seus métodos e materiais escolares adequados. O Portugal do século das Luzes, na pessoa de seu primeiro ministro, Sebastião José de Carvalho e Mello, tinha como objetivo fazer parte desse mundo moderno — "mundo moderno" que era, na realidade, sinônimo de Europa.

O projeto pedagógico pombalino pode perfeitamente representar um ponto de virada intelectual em Portugal e seus domínios, como temos acompanhado desde o primeiro capítulo deste livro. As obras lexicográficas produzidas durante e após a governação pombalina são provas incontestes da nova paisagem intelectual, cuja implantação se inicia em 1750, com a ascensão de D. José I ao trono português. Diversos dicionários serão produzidos atendendo aos reclamos da época, servindo, assim, não só para o aprendizado de línguas — materna ou estrangeira —, mas também para a inculcação dos novos valores advindos do ideário iluminista, ainda que de maneira subliminar.

Figura 12 – Folha de Rosto do Diccionario da Lingua Portugueza — 1789 (1ª edição)

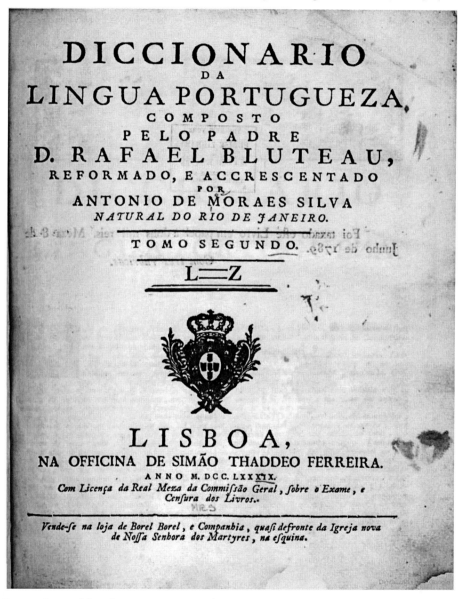

Fonte: https://books.google.com.br/books?id=4FkSAAAAIAAJ&newbks=0&pg=PP11&hl=pt-BR&source=gbs_selected_pages&cad=1#v=onepage&q&f=false

Figura 13 – Folha de Rosto do Diccionario da Lingua Portugueza — 1813 (2ª edição)

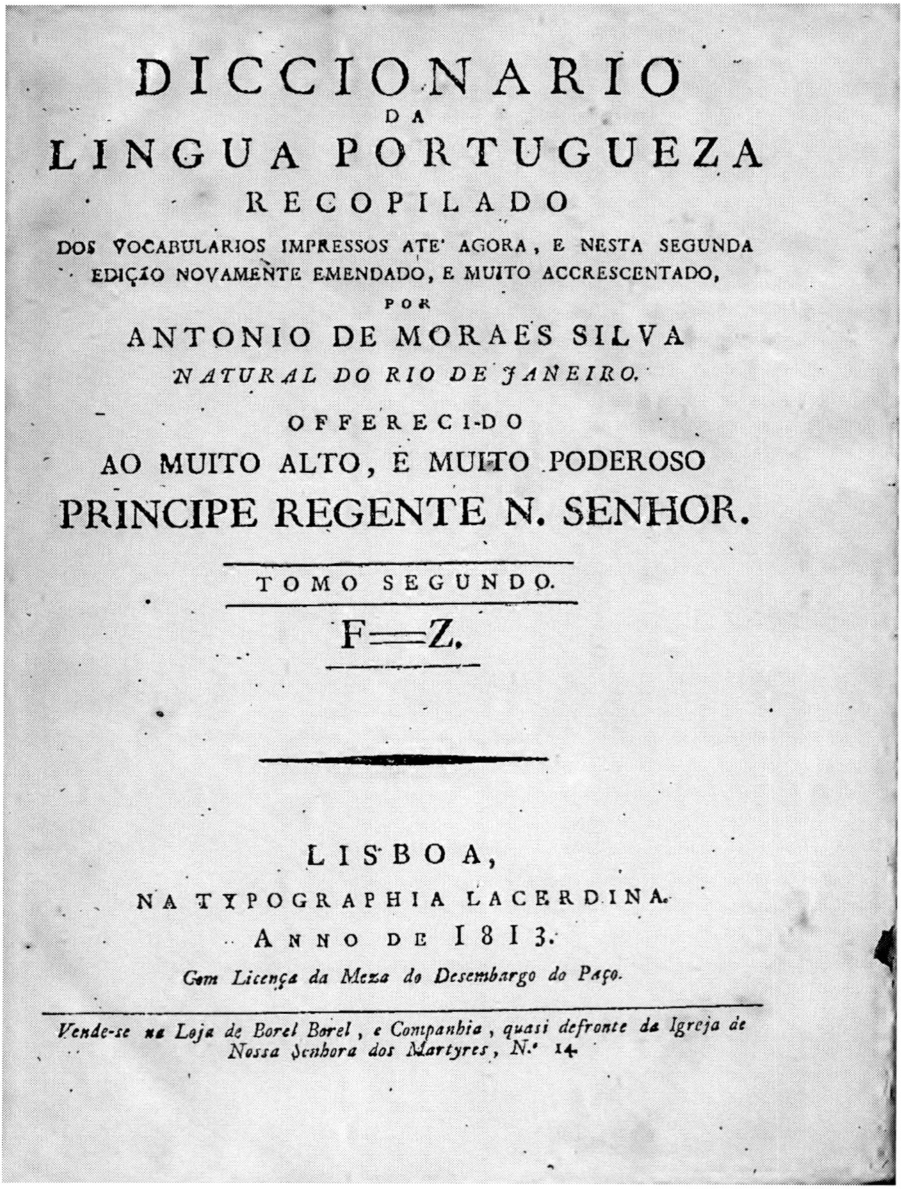

DICCIONARIO
DA
LINGUA PORTUGUEZA
RECOPILADO

DOS VOCABULARIOS IMPRESSOS ATE' AGORA, E NESTA SEGUNDA EDIÇÃO NOVAMENTE EMENDADO, E MUITO ACCRESCENTADO,

POR

ANTONIO DE MORAES SILVA
NATURAL DO RIO DE JANEIRO.

OFFERECIDO

AO MUITO ALTO, E MUITO PODEROSO
PRINCIPE REGENTE N. SENHOR.

TOMO SEGUNDO.

F═Z.

LISBOA,
NA TYPOGRAPHIA LACERDINA.
ANNO DE 1813.
Com Licença da Meza do Desembargo do Paço.

Vende-se na Loja de Borel Borel, e Companhia, quasi defronte da Igreja de Nossa Senhora dos Martyres, N.º 14.

Fonte: https://archive.org/details/diccionariodalin02mora/page/n3/mode/2up

Figura 14 – Folha de Rosto do Diccionario da Lingua Portugueza — 1823 (3ª edição)

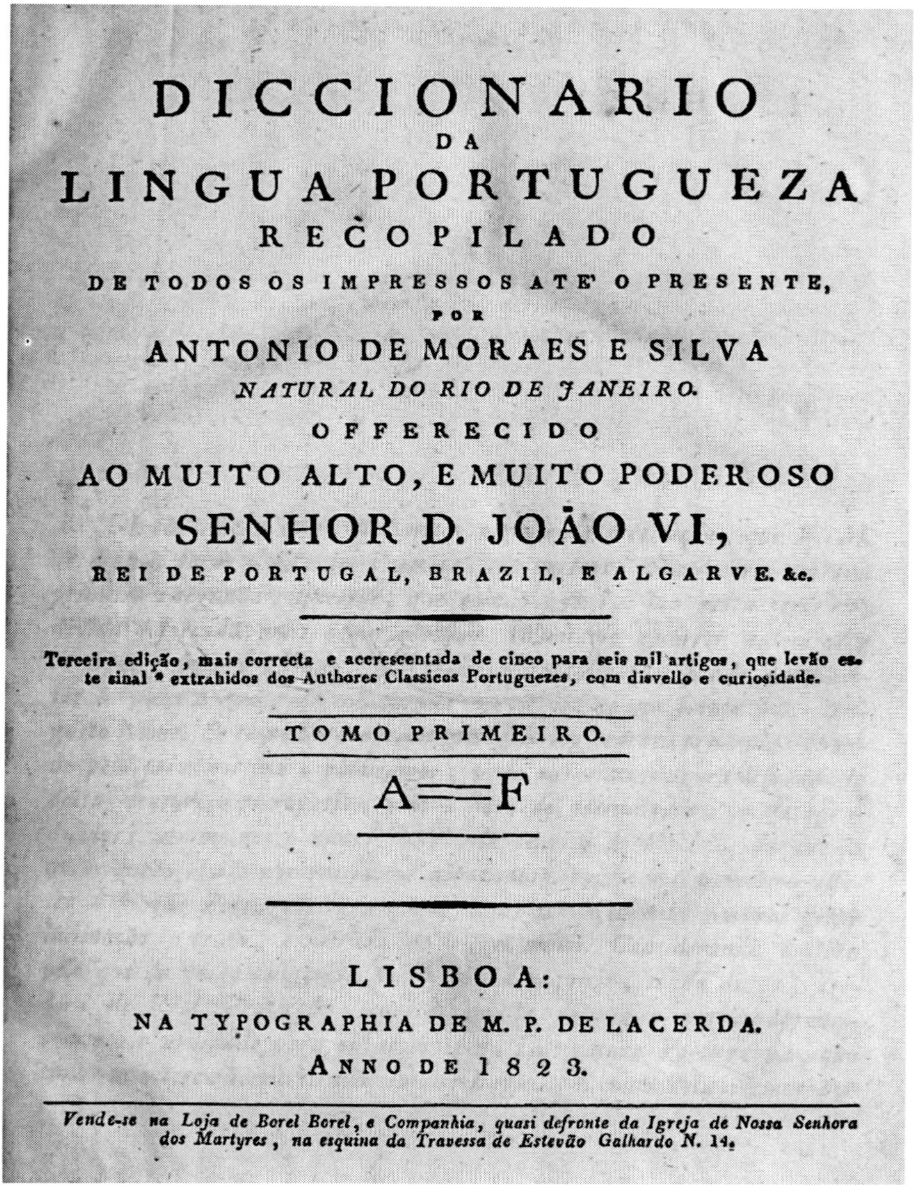

DICCIONARIO
DA
LINGUA PORTUGUEZA
RECOPILADO
DE TODOS OS IMPRESSOS ATE' O PRESENTE,

POR

ANTONIO DE MORAES E SILVA
NATURAL DO RIO DE JANEIRO.

OFFERECIDO

AO MUITO ALTO, E MUITO PODEROSO
SENHOR D. JOÃO VI,
REI DE PORTUGAL, BRAZIL, E ALGARVE. &c.

Terceira edição, mais correcta e accrescentada de cinco para seis mil artigos, que levão este sinal * extrahidos dos Authores Classicos Portuguezes, com disvello e curiosidade.

TOMO PRIMEIRO.

A==F

LISBOA:
NA TYPOGRAPHIA DE M. P. DE LACERDA.
ANNO DE 1823.

Vende-se na Loja de Borel Borel, e Companhia, quasi defronte da Igreja de Nossa Senhora dos Martyres, na esquina da Travessa de Estevão Galhardo N. 14.

Fonte: https://archive.org/details/diccionariodalin02morauoft/page/n5/mode/2up

CONSIDERAÇÕES FINAIS

O caminho por nós percorrido, partindo da formação do estado português no século XII, até chegarmos à administração pombalina, em meados do século XVIII, nos possibilitou perceber que as Reformas Pombalinas da Instrução Pública foram, de fato, fundamentais para a inserção de Portugal e seus domínios no universo das nações chamadas polidas. Apesar de todas as críticas que tais reformas receberam, tanto por parte dos inimigos políticos de Sebastião José de Carvalho e Mello quanto pelos historiadores da educação, os resultados de sua obra reformista são indiscutíveis. As intermináveis crises políticas com o seu maior inimigo histórico, a Espanha, associadas aos problemas econômicos, resultantes de acordos desvantajosos com o seu principal parceiro comercial, a Inglaterra, além da influência nociva das práticas coercitivas da Igreja Católica, por meio da Inquisição, fizeram com que Portugal e seus domínios — e aqui nos referimos especificamente ao Brasil — se distanciassem intelectualmente do que poderíamos chamar do "mundo das Luzes".

As Reformas Pombalinas, como pudemos observar, não foram o trabalho de um único homem, mas sim a convergência de ideias de diversos intelectuais, leigos ou religiosos, "estrangeirados" ou não, que, imbuídos do espírito iluminista, lançaram-se sobre a problemática lusitana e buscaram, por meio de uma profunda renovação pedagógica e filosófica, recolocar o país no caminho do crescimento. Como bem colocou Ribeiro Sanches, não se trataria mais de alargar a nação com a espada, como na "época da monarquia gótica", mas sim de expandir os domínios do império e segurá-los com as mãos de um "guerreiro letrado". A expulsão dos religiosos da Companhia de Jesus, em 1759, e consequente banimento do método escolástico de ensino adotado até então, não significou, a nosso ver, o desmantelamento de um sistema de ensino bem estruturado, mas um alinhamento com as novas concepções pedagógicas que defendiam uma metodologia menos rígida e mais eficiente e que atendesse às necessidades reclamadas pela época. Não é nossa intenção ocultar as falhas e inconsistências presentes no processo de implementação de reformas tão abrangentes; os historiadores bem souberam registrá-las e enfatizá-las. Nosso intuito é, contudo, mostrar que, apesar delas, a obra reformista do Marquês de Pombal e seus pares foi pioneira e trouxe consequências positivas para além de seu tempo.

A leitura dos textos das peças legislativas elencadas para o desenvolvimento desta obra, assim como a análise e interpretação dos prefácios, cartas de advertência ao leitor, dedicatórias, taboas de ilustração e abreviaturas, bibliografia utilizada pelos autores etc., aliado ao estudo dos verbetes presentes nos dicionários selecionados para nossa investigação, foi fundamental para que pudéssemos confirmar a hipótese da "longevidade" do ideário pombalino no que se refere à criação de leis que regulamentassem tanto a profissão docente quanto as disciplinas a serem ensinadas e suas finalidades, além dos compêndios que deveriam ser utilizados pelos mestres e professores. A redação dos textos das leis do período joanino — D. João VI — no Brasil e de D. Pedro I (Lei Geral de 15 de outubro de 1827, tratada no capítulo II), por exemplo, não deixa dúvida acerca da influência pombalina.

No que concerne aos dicionários, pudemos comprovar que esses somente se tornaram instrumentos metalinguísticos vocacionados à escolarização e ao ensino da língua portuguesa — e estrangeiras — a partir da governação pombalina. Até então, todas as obras lexicográficas anteriores eram destinadas ao ensino de latim. Até mesmo o monumental *Vocabulario Portuguez e Latino* (1712-1728), do Pe. teatino D. Rafael Bluteau, como vimos, não tinha finalidade escolar, sendo considerado, nas palavras de Silvestre e Verdelho (2007), uma obra "barroca", enciclopédica e sem trânsito nas escolas. Notamos, porém, que o *Vocabulario* serviu como ponto de partida para a produção de diversas obras dicionarísticas — monolíngues e bilíngues —, por conta da enorme massa lexical recolhida por Bluteau em seu infatigável trabalho de preservação da memória linguística portuguesa. Quase todos os dicionários produzidos em seguida — capítulo IV — tiveram em Rafael Bluteau a fonte de seu corpus lexical, o qual fora ressignificado ou "recopilado". Esse processo de ressignificação e "recopilação" estava em total consonância com as novas finalidades desejadas pelo estado na formação de uma classe letrada que atendesse às necessidades imediatas da máquina burocrática, deficitária que estava de material humano qualificado, como já apontara, antes mesmo de Pombal ascender ao governo, o grande Barbadinho, Luiz Antônio Verney, em 1746.

Foi possível perceber, como expusemos ao longo do capítulo IV, que os dicionários exerceram um outro papel além daquele referente ao ensino de línguas vivas: funcionaram como disseminadores do ideário pombalino, por meio dos prefácios, cartas de advertência, dedicatórias etc., ao defenderem a língua nacional — mesmo nos dicionários bilíngues, como pudemos observar em Costa e Sá e Joseph Marques —, representante da grandeza cultural e intelectual lusitana e que fora interrompida com a chegada dos inacianos em meados do século XVI. Em praticamente todos os dicionários estudados foi possível notar a busca de um passado perdido, em cujo período teria existido a uma "comunidade imaginada de letrados", a chamada "República das Letras", sendo Portugal e seus valiosos escritores os seus únicos representantes. O mercado editorial, como vimos, também tem participação ativa, tanto no que tange ao financiamento de obras lexicográficas quanto na valorização da língua portuguesa como patrimônio histórico e cultural do país, não devendo essa [a língua] nada a dever em relação às outras línguas de cultura (europeias).

Se o monumental *Vocabulario* de Rafael Bluteau foi o ponto de partida para a produção de vários outros dicionários monolíngues e bilíngues, a grandiosa obra do lexicógrafo brasileiro, Antônio de Moraes Silva foi o ponto de chegada. Como já foi exposto, o "Moraes" foi reeditado diversas vezes até o final da década de 50 do século passado, tendo uma longevidade de quase 200 anos, o que comprova a sua acessibilidade ao público em geral. Ao lançarmos mão das três primeiras edições de sua obra (1789; 1813; 1823) e compará-las entre si, pudemos perceber como essas evoluíram diacronicamente à medida que a língua sofria pressões das descobertas científicas e do consequente vocabulário técnico daí advindo. Ainda assim, muito do corpus lexical presente nessas edições tinha como fonte textual documentos produzidos no período pombalino (A *Dedução Cronológica*, por exemplo) — capítulo IV, p. 171 — que serviram para validar e chancelar as suas obras.

O *Diccionario da Lingua Portugueza*, de Antônio de Moraes Silva, prestou um inestimável serviço à língua portuguesa, não só por ter sido o primeiro dicionário totalmente monolíngue da era moderna, mas também por ter trazido à discussão outros aspectos da língua, tais como a questão ortográfica, que como mostramos, só seria resolvida no início do século XX em Portugal. O *Epítome da Gramatica Portugueza*, compilado separadamente em 1806, e depois publicado em conjunto com a segunda edição do *Diccionario* (1813), é outra evidência da preocupação do autor em produzir uma obra que apresentasse não só uma relação de palavras e suas respectivas classificações gramaticais, mas também como essas "funcionavam" dentro da lógica da língua portuguesa.

Por fim, esperamos que esta obra possa contribuir para outros estudos que venham a completar as lacunas aqui não totalmente preenchidas. Outros tantos dicionários do chamado período pombalino foram deixados de fora deste estudo, merecendo ser devidamente analisados e estudados em investigações futuras. Tais obras foram o *Diccionario da lingua Portugueza em que se achão dobradas palavras em que traz Bluteau...* (1783), de Bernardo Lima de Melo Bacellar; o *Diccionario Exegético que declara a genuína e clara significação dos vocábulos da Lingua Portugueza dado ao Publico por Hum Anonymo* (1781) e o *Novo Diccionario da Lingua Portugueza composto sobre os que até o presente se tem dado ao prelo, e Accrescentado de vários vocábulos extrahidos dos clássicos antigos, e dos modernos e de melhor nota, que se achão universalmente recebidos* (1806). Essa última obra — a de 1806 —, um dicionário que, embora simplificado no respeitante às definições em seus verbetes, contém cerca de 870 páginas de conteúdo, dividido em duas colunas por página, sem nome de autor, parece ter sido uma recopilação da primeira edição (1789) do dicionário de Moraes Silva. Após compararmos o *Novo Diccionario da Lingua Portugueza* (1806) com as obras de Moraes de 1789 e 1813, percebemos que há semelhanças, especialmente no que diz respeito à objetividade na definições. No entanto, não nos foi possível afirmar categoricamente que o autor teria sido Antônio de Moraes. Essas e outras obras que temos encontrado recentemente fazem hoje parte de um corpus dicionarístico, tanto monolíngue quanto bilíngue, a ser devidamente analisado em estudos futuros, voltados à padronização/estandardização da língua portuguesa.

REFERÊNCIAS

1. BIBLIOGRÁFICAS

AMED, Fernando José; NEGREIROS, Plínio José Labriola de Campos. **História dos Tributos no Brasil**. São Paulo: Edições SINAFRESP, 2000.

ANDERSON, Benedict. **Comunidades Imaginadas**: Reflexões sobre a origem e a difusão do nacionalismo. São Paulo: Companhia das Letras, 2008.

ANDRADE, António Alberto Banha de. **A Reforma Pombalina dos Estudos Secundários no Brasil**. São Paulo: Saraiva, Ed. Da Universidade de São Paulo, 1978.

ARNAUD, Anoine; LANCELOT, Claude. **Gramática de Port-Royal**. Tradução Bruno Fregni Basseto e Henrique Graciano Murachco. 2. ed. São Paulo: Martins Fontes, 2001.

AUROUX, Sylvain. **A revolução tecnológica da gramatização**. Tradução de Eni Puccinelli Orlandi. Campinas: Editora da Unicamp, 1992.

AUROUX, Sylvain. **A Filosofia da Linguagem**. Tradução de José Horta Nunes. Campinas: Editora da Unicamp, 1998.

AZEVEDO, Fernando de. **A cultura brasileira**. 5. ed. São Paulo: Melhoramentos/Edusp, 1971.

AZEVEDO, João Lúcio de. **O Marquês de Pombal e a sua época**. Lisboa: Livraria Clássica, 2004.

BHABHA, Homi K. **O local da cultura**. Tradução de Myrian Ávila, Eliana Lourenço eLima Reis, Gláucia Renata Gonçalves. Belo Horizonte: EDUFMG, 2005.

BHABHA, Homi K. **Nation and narration**. London and New York: Routledge, 2006.

BIDERMAN, Maria Tereza Camargo. **As Ciências do Léxico**. *In*: OLIVEIRA, Ana Maria Pinto de; ISQUERDO, Aparecida Negri. **As Ciências do Léxico**: Lexicologia, Lexicografia, Terminologia. 2. ed. Campo Grande: ED. UFMS, 2001. p. 12-22.

BORBA, Francisco da Silva; LONGO, Beatriz Nunes de Oliveira. **Ciência & Arte & Técnica**: a delimitação dos sentidos num dicionário. Alfa, São Paulo, 40, p. 47-57, 1996.

CALMON, Pedro. **História do Brasil**. Rio de Janeiro: Livraria José Olympio Editora, 1961. v. 2.

CARDOSO, Tereza Maria Rolo Fachada Levy. **As Luzes da Educação**: Fundamentos, Raízes Históricas e Prática das Aulas Régias no Rio de Janeiro (1759-1834). Bragança Paulista: Editora da Universidade São Francisco, 2002.

CARTER, Ronald. **The Routledge History of English Literature** – Britain and Ireland. London and New York: Roetledge, 1997.

CARVALHO, Alonso Bezerra de. **Max Weber**: Modernidade, Ciência e Educação. Petrópolis: Vozes, 2005.

CARVALHO, Laerte Ramos de. **Reformas Pombalinas da Instrução Pública**. São Paulo: Saraiva: Ed. Da Universidade de São Paulo, 1978.

CHARTIER, Roger (Org.). **A aventura do livro**: do leitor ao navegador. São Paulo. Editora da Unesp, 1999.

CHARTIER, Roger (Org.) **Do palco à página**: publicar teatro e ler romance na época moderna (séculos XVI-XVIII). Rio de Janeiro: Casa da Palavra, 2002.

CHARTIER, Roger (Org.). **Práticas da Leitura**. 4. ed. São Paulo: Estação Liberdade, 2009.

CHOPIN, Alain. História dos Livros e das Edições Didáticas: sobre o estado da arte. **Educação e Pesquisa – Revista da Faculdade de Educação da USP**, São Paulo: Universidade de São Paulo, v. 30, n. 3, set./dez. 2004.

COMENIUS, João. **Didática Magna**. 3. ed. São Paulo: Martins Fontes, 2006.

CUNHA, Luiz da. **Testamento Político**; ou, Carta escrita pelo grande D. Luiz da Cunha ao Senhor Rei D. José I antes do seu governo, o qual foi do Conselho dos Senhores D. Pedro II e D. João V e seu Embaixador às Cortes de Viena, Haya e de Paris, onde morreu em 1749. São Paulo: Alfa-Ômega, 1976.

FALCON, Francisco José Calazans. **A época pombalina**: política econômica e monarquia ilustrada. 2. ed. São Paulo: Ática, 1993.

FARIAS, Maria Emilia Peixoto. Uma Breve História do fazer Lexicográfico. **Revista Trama**, v. 3, n. 5, p. 89-98, 2007.

FÁVERO, Leonor Lopes. **As concepções linguísticas no século XVIII**: a gramática portuguesa. Campinas: Editora da Unicamp, 1996.

FÁVERO, Leonor Lopes. **As Concepções linguísticas no século XIX**: A gramática no Brasil. Rio de Janeiro: Lucerna, 2006.

FÉRRER, Francisco Adegildo. **O obscurantismo iluminado**: Pombal e a instrução em Portugal e no Brasil. 1998. 216 f. Tese (Doutorado) – Faculdade de Educação da Universidade de São Paulo, São Paulo, 1998.

FIORIN, José Luiz. **Introdução à linguística.** São Paulo: Contexto, 2002.

GALVÃO, Ana Maria de Oliveira; BATISTA, Antônio Augusto Gomes. Oralidade e Escrita: uma revisão. **Cadernos de Pesquisa**, v. 36, n. 128, p. 403-432, maio/ago. 2006.

GARCIA, Afrânio da Silva. O Português do Brasil: Questões de Superstrato, Substrato e Adstrato. **SOLETRAS: Revista do Departamento de Letras da UERJ**, Rio de Janeiro, n. 4, p. 70-80, 2003.

GAUER, Ruth Maria Chittó. **A Construção do Estado-Nação no Brasil**. Curitiba: Juruá Editora, 2007.

GEARY, Patrick. **O mito das nações**: a invenção do nacionalismo. Tradução de Fábio Pinto. São Paulo: Conrad Editora do Brasil, 2005.

GONÇALVES, Maria Filomena. **Oratorio requerimento de palavras portuguezas, aggravadas, desconfiadas e pertendentes**: uma perspectiva da dinâmica lexical nos alvores do Iluminismo. Estudos em Homenagem ao Professor Doutor Mário Vilela, Disponível em: https://ler.letras.up.pt/uploads/ficheiros/4591.pdf. Acesso em: 22 jan. 2011.

HALL, Stuart. **A identidade cultural na pós-modernidade**. Tradução de Tomaz Tadeu da Silva, Guaracira Lopes Louro. 10. ed. Rio de Janeiro: DP&A, 2005.

HAUY, Amini Boainain. **História da Língua Portuguesa**. Volume I, Séculos XII, XIII e XIV. 2. ed. São Paulo: Ática, 1994.

HAZARD, Paul. **O pensamento europeu no século XVIII**. Tradução de Carlos Grifo Babo. Lisboa: Editora Presença, 1971.

HÉBRARD, Jean. **A escolarização dos saberes elementares na época moderna**. Tradução de Guacira Lopes Louro. **Teoria & Educação**, Porto Alegre, n. 2, p. 65-109, 1990.

HÉBRARD, Jean. Três figuras de jovens leitores: alfabetização e escolarização do ponto de vista da História Cultural. Tradução de Christian Pierre Kasper. *In*:

ABREU, Márcia. **Leitura, história e história da leitura**. Campinas: Mercado de Letras/Associação de Leitura do Brasil; São Paulo: Fapesp, 2000.

HIGOUNET, Charles. **História concisa da escrita**. São Paulo: Parábola Editorial, 2003.

HOBBES, Thomas. **Leviatã**: ou matéria, forma e poder de um estudo eclesiástico e civil. Tradução de Rosina D'Angina. São Paulo: Martins Claret, 2009.

HOBSBAWN, Eric; RANGER, Terence. **A invenção das tradições**. Rio de Janeiro: Paz e Terra, 1984.

HUE, Sheila Moura. **Diálogos em defesa e louvor da língua portuguesa**. Rio de Janeiro: Editora 7Letras, 2007.

JULIÁ, Dominique. A cultura escolar como objeto histórico. Tradução de Gizele de Souza. **Revista Brasileira de História da Educação**, Campinas: Autores Associados, SBHE, n. 1, p. 9-43, 2001.

KANTOR, Iris. **Esquecidos e Renascidos**: Historiografia Acadêmica Luso-Americana (1724-1759). São Paulo: Editora Hucitec; Salvador: Centro de Estudos Baianos/UFBA, 2004.

LOCKE, John. **Some thoughts concerning education**. London: [s.n.], 1779.

LOCKE, John. **An Essay Concerning Human Understanding**. The Pennsylvania State University, 1999. Disponível em: chrome-extension://efaidnbmnnnibpcajpcglclefindmkaj/https://www.dca.fee.unicamp.br/~gudwin/ftp/ia005/humanund.pdf. Acesso em: 23 abr. 2024.

MAGALHÃES, Justino. **Da Cadeira ao Banco**: Escola e Modernização (Século XVIII-XX). Lisboa: Instituto de Educação, Universidade de Lisboa, 2010.

MARTINS, Wilson. **História da Inteligência Brasileira**. (1550-1794). 5. ed. São Paulo: T. A. Queiroz, 1992. v. 1.

MAXWELL, Kenneth. **Marquês de Pombal**: Paradoxo do Iluminismo. Rio de Janeiro: Paz e Terra, 1996.

MURAKAWA, C. de A. A. **Antônio de Moraes Silva**: lexicógrafo da língua portuguesa. Araraquara: Cultura Acadêmica, 2006.

NOVAIS, Fernando A. **Portugal e Brasil na Crise do Antigo Sistema Colonial (1777-1808)**. São Paulo: Editora Hucitec, 1995.

NUNES, José Horta. **Dicionários no Brasil**: Análise e História do Século XVI ao XIX. Campinas: Pontes Editores; São Paulo: Fapesp; São José do Rio Preto: Faperp, 2006.

OLIVEIRA, L. E. M. **A instituição do ensino das Línguas Vivas no Brasil**: o caso da Língua Inglesa (1809-1890). 2006. 378 f. Tese (Doutorado em História da Educação) – Programa de Estudos Pós-Graduados em Educação: História, Política, Sociedade, Pontifícia Universidade Católica de São Paulo, 2006. Disponível em: http://www.sapientia.pucsp.br/tde_busca/arquivo.php?codArquivo=2255. Acesso em: 12 set. 2010.

OLIVEIRA, L. E. M. (Org.). **A Escola, o Estado e a Nação**: Para uma História do Ensino das Línguas no Brasil (1757-1827). Projeto de Pesquisa financiado pelo CNPq. São Crsitóvão: UFS, 2008.

OLIVEIRA, L. E. M. (Org.). **Gramatização e Escolarização**: contribuições para uma história do ensino das línguas no Brasil (1757-1827). São Cristovão: Editora UFS; Aracaju: Fundação Oviedo Teixeira, 2010b.

OLIVEIRA, L. E. M. (Org.). **A Legislação Pombalina sobre o Ensino de Língua**: suas implicações na educação brasileira (1757-1827). Maceió: Edufal, 2010a.

OLIVEIRA, L. E. M; CORREA, Leda Pires. A importância do catecismo no processo de escolarização. **Interdisciplinar**, v. 2, n. 2, jul./dez. 2006.

ONG, W. J. **Oralidade e cultura escrita**: a tecnologização da palavra. Campinas: Papirus, 1998.

PEIXOTO, Jorge. **Bibliografia das Bibliografias Portuguesas**. Coimbra: Universidade de Coimbra, 1987.

RENAN, Ernest. What is a Nation? *In*: BHABHA, Homi K. **Nation and narration**. London and New York: Routledge, 2006.

ROUSSEAU, Jean Jaques. **Ensaio sobre a Origem das Línguas**. Tradução de Lourdes Santos Machado. São Paulo: Cultrix, 1983.

SAUSSURE, Ferdinand de. **Curso de Linguística Geral**. São Paulo: Cultrix, 1978.

SILVESTRE, João Paulo. O Vocabulario Portuguez, e Latino: principais características da obra lexicográfica de Rafael Bluteau. Comunicação apresentada no encontro Dicionários da Língua Portuguesa - Património e renovação. **Actas** [...]. Cursos da Arrábida, Lisboa, 20 a 22 ago. 2001a.

SILVESTRE, João Paulo. Argumentação no prólogo do Vocabulario Portuguez, e Latino: a defesa da obra e da língua portuguesa. *In*: ABREU, Luís Machado de; MIRANDA, António Ribeiro. O Discurso em Análise. 7º ENCONTRO DE ESTUDOS PORTUGUESES, Aveiro, Universidade de Aveiro, 2001b. **Actas** [...]. Aveiro, 2001b, p. 87-101.

SILVESTRE, João Paulo. A informação retórica no Vocabulario Portuguez e Latino: da descrição da língua à composição literária. *In*: CORREIA, Ângela; SOBRAL, Cristina (coord.). Retórica. I CONGRESSO VIRTUAL DO DEPARTAMENTO DE LITERATURAS ROMÂNICAS. Cd-rom. Centro de Literaturas de Expressão Portuguesa das Universidades de Lisboa — Fundação para a Ciência e a Tecnologia. 2005. **Actas** [...]. Lisboa, 2005.

SILVESTRE, João Paulo. A recepção do Vocabolario della Crusca e do Dictionnaire de l'Académie na lexicografia portuguesa: O Vocabulário de Bluteau. *In*: Elisa Corino, Carla Marello, Cristina Onesti (ed.). ATTI DEL XII CONGRESSO INTERNAZIONALE DI LESSICOGRAFIA, v. 1, Alessandria, Edizioni dell'Orso, 2006. **Actas** [...]. 2006, p. 97-102.

SILVESTRE, João Paulo. O corpus literário português e a construção da norma ortográfica no século XVIII. Post-graduate Conference in Hispanic and Lusophone Studies. The University of Cambridge Department of Spanish and Portuguese and Centre of Latin American Studies (CLAS), 12 e 13 jan. 2007. **Actas** [...]. 2007.

SILVESTRE, João Paulo. **Bluteau e a Origem da Lexicografia Moderna**. Lisboa: Imprensa Nacional Casa da Moeda, 2008.

SORIANO, Simão José da Luz. **História do Reinado de El-Rei D. José I e da administração do Marquez de Pombal precedida de uma breve notícia dos antecedentes reinados a começar no de El-Rei D. João IV, em 1640. Tomo I.** Lisboa: Typographia Universal de Thomaz Quintino Antunes, 1867.

SOUZA, Álvaro César Pereira de. **História Social da Cultura Escrita em Sergipe**: a obra de José Ortiz (1862) no contexto oitocentista da escolarização e da normatização do português. Curitiba: Editora Appris, 2022.

TEIXEIRA, Ivan. **Mecenato pombalino e poesia neoclássica**. São Paulo: Apesp/Edusp, 1999.

TEYSSIER, Paul. **História da Língua Portuguesa**. Lisboa: Livraria Sá da Costa Editora, 1984.

VEIGA, Cynthia G. **História da Educação**. São Paulo: Ática, 2007.

VERDELHO, Telmo dos Santos. Historiografia Linguística e Reforma do Ensino. A Propósito de três centenários: Manoel Álvares, Bento Pereira e Marquês de Pombal. **Brigantia**, Bragança. v. 2, n. 4, p. 347-356, out./dez. 1982.

VERDELHO, Telmo dos Santos. Os dicionários bilingues até ao fim do sec. XVIII: Fonte privilegiada da lexicografia portuguesa. COLÓQUIO DE LEXICOLOGIA E LEXICOGRAFIA, 26 a 27 de junho de 1990. **Actas** [...]. Lisboa, INIC, Univ. Nova de Lisboa, 1991, p. 248-256.

VERDELHO, Telmo dos Santos. Aspectos da obra lexicográfica de Bento Pereira. XXE CONGRÈS INTERNATIONAL DE LINGUISTIQUE ET PHILOLOGIE ROMANES, Zurique, t. 4, Section 6, 1992. **Actas** [...]. Zurique, 1992, p. 777-785.

VERDELHO, Telmo dos Santos. Dicionários Portugueses, Breve história. *In*: **Lexikon der Romanitschen Linguistik**. Tübigen: Max Niemeyer Verlag, 1994.

VERDELHO, Telmo dos Santos. O Dicionário de Moraes Silva e o início da lexicografia moderna. HISTÓRIA DA LÍNGUA E HISTÓRIA DA GRAMÁTICA. Braga, Minho, Universidade do Minho/ILCH, 2003. **Actas** [...]. Braga, Minho, Universidade do Minho/ILCH, 2003, p. 473-490.

VERDELHO, Telmo dos Santos. Dicionários: testemunhos da memória linguistica. Linguistica Histórica e História da Língua Portuguesa. ENCONTRO DE HOMENAGEM A MARIA HELENA PAIVA. Porto: Universidade do Porto, Faculdade de Letras, 2004, **Actas** [...]. 2004, p. 413-427.

VERDELHO, Telmo dos Santos; SILVESTRE, João Paulo (Org.). **Dicionarística Portuguesa**: Inventariação e estudo do patrimônio lexicográfico. Aveiro: Universidade de Aveiro, Campus de Santiago, 2007.

VINCENT, Guy, LAHIRE, Bernard, THIN, Daniel. Sobre a história e a teoria da forma escolar. Tradução de Diana Gonçalves Vidal, Vera Lúcia Gaspar da Silva e Valdeniza Maria da Barra. **Educação em Revista**, Belo Horizonte, n. 33, p. 7-47, 2001.

WEBER, Max. **A Ética Protestante e o Espírito do Capitalismo**. 6. ed. São Paulo: Martin Claret, 2009.

2. COMPÊNDIOS

BARROS, João de. **Décadas**: Da Ásia de João de Barros e de Diogo de Couto. Nova Edição Offerecida a sua Magestade, D. Maria I, Rainha Fidelíssima. Tomo I. Lisboa: Na Regia Officina Typographica, MDCCLXXVIII.

BARROS, João de. **Grammatica da Lingua Portugueza**. Lisboa, 1540.

BARROS, Francisco Lobo Correia de. **Altos Feitos do Marquez de Pombal**. Lisboa: M. Moreira & Cardosos, 1882.

BLUTEAU, Rafael. **Vocabulario Portuguez e Latino,** aulico, anatômico, architectonico, bellico, botanico, brasilico, comico, critico, chimico, dogmatico, dialectico, dendrologico, ecclesiastico, etymologico, economico, florifero, forense, fructifero... autorizado com exemplos dos melhores escritores portugueses, e latinos... / pelo padre D. Raphael Bluteau. Coimbra: no Collegio das Artes da Companhia de Jesu, 1712-1728. v. 10.

BRAGA, Theophilo. **História da Universidade de Coimbra nas suas relações com a Instrução de Portugal.** Tomo III (1700-1800). Lisboa: Na Typographia da Academia Real das Sciencias, 1898.

COSTA e SÁ, Joaquim José da. **Diccionario Italiano e Portuguez, extrahido dos melhores lexicógrafos, como Antonini, De Veneroni, De Facciolati, Franciosini, do Diccionario da Crusca, e do da Universidade de Turim, e dividido em duas partes.** Lisboa: Na Regia Officina Typographica, 1773-1774. v. 2.

COSTA e SÁ, Joaquim José da. **Diccionario Portuguez, Francez e Latino, Novamente Compilado.** Volume Único. Lisboa: Na Officina de Simão Thaddeo Ferreira, 1796.

FOLQMAN, Carlos. **Diccionario Portuguez, e Latino, No qual as Dicções e Frazes da Lingua Portugueza, e as suas variantes significações, genuínas e metafóricas, se achão clara e distinctamente vertidas na Latina, e authorizadas com exemplos dos Authores Clássicos.** Copilado do Reverendo Padre D. Rafael Bluteau, e dos melhores diccionarios de varias lingua. Lisboa: Na Oficina de Miguel Manescal da Costa, 1755.

HERTSLET, Lewis. **A Complete Collection of the Treaties and Conventions at present subsisting between Great Britain & Foreign Powers.** London, 1820. v. 2.

MARQUES, Joseph. **Novo Diccionario das Línguas Portugueza, e Franceza, com os termos Latinos, tirado dos melhores Authores, e do Vocabulario Portuguez** e Latino do P. D. Rafael Bluteau, dos Diccionarios da Academia Franceza, Universal de Trevaux, de Furetiere, de Tachard, de Richelet, de Danet, de Boyer, etc. Lisboa: Na Offina Patriarcal de Francisco Luiz Ameno, MDCCLXIV.

MESSNER, Dieter. **Dicionário dos dicionários portugueses.** Salzburg: Bibliotheca Hispano-Lusa, 1994.

PORTUGAL. **Capitulos gerais apresentados a elRey D. João nosso senhor IIII deste nome..., Nas Cortes celebradas em Lisboa com os tres Estados em 28 de Janeiro de 1641, Com suas Repostas de 12. de Setembro do anno de 1642...** Com as replicas, repostas & declarações dellas em 1645. Lisboa, 1645.

RIBEIRO, José Silvestre. **História dos estabelecimentos scientificos, litterarios e artísticos de Portugal nos sucessivos reinados da monarchia (1872).** Lisboa: Typographia da Academia Real das Sciencias, Tomo II, 1872.

SANCHES, Antonio Nunes Ribeiro. **Cartas sobre a Educação da Mocidade.** Revista e prefaciada pelo Dr. Maximiliano Lemos. Coimbra: Imprensa da Universidade, 1922.

SILVA, Antonio de Moraes. **Diccionario da Lingua Portugueza.** Composto pelo Pe. Raphael Bluteau, reformado e accrescentado por Antonio de Moraes Silva, natural do Rio de Janeiro. Lisboa: Na Officina de Simão Thaddeo Ferreira. Anno M. DCC. LXXXIX. [1789]. 2. v.

SILVA, Antonio de Moraes. **Diccionario da Lingua Portugueza.** Composto pelo Pe. Raphael Bluteau, recoplilado e accrescentado por Antonio de Moraes Silva, natural do Rio de Janeiro. Lisboa: Na Officina de Borel, 1813.

SILVA, Antonio de Moraes. **Diccionario da Lingua Portugueza.** Recopilado de todos os impressos até o presente por Antônio de Moraes Silva, natural do Rio de Janeiro. Lisboa: Na Typografia de M. P. de Lacerda, 1823.

VERNEY, L. A. **Verdadeiro Método de Estudar.** Lisboa: Na Oficina de Antonio Balle, MDCCXLVI. [1746]. v. 1; 2.

3. LEGISLAÇÃO

BRASIL. **Coleção das leis do Império do Brasil de 1809.** Rio de Janeiro: Typographia Nacional, 1878.

BRASIL. **Coleção das Leis do Império do Brasil de 1827**. Rio de Janeiro: Typographia Nacional, 1898.

PORTUGAL. **Collecção da Legislação Portugueza desde a ultima compilação das ordenações oferecida a El Rei Nosso Senhor pelo Desembargador Antonio Delgado da Silva. Legislação de 1750 a 1762**. Lisboa: na Typ. Maigrense, 1830.

PORTUGAL. **Collecção da Legislação Portugueza desde a ultima compilação das Ordenações, redigida pelo Desembargador Antonio Delgado da Silva, Legislação de 1763 a 1774.** Lisboa: Na Typografia Maigrense, Anno de 1829.